일상도시
서   울

일러두기

1. 해외 지명과 인명 등의 고유명사는 한글 맞춤법과 외래어 표기법을 따르되, 통례로 굳은
   것은 그대로 표기했다.
2. 저자가 직접 작성한 표와 그림은 출처를 표기하지 않았다.

일상도시 서울

이용숙·신영민·이민영

민선 시정 30년
서울 시민의 삶

학고재

2022년 현재 한국 사회에서 일상성에 대한 사람들의 관심이 높아졌다. 일상 민주주의에 대한 열망으로 일상 정치의 중요성도 한층 커졌다. 이를 반영하듯 대통령 선거와 서울 시장 선거에서 당을 불문하고 모든 후보가 민생의 중요성을 외쳤다. 민생당처럼 일상 정치의 중요성을 부각하는 당명을 짓기도 했고, 시대전환처럼 시민의 일상을 강조하는 시민 중심 정당이 등장하기도 했다.

도시학에서도 일상성에 주목하면서 시민의 일상을 개선하려는 새로운 도시론을 끊임없이 생산했다. 사람들이 새로운 도시를 꿈꾸는 까닭은 도시의 일상적 삶이 무의미하고 불만족스럽기 때문이다. 특히 2019년 코로나 19 바이러스 발병으로 일상이 멈춰버린 도시 현실을 경험하면서, 사람들은 평안한 일상이 얼마나 소중한 것인지 깨달았다.

그렇기에 도시민의 가장 큰 바람은 일상의 온전한 회복과 안정이다.

이 책에서 소개하는 '일상도시'는 제니퍼 로빈슨Jennifer Robinson 의 'Ordinary Cities' 개념을 서울의 맥락에서 재해석한 것이다. 'Ordinary'는 '보통의', '평범한', '일상적인' 등으로 번역할 수 있다. 이 때문에 'Ordinary Cities'의 번역어로 '보통도시', '평범도시', '일상도시' 를 두고 저자 간에 고민과 토론이 많았다.

'보통'이라는 용어는 한국에서 군부 쿠데타 세력에 의해 이미 정치 적으로 오염된 경험이 있다. 노태우 정부 시절 '보통 사람들'이라는 용 어로 군부 쿠데타 세력을 정당화하는 데 이용된 탓이다. '평범도시'는 어감도 불편하고 다양성과 일상 정치의 중요성이 부각되는 현실을 반 영하기에 한계가 있어 제외했다. 결국 어감상 가장 편하고 아름다울 뿐 아니라 다양성과 일상 정치의 중요성을 강조하는 제니퍼 로빈슨의 의도를 제대로 전달하기 때문에 '일상'이란 단어를 선택했다. 위선적인 거대 담론보다는 일상과 생활 정치의 중요성, 일상의 개혁, 일상의 민 주주의가 강조되는 서울의 현재와도 닿았기에 '일상도시'로 명명한 것 이다.

제니퍼 로빈슨은 서구의 몇몇 도시의 정책만을 무분별하게 모방하 는 정책 이전policy transfer의 효과성을 비판한다. 도시를 특정 계층을 위 한 특정 성격의 도시로 규정하고 이를 모방하는 것은 도시의 본질적인 성격과 그 속에 일상화된 평범한 사람의 삶을 외면한다는 주장이다. 도시 삶 속에서 계층적, 인종적, 문화적 다양성을 존중하고 다양한 세 력과 집단이 평화적으로 화합하고 공존해야 한다는 것이 핵심이다.

따라서 일상도시란 특별한 일부가 아닌 모든 이의 일상의 평안을 추구하는 도시를 의미한다. 평범한 시민의 인간다운 삶을 보장하고 더 많은 사람의 조화로운 삶을 지향하기 때문에 소통과 개방형 시정을 꿈꾸는 도시에서 일상도시 관점은 중요하다. 이 책이 일상도시에 주목한 또 다른 이유는 일상도시가 평범한 시민의 관점에서 도시의 미래를 구상하고 정책을 개발하는 데에 큰 시사점을 주기 때문이다. 일상도시 관점은 평범한 시민이 도시가 직면한 복잡한 문제뿐만 아니라 미래에 만날 난제를 해결할 수 있다고 바라본다. 따라서 일상도시는 상향식 도시 발전 방식을 지향하며, 시민 삶의 주체성 회복으로 문제를 해결하려 한다.

이 책은 일상도시의 관점을 소개하면서 시장의 역할과 도시 정책의 기준, 도시의 본질을 성찰한다. 집필 목적은 다음과 같다. 먼저 우리는 시민의 일상을 챙기는 시장의 역할이 무엇인지 논의하고자 한다. 이러한 일상도시의 관점에서 서울 민선 시장의 시정을 평가한다. 서울에서는 1995년 이후부터 2020년까지 이미 조순, 고건, 이명박, 오세훈, 박원순이라는 민선 시장이 선출됐다. 이들의 포부와 정책을 홍보한 자서전과 백서는 이미 존재한다. MBTI 검사와 관료 집단 설문으로 조순, 고건, 이명박 시장의 리더십 유형을 비교·분석한 안승일의 박사 학위 논문도 있다. 그러나 일상 정치와 민생의 관점에서 다섯 시장을 체계적으로 비교 분석하고 평가한 비평서는 아직 없다. 이 책은 평범한 시민의 관점에서 서울 시장이라는 행정 책임자의 위상과 책임 및 역할, 그들이 추진한 정책 실험을 비판적으로 검토한다. 시민의 일상성 개선과 민생 안정을 위해 그들이 지향한 철학과 가치, 구축하려던 거버넌스, 물리적 계획과 건축, 대표적 정책 등을 꼼꼼히 살펴보고자 한다.

우리는 민선 시장 다섯 명의 시정을 같은 분량, 같은 형식으로 분석·평가하지 않았다. 기계적 중립성을 포기한 이유는 이들이 재임한 기간도 각기 다르고 추진한 일의 분량 역시 상이하기 때문이다. 특히 8장에서 일상도시 기준으로 다섯 시정을 비교했지만, 점수를 내 등급화하거나 순위를 매기지는 않았다. 서울 시정의 복잡하고 다양한 측면을 몇몇 지표로 단순 정량화하는 행위는 서울에 대한 더 깊은 이해를 방해하고, 순위 매기기 또한 불필요한 오해와 갈등을 초래할 수 있기 때문이다.

민선 시장 다섯이 배출되는 과정에서 우리는 서울 시장직이 대통령직을 위한 디딤돌로 이용되는 현실을 자주 목격했다. '서통령'이라는 말이 의미하듯, 정치인은 유능한 정책가로 자신을 포장하고자 서울을 단기일 내로 변화시키며 정치적 욕망의 배출구로 이용했다. 어떤 시장은 임기 중 눈에 보이는 업적만을 쌓고 이를 홍보하는 데에 더욱 매진하기도 했다.

서울 시장의 업적을 평가하면서 우리 스스로도 시장에게 '큰 것 한 방'을 원했던 것은 아니었는지 되돌아봐야 한다. 이 책을 읽고 우리가 가시적인 성과만으로 시장을 평가한 것은 아닌지, 그리고 그 가시적인 성과가 과연 시민의 삶과 일상을 얼마만큼 개선했는지 되돌아보길 바랄 뿐이다. 도시가 정치인의 놀이터가 되면 그 피해는 오로지 시민의 몫이 된다.

이 책이 제시하는 일상과 민생의 관점에서 바람직한 서울 시장의 기준은 다음과 같다. 첫째, 시민 참여를 보장하는 열린 계획과 정책을 추진한다. 둘째, 모방 정책에서 벗어나 서울이 직면할 문제의 창의적인 해결 방안을 찾는다. 이를 위해 더 다양한 도시 정책의 원천을 확보한다. 셋째, 임기 중 치적 쌓기에 매몰되지 않고 장기적 관점에서 단계적 계획과 사업을 추진한다. 마지막으로 도시 내 대립하는 이해와 견해를 조화롭게 조정하고 포용하는 숨은 조정자의 역할을 한다. 이 책을 읽고 독자가 평범한 시민의 일상 개선과 민생 안정의 관점에서 역대 민선 시장의 업적을 새롭게 평가하는 기준을 세워나가길 기대한다.

이 책을 집필한 두 번째 목적은 시민의 일상을 개선하는 도시 정책이 어떻게 만들어지는지 성찰해보는 기회를 독자에게 제공하는 것이다. 비록 비판적 관점으로 접근했지만 세계도시와 창조도시 정책은 도시 정책의 모범으로 세계의 많은 도시에서 학습의 대상이자 비판의 대상으로 삼아왔다. 이렇듯 두 도시가 세계적으로 벤치마킹된 이유는 20년이 넘는 세월 동안 이론적으로 치열한 논쟁과 검증을 거치면서 정책화됐기 때문이다. 이는 좋은 정책은 결코 하루아침에 만들 수 없고, 단지 모방하고 이식한 정책은 성공하기 어렵다는 사실을 시사한다. 복잡한 도시의 수많은 관계 속에서 다양한 이해 집단이 상호 작용하면서 여러 시행착오를 거쳐 비로소 좋은 도시 정책이 탄생하는 것이다. 예를 들어 1960년대 등장한 성장 관리growth management 정책과 1980년대에 탄생한 뉴어버니즘new urbanism 정책 실험이 현재까지 지속되고, 맥락이 매우 다른 나라의 도시에서도 적용된다는 사실은 우리에게 매우 큰 시사점을 던진다. 이처럼 도시 맥락에서 고민하고 지속할 때 정책은 비로소 빛을 발한다. 시장이 바뀌면 전임 시장의 정책을 폐기하고 외국 정책을 쉽게 모방하는 환경에서는 결코 시민 일상을 개선하는 적절한 도시 정책을 기대할 수 없다.

마지막으로 도시의 본질에 대한 더 깊은 이해를 제공하고자 이 책을 집필했다는 점을 밝힌다. 도시는 뿌리 깊은 역사성을 지니는 다차원적이고 복합적인 관계의 집합체다. 단기간 내에 도시의 특정 부분을 바꾸려는 인위적인 시도는 실패할 가능성이 매우 크고 그 피해는 시민의 몫이 된다. 이 책에서는 일상도시론이 바라보는 도시의 본질을 소개하면서 20세기와 21세기에 세계적으로 큰 영향력을 미친 세계도시론과 창조도시론을 비판적으로 검토한다. 기존의 도시론을 비판적으로 검토해 도시와 도시 비전에 대한 더 깊은 이해와 명확한 기준점을 제공할 것이다.

이 책을 쓰면서 여러 사람의 도움을 받았다. 세상 혼자 사는 것이 아니라는 것을 새삼 깨달았다. 책이 출간되기까지 여러 어려움이 있었다. 구상 중이던 책을 포기할 뻔했을 때 기꺼이 공저자가 되어준 신영민과 이민영에게 먼저 감사하다. 두 명 모두 2020년 1학기 내가 개설한 '도시 계획과 정책'을 수강한 고려대 박사 과정 학생이다. 직장 다니면서 책을 썼기 때문에 힘들었을 텐데 내색하지 않고 열심히 임해주었다. 고마울 따름이다. 함께 토론하고 의견 나누고 집필하면서 서로가 성장했다. 이들의 도움이 없이는 책을 완성하지 못했을 것이다.

이 책을 만든 송준호 편집자에게 매우 큰 도움을 받았다. 원고에 대해 예리한 비평을 준 덕에 내용이 좀 더 명료해졌다. 반복적인 문장을 미안할 정도로 꼼꼼히 지적하고 정성스레 교정·교열을 봐, 글의 가독성과 질을 높이는 데 도움이 됐다. 초고에 대한 날카롭고 솔직한 비평을 준 구태은 편집자께도 감사하다. 그 덕에 책의 체계를 더 잘 잡을 수 있었다. 작년 12월에 출판을 결정해준 도서출판 학고재 박해진 대표께도 감사드린다. 학고재를 연결해주신 정건화 교수께도 감사드린다. 일상도시론 초고에 의견을 주신 최영준 교수와 마지막 장의 초고에 피드백을 주신 박영민께도 고마움을 전한다. 마지막으로 집필 과정 내도록 곁을 지켜준 하늘에게도 감사하다.

코로나 팬데믹으로 겪은 고립의 괴로움을 집필하면서 잊을 수 있었다. 힘들었지만 보람차고 즐거웠다. 이 책을 읽은 독자가 더 나은 서울 시정과 더 적절한 도시 정책, 더 포용적인 시장을 좀 더 잘 이해하고 열망할 수 있다면 저자로서 큰 보람을 느낄 것이다.

2022년 4월
저자를 대표해
이용숙

차례

2부 민선 서울 시장의 정책과 시민의 일상

3부 일상도시 서울의 미래

1부

좋은 도시란 무엇인가

세계도시와 창조도시는
배워야 할 모범도시인가

도시의 본질

도시의 역사는 매우 길고 그 사회적 특성은 시대에 따라 다르므로 도시의 개념을 정의하기란 쉽지 않다. 고대 도시와 중세 도시가 존재했으나 이들은 산업 혁명 이후 성립된 근대 도시와 구별된다.[1] 이 책에서 주로 다루는 도시는 근대 이후 비농업 인구가 집중되면서 성립된 도시다. 19세기 이후 산업화와 함께 이루어진 도시화urbanization는 촌락을 축소시켰고 근대 도시의 팽창과 거대도시metropolis의 탄생을 낳았다.

생성, 성장, 발전, 소멸의 도시 진화는 천천히 진행된다. 도시는 그 자체로 생명력을 지니며 그 안에 매우 복잡하고 다차원적인 관계를 형성한다. 따라서 도시에서는 다양한 집단의 이해가 상충하고 계층 간 갈등이 불거지며, 그 생활 양식은 매우 복잡하고 이질적인 요소를 많이 내포한다.

또 역사를 지녔기에 도시는 단절적이지 않으며 경로 의존적이다. 민주주의 발전과 함께 다양한 계급과 계층의 시민이 참여하면서 도시는 역동적으로 변화한다. 도시는 더 이상 위정자나 상류층의 전유물이 아니고 특정 계급을 위해 존재하지도 기능하지도 않는다. 그래서 도시는 몇몇 특정 성격으로 규정할 수 없고 단시일 내에 인위적인 정책 시도로 쉽게 변화하지 않는다. 복잡성, 다양성, 다계층의 공존성, 역사적 경로 의존성, 시민 참여의 역동성과 같은 도시의 본질적 성격은 민주적인 도시일수록 더 강하다.

도시의 본질에 대한 깊은 이해 없이 도시 대전환이나 환골탈태를 주장하는 것은 정치인의 허구적인 선거용 선전 문구에 불과하다. 이러한 대전환은 도시 비전과 정책 변화에 대한 도시 내 다양한 집단 간 토론과 합의, 시민의 적극적인 참여를 전제해야 비로소 시작할 수 있고, 지난한 과정을 겪을 수밖에 없다. 선출직 시장 한 사람의 정책적 의지와 선별적 정책만으로 인구 1,000만 도시의 본질적 특성과 구성을 바꾸는 것은 거의 불가능하다. 좋은 도시가 무엇인지, 더 나은 방향으로 도시를 바꿀 정책과 전략이 무엇인지 다양한 집단의 합의와 인고의 시간이 필요하다.

그렇다면 좋은 도시는 무엇인가? 이에 대한 답은 관점에 따라 다양할 것이다. 어떤 사람에게는 아름다운 도시 미관이, 또 어떤 이에게는 양질의 주택 공급이, 다른 이에게는 좋은 일자리 기회의 제공이, 또 다른 이에게는 깨끗한 공기 질과 안전이 좋은 도시의 기준이다. 이처럼 좋은 도시에 대한 기준이 각기 다르고 때로는 충돌하기에, 모든 사람이 합의할 좋은 도시는 존재하지 않을지도 모른다. 그래서 근대 도시가 등장한 19세기 이후부터 현재까지 좋은 도시는 무엇이고 어떻게 계획해야 하는지 지속적으로 논쟁하는 중이다. 도시마다 처한 맥락과 사정이 다르고 한 도시에서도 시대 배경에 따라 좋은 도시에 대한 기준이 다를 수 있다. 이에 많은 도시학자가 자기 도시에 적합하고 시대 상황에 맞는 대안적 도시론을 제시해왔고 끊임없는 논쟁이 진행 중이다.

세계도시, 광역거대도시, 뉴어버니즘, 창조도시, 유비쿼터스도시, 생태도시, 슬로시티, 스마트도시, 포용도시 등이 대안적 도시로 주목 받았고,[2] 세계적으로 정책 이동policy mobility되는 현상을 낳기도 했다. 이들 중 1991년에 사스키아 사센Saskia Sassen 교수가 주창한 세계도시론과 2000년대 초기 영국의 찰스 랜드리Charles Landry 교수와 미국의 리처드 플로리다Richard Florida 교수가 제안한 창조도시론이 모범적인 도시로 인식되면서 세계적으로 각광 받았다.[3] 많은 도시의 정책 입안가와 정책 집단이 이를 경쟁적으로 이전하고 채택했다. 아직도 세계 많은 도시에서 글로벌 창조도시를 표방할 정도로 이 두 도시론의 영향력은 매우 크다.

세계도시는 배워야 할 모범도시인가

20세기 이후 가장 큰 변화를 꼽자면 단연 '세계화'다. 세계화, 글로벌화, 지구촌, 세계도시는 더 이상 새롭지 않다. 비록 코로나 19 감염병으로 주춤했지만 1970년대 이후 진행된 세계화 흐름은 현재까지도 막강한 영향력을 끼치며 세계도시를 등장시켰고, 여전히 그 위력을 과시하고 있다. 지금도 뉴스 헤드라인을 통해 '세계도시', '세계에서 가장 영향력 있는 도시', '세계 경쟁력 순위', '세계 최고의 도시'와 같은 수식어를 흔하게 접할 수 있고 많은 도시에서 세계도시가 되고자 막대한 투자와 정책적 노력을 쏟는 중이다.

세계도시의 등장 배경

세계도시의 탄생 배경을 이해하려면 세계화의 흐름을 먼저 이해할 필요가 있다. 오래전부터 런던, 파리, 뉴욕과 같은 대도시는 무역 활동 등으로 식민지를 지배하거나 총괄하면서 경제 활동 중심지이자 국제도시로 자리매김했다. 20세기 교통과 정보 통신의 발달은 세계화를 더욱 촉진했다. 과학 기술의 발달은 사람, 상품 그리고 정보와 금융 등의 서비스가 국경을 넘어 자유롭게 이동하도록 만들었다.

2차 세계 대전 이후 선진 서구 국가는 고도의 경제 성장을 이룩하며 경제적 풍요를 경험했지만, 1970년대 중반 이후 석유 파동과 제조업 경쟁력 약화와 같은 구조적 위기를 맞으며 경제적 타격을 입었다. 이들은 위기를 극복하고자 새로운 이윤 확보 전략을 찾았고, 생산 시설을 해외로 옮기는 생산의 국제화를 택했다. 초국적 기업은 제조 단가가 가장 저렴한 곳에서 상품을 만들고, 금융 비용이 가장 저렴한 곳에서 자본을 조달했다. 세금이 가장 낮은 곳에 생산 거점을 구축해 기업 소득을 이전해왔으며, 자본 수익과 환차익이 가장 높은 곳으로 생산 기지를 이전해갔다. 특히 1970년대 이후 냉전 체제의 붕괴와 함께 많은 국가가 자유 무역 원칙에 입각한 대외 지향적 성장 전략을 채택하면서 세계화는 더욱 빠르게 진행됐다. 이러한 세계화는 세계도시를 출현시켰다. 서구 초국적 기업의 본사와 금융 등이 입지한 곳이 세계도시로 성장한 것이다. 세계도시는 다른 말로 세계 중심world center, 파워도시, 알파도시 등으로 불리기도 하는데, 런던, 뉴욕, 도쿄 등이 대표적으로 꼽힌다. 한마디로 세계도시란 세계 경제 네트워크의 교점이 되는 도시를 의미한다.

사센의 세계도시론

세계도시론은 세계 경제 활동의 중추 기능(기업의 통제와 조정 기능)과 산업(금융과 사업 서비스)이 집중돼 세계적 기업 활동이 모이는 도시를 설명하면서 등장한 도시 이론이다. 세계도시라는 용어의 기원은 분명치 않으나, 일반적으로 괴테가 1797년 언급한 벨트슈타트weltstadt에서 유래한 것으로 본다. 괴테는 당시 로마나 파리같이 웅장하고 높은 문화 수준을 가진 도시를 표현하려고 세계도시란 명칭을 부여했다. 그 이후 많은 학자가 세계도시를 연구해왔다. 패트릭 게디스Patrick Geddes의 'World City', 르코르뷔지에Le Corbusier의 'Great City', 피터 홀Peter Hall의 'World Cities', 존 프리드먼John Friedmann의 'World City', 사스키아 사센의 'Global City' 등이 대표적이다.[4] 이중 사센은 세계도시를 세계 경제 구조 재편에 따른 새로운 도시화 과정과 대도시의 공간 구조 변화를 설명하는 개념으로 제기했다.

사센은 세계도시를 세계적 자본이 집중·축적되는 도시로, 초국적 기업, 국제 은행의 본점, 각종 금융 기관, 국제기구, 첨단 산업과 권력

등이 집중된 공간으로 보았다. 사센의 세계도시란 세계 경제 핵심 요소가 상호 결합해 세계 경제의 의사 결정지로 기능하는 초국가적 도시transnational city를 의미한다. 그는 초국가적 도시인 세계도시의 출현으로 세계 경제 질서가 국가 중심에서 세계도시 중심으로 변화했다고 주장한다. 세계도시를 중심으로 한 네트워크가 형성되면서 국가 간 장벽은 낮아지고, 세계도시가 더욱 번성할수록 국가 하위 단위로 존재하는 도시의 중요성은 약해진다는 것이다.

사센에 따르면 세계도시는 구체적으로 1)세계 경제 조직의 조정과 통제의 중심지이며 2)금융과 전문 서비스 기업의 핵심적 입지이자 3)첨단 산업의 혁신을 주도하는 생산 장소이고 4)이러한 제품이나 혁신의 소비 시장이다. 사센은 세계화로 세계적 규모의 도시 계층이 만들어지면서 세계 도시 체계가 형성됐고, 1990년대 세계 도시 체계 정점에는 뉴욕과 런던, 도쿄와 같은 최상위 계층 도시가 존재한다고 주장한다.

세계도시론의 명과 암

세계도시론은 세계화라는 거시적 경제 구조의 변화를 도시 공간 차원의 변화와 연결해 설명함으로써 세계화와 도시 연구 진전에 크게 이바지했다. 이 도시론은 초국적 기업의 생산 국제화가 서구 몇몇 대도시를 세계도시로 성장시키면서, 그 도시 내에서 산업 구조와 계층 구조를 재편하는 과정을 명쾌히 설명한다. 이로써 세계도시론은 이후 약 30년간 바람직한 도시 발전 모델로 주목 받았다.

많은 학자가 세계도시의 특성을 중심으로 그 정도를 측정하면서 세계도시 연구를 심화해왔다. 학자마다 세계도시 특성을 규정하는 방식은 상이했지만, 대체로 경제적 명령과 통제 기능, 생산자 서비스 공급, 경제·정치·문화적 영향력, 국제적 활동의 집중성, 도시 경제의 외부 지향성, 세계도시 계층 내의 연계성 등의 지표를 주로 활용했다.[5] 일본 모리 기념 재단의 도시 전략 연구소와 이코노미스트 인텔리전스 유닛 등이 세계도시 지수를 평가하는 대표 그룹이다. 이 외에도 세계도시 순위는 수없이 많은데, 한 연구에서는 무려 300개 정도로 추정한다.

세계 도처의 정책 입안자 역시 도시 성장의 도구로 세계도시 전략을 적극적으로 활용해왔다. 대도시 경쟁력 확보를 위해 많은 도시가 초국적 기업을 유치하는 노력을 기울였고 첨단 지식 산업 단지 조성, 공항이나 주거지 개발 등의 대규모 프로젝트를 추진했으며, 그 결과 대도시의 산업을 재편하기도 했다.

하지만 세계도시 전략이 다양한 부정적인 결과를 낳으면서 세계도시론에 대한 비판이 제기됐다. 첫째, 제니퍼 로빈슨은 세계도시론의 영향으로 도시 간 위계가 형성됐고 순위 경쟁이 가속됐다고 지적한다. 세계화가 진행될수록 경제적 중추 기능은 소수 세계도시로 집중되며, 국제 자본을 유인하는 능력에 따라 세계도시 간 위계가 형성된다는 것이다. 그 결과 도시 간 치열한 경쟁은 자연스러운 일이 됐다. 많은 도시에서 기업과 인력이 만족할 만한 여러 시설과 환경을 구축하고자 도시제반 분야를 개선하려는 경쟁이 벌어졌다. 각종 규제 폐지와 세금 감면 등의 혜택 제공, 국제 금융 센터 조성, 각종 전시관과 컨벤션 센터 건립, 신공항과 고속 철도 같은 교통 인프라 구축 등 '기업하기 좋은 환경'을 만들기 위해 많은 투자가 이루어졌다. 그러나 이러한 투자는 도시 재정에 부담이 됐다.

둘째, 사센이 경고한 것처럼 세계도시 경쟁은 도시 간 불평등 심화와 세계도시 내의 계층 간 양극화라는 부작용을 낳았다. 국제 금융과 사업의 중심지인 뉴욕, 런던, 도쿄, 파리 등의 세계도시 간 연계와 지배력은 강화되는 반면, 국가 간 혹은 국가 내에서 세계도시와 세계도시가 아닌 다른 도시 간 불균형이 더욱 심화된 것이다.

사센에 따르면 이러한 불균형은 심지어 세계도시 내에서도 발생한다. 세계도시 전략의 결과 첨단 지식 산업과 같은 새로운 산업을 중심으로 도시 산업을 재편하면서, 도시 사회 계층의 양극화와 이중도시dual city, divided cities가 형성된 것이다. 세계도시에서 금융, 은행, 회계와 법률 전문가 등의 초국적 엘리트는 더욱 부유해지고 더 많은 권력을 갖는다. 이와 함께 전통적 제조업 기반이 쇠퇴하면서 중산층은 감소하고, 미숙련 저임금 서비스직이 성장하면서 불평등이 심화된다. 이러한 세계도시 내 양극화는 도시 공간 수요의 변화로 이어진다. 도심 속 일부 지역은 최상류층을 위한 공간으로 재탄생해 고급 주택과 호텔, 레스토랑과 최고급 부티크 등이 새로운 도시 경관을 장식한다. 반면에 미숙련 단순 저임금 노동자는 도시 주변부인 열악한 주택 시장으로 내몰린다. 최상위 엘리트를 대상으로 한 생활 기반 시설이 공급되면서 원주민이 쫓겨나는 젠트리피케이션gentrification 문제가 발생한 것이다.

셋째, 피터 디킨Peter Dicken, 헨리 영Henry Yeung, 케빈 콕스Kevin Cox 등 여러 학자는 세계도시론이 전제하는 글로벌주의의 이분법적 인식을 비판한다.[6] 글로벌주의는 글로벌과 로컬의 이분법적 인식론에 바탕을 두며, 글로벌한 규모에서 활동하거나 조직되는 행위자는 로컬한 것보다 항상 능동적이며, 강력하고, 영향력이 큰 것으로 인식된다는 것이다. 따라서 로컬한 행위자는 세계화라는 강력한 힘에 추동되어, 이 방향을 다른 쪽으로 바꿀 능력이 전혀 없다. 이러한 이분법에 매몰된 세계도시론이 세계도시 형성과 발달을 설명하면서 글로벌과 로컬의 상호 작용을 대부분 간과한다는 비판이다.

마지막으로 세계도시론이 지나치게 경제 결정론적 해석을 한다는 비판도 제기됐다. 로빈슨은 세계도시가 세계화된 경제의 구조적 변화와 초국적 자본의 경제적 이해에 따라 출현했다는 세계도시론의 구조주의적 해석을 비판한다. 이러한 경제 결정론적 시각 때문에 세계도시론이 세계도시 형성에 큰 영향을 미치는 다른 여러 행위자의 역할과 사회, 문화, 정치적 과정의 중요성을 간과한다는 것이다.[7]

창조도시는 시민을 위한 도시인가

창조도시는 앞서 소개한 세계도시와 더불어 세계적으로 가장 각광 받은 도시 이론이다. 창조도시라는 용어에 익숙하지 않은 독자도 민선 4기 오세훈 서울 시장이 추진한 '창의 시정'을 들어본 적 있을 것이다. 이러한 창의 시정의 모티브가 창조도시론이다. 유명 TV 프로그램 〈알쓸신잡〉에서 소개한 게이 지수 이야기도 창조도시와 관련 있다. 방송에서는 샌프란시스코를 예로 들면서 창의적인 인재가 모여드는 관용적인 도시 환경이 조성된 곳을 창조도시로 설명한다. 마지막까지 차별 받는 소수 집단인 동성애자까지도 포용하는 도시가 발전한다는 논지다.

그림 1-1 창조도시 네트워크 가입 도시 현황

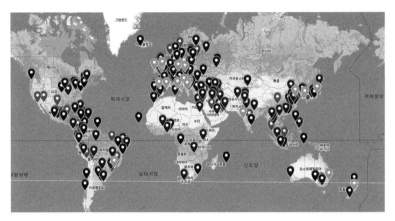

주 | 유네스코 창조도시 네트워크 홈페이지 자료를 바탕으로 저자 재작성.
자료 | "UNESCO Creative Cities Network", UNESCO.
URL | https://en.unesco.org/creative-cities/home

　　방송에 소개될 정도로 창조도시 열풍은 대단했다. 서울과 샌프란시스코 외에도 영국 런던의 테크시티, 스페인 빌바오, 프랑스 낭트와 호주 멜버른 중심 업무 지구, 일본의 가나자와와 요코하마, 싱가포르, 두바이 등 이름을 들어보면 제법 알 법한 여러 도시에서 창조도시가 되고자 많은 정책적 노력을 기울였다.

　　이런 움직임에 힘입어, 유네스코의 주도 아래 창조도시 네트워크Creative Cities Network가 결성되기도 했다. 이 네트워크는 각 도시의 문화적 자산과 창의력에 기초한 문화 산업을 육성하고 도시 간 협력을 추구하는 협력체다. 현재 84개국 246개 도시가 창조도시 네트워크에 가입했다. 그림 1-1은 창조도시 네트워크에 가입한 도시의 위치다. 한국에서도 서울, 부산, 전주, 부천, 원주, 광주, 통영, 대구, 이천, 진주 등

도시 십여 곳이 가입했고, 각 도시의 문화 자산을 소개하는 등 정책적 협력을 이어가고 있다. 이러한 사례에서 알 수 있듯, 창조도시는 학술적 논의나 세간의 흥미로 그치지 않고 현장에 광범위하게 퍼져 있다. 그렇다면 이러한 창조도시 열풍은 어디서 시작됐을까?

랜드리의 창조도시

창조도시의 어원은 창조 경제creative economy로 거슬러 올라간다. 창조 경제는 2000년 『블룸버그 비즈니스위크Bloomberg Businessweek』의 경제 전문 기자 피터 코이Peter Coy가 창조 경제라는 제목의 기사에서 "이제 기존의 산업 경제가 창조 경제로 전환된다"고 말했고, 존 호킨스John Howkins 역시 동명의 저서에서 비슷한 주장을 했다.[8] 이들은 아이디어와 창조성에 기반을 둔 영화, 패션, 소프트웨어 등의 창조 산업이 이끄는 경제로 산업 구조가 변화했고, 미래는 물리적 자산보다 무형의 자본이 부가 가치를 창출할 거라고 주장했다. 그림 1-1을 유심히 살펴보면, 창조도시 네트워크의 상당수가 북반구, 특히 유럽에 분포한다. 이는 유럽 주요 도시에서 제조업 쇠퇴 이후 새로운 성장 동력이자 경제 발전 수단으로 관광·문화 사업에 눈을 돌렸기 때문이다. 따라서 초기의 창조도시는 도시 경제의 침체라는 새로운 도시 문제를 해결하고자 창조 산업, 창조 경제를 육성하는 도시를 의미했다. 창조 산업의 기반이 기존의 물리적 자본이나 시설이 아닌 소프트웨어, 문화 등 무형적 자본이었기에, 대체로 창조도시는 지역의 문화·역사 자원을 활용하는 방향으로 발전했다.

문화와 예술을 도시 경제 발전에 적극적으로 활용하자는 문화도시 논의는 이미 1970년대 말부터 유럽에서 본격적으로 부상했고 창조 경제와 결합하면서 창조도시로 이어졌다. 영국 블레어 내각에서는 창조 영국 실현을 위해 문화 미디어 스포츠부를 통해 『창조 산업 전략 보고서』를 출간, 창조 경제로의 이행을 적극적으로 추진했다. 또 스페인의 빌바오와 호주의 멜버른, 브리즈번도 창조도시 육성 정책을 추진했다.[9]

유럽의 창조도시 정책은 찰스 랜드리의 저서에서 큰 영향을 받았다. 피터 홀과 함께 영국의 문화 사업 기획 컨설팅 조직인 '코미디어Comedia'를 운영한 그는 여러 컨설팅 과정에서 수집한 사례와 활동을 정리해 『창조도시The Creative City』라는 저술을 출판했다.

랜드리는 지역의 역사·문화 자원을 활용해 도시 재생과 도시 경제의 성장에 성공한 사례를 검토하면서, 기존의 사고방식과 패러다임이 아닌 창의적인 방식으로 문화 자원을 활용해 도시 문제를 해결하는 도시를 창조도시로 정의했다. 지역의 고유한 역사·문화 자원을 창조적으로 되살려낸 약 서른두 가지 사례를 검토하면서 그들 간의 공통점을 찾았다. 그는 문화·예술을 산업 경제와 연결한 창조성을 이 사례들의 공통점으로 들었다. 창조도시의 필요조건으로는 개방성과 상상력, 창조적 기반 시설, 상징적인 성상icon 프로젝트, 도시의 창조적 풍토, 도시의 활기와 소통을 북돋우는 리더십을 꼽았다. 창조도시가 되려면 시민이 창조적으로 생각하고 행동하도록 상상력을 자극하고 개방적이어야 하며, 창조성을 지원하는 창조 인프라가 있어야 한다. 동시에 시민이 도시에 자부심을 가지도록 랜드마크가 있어야 하며 창조적 풍토역시 조성되어야 한다. 마지막으로 이런 조건이 창조성을 격려하는 리더십과 어우러질 때 비로소 창조도시가 된다고 밝혔다.

플로리다의 창조 계급

랜드리가 도시 문제 해결에 역사·문화 자원의 창의적 활용을 강조한 반면, 리처드 플로리다는 창조 계급의 존재를 중시한다. 플로리다는 2002년 저서 『Creative Class: 창조적 변화를 주도하는 사람들_The Rise of the Creative Class_』에서 도시의 성공이 창조성을 통해 부가 가치를 창출하는 전문가, 기획가, 예술가 등의 창조 계급에 달려 있으며, 도시가 성장하려면 이들을 불러모아야 한다고 주장했다. 그는 창조 계급이 슈퍼 창조 핵심 그룹과 창조 전문가 그룹으로 구성된다고 보았다. 슈퍼 창조 핵심 그룹은 과학자와 엔지니어, 대학의 교수, 시인과 소설가, 예술가, 연예인, 연기자, 디자이너, 건축가, 사상가, 비소설 작가, 편집인, 문화계 종사자, 종합 연구소의 연구원, 분석가와 여론 주도자 등을 포함한다. 창조 전문가 그룹에는 첨단 산업 종사자, 법조인, 금융인, 의료 전문가, 관리직 등이 속한다. 플로리다에 따르면 창조 계급은 예전에 없던 새로운 것을 창출하거나, 문제의 해법을 찾을 때 지식의 복합체에 의존해 창조적인 문제 해결에 참여한다는 특징을 공유한다. 플로리다는 1900년대 초 미국 전체 노동력의 10퍼센트 내외에 불과하던 창조 계급이 2000년대 중반에는 30퍼센트 이상으로 급격히 증가했고, 이는 창조 자본이 경제에서 차지하는 비중이 늘어났다는 사실을 뒷받침한다고 설명한다.

결국 경제력이 큰 창조 계급이 많이 살수록 도시 경제가 번영한다는 주장이다. 창조 계급이 선호하는 도시에는 기술technology과 인재talent, 관용tolerance의 3T가 있어야 한다. 특히 이 중에서 관용의 문화가 중요한데, 이는 창조 계급이 그 도시로 유입된 이유가 그 도시의 관용적 문화와 생활 편의 시설amenity의 혜택과 관련이 깊기 때문이다. 이에 관해 플로리다는 그의 저서 『도시와 창조 계급Cities and the Creative Class』에서 다음과 같이 설명했다.

> 창조적인 사람들은 전통적인 이유 때문에 이곳으로 이주하지 않는
> 다. 대부분의 도시가 주력하는 건설 부문, 즉 스포츠 스타디움, 고속
> 도로, 쇼핑몰, 테마공원 같은 관광·위락 지구 등은 실제로 창조 계급
> 사람들에게는 무의미하거나 그들의 욕구를 충족시켜주지 못한다. 그
> 들이 지역 사회에서 구하는 것은 풍부한 양질의 경험, 모든 종류의
> 다양성에 대한 개방성, 그리고 무엇보다도 창조적 사람으로서 자신
> 의 정체성을 인정받는 기회 등이다. (플로리다, 2008, p.55)

〈알쓸신잡〉에서는 샌프란시스코가 이러한 창조도시의 대표 사례로 언급됐지만, 플로리다는 샌프란시스코 외에도 미국의 도시 중 매디슨, 이스트랜싱 같은 대학 도시와 워싱턴 D.C., 보스턴, 오스틴, 리서치 트라이앵글 지역 등을 사례로 제시했다. 그는 창조도시를 측정하는 다양한 지표를 제시하고 창조 도시의 특성과 도시 경제 성장의 통계적 상관관계를 입증하려 애썼다. 예를 들어 도시민 중 전문가·연구직 비율이나 박사 학위 소지자의 비율(인재 지수), 성 소수자의 비율(게이 지수)이나 문화·예술인의 비율(보헤미안 지수), 1인당 특허 승인 건수, 하이테크 산업의 비중(혁신 지수와 하이테크 지수) 등을 고안했다. 짐작대로 인재 지수는 도시 내 창조적 인재 비중을, 게이 지수나 보헤미안 지수는 관용적 문화 수준을, 혁신 지수 등은 도시의 기술적 수준을 가늠하기

그림 1-2 **창조도시론의 도시 문제 해결 방안**

| 경제 침체 등
도시 문제의 원인은
도시에 창조 계급이
살지 않기 때문이다 | ➡ | 따라서
도시가 부흥하려면
창조 계급을
유치하면 된다 | ➡ | 창조 계급을
유인하려면
관용이 중요하다 |

위한 것이다.

플로리다는 이러한 3T와 고용률, 지역 GDP, 경제 성장률 등에 양적 상관관계가 있으므로 창조 계급이 풍부한 도시일수록 발전한다는 자신의 주장을 뒷받침하는 증거로 활용했다. 반대로 디트로이트나 라스베이거스처럼 제조업이나 서비스업에 주력하는 도시는 성장률이 낮다고 평가했다. 그는 이론적 주장에서 그치지 않고, 창조성 지수를 바탕으로 컨설팅하면서 창조도시 부흥 운동을 촉발했다.

이러한 그의 창조도시 논의와 정책은 많은 정책 결정자와 도시 계획가를 사로잡았다. 여기에는 여러 가지 이유가 있겠지만, 무엇보다 단순하고 간단한 논지와 해결 방법이 가장 큰 이유였다. 그림 1-2와 같은 논리와 상관관계에 따라 정책 결정자가 해야 할 일도 단순하고 명료해졌기 때문이다. 동시에 그가 개발한 지표를 적용해 현장의 노력과 성과를 측정할 수도 있었다. 도시 창조성 지수에 기반해 도시 순위를 매기는 기법이 개발됐고, 세계 각국에서 플로리다 교수를 초청해 창조도시 만드는 방법을 듣고자 했다. 서울도 플로리다를 초청해 각종 세미나와 강연을 열고 창조도시로의 도약을 추진했다.

창조도시 논의는 전통적 자본이 아닌 무형의 창조적 자본을 활용해 도시 문제를 해결한다는 공통점을 지닌다. 창조성이나 창조적 기질을 발휘할 무형의 역사·문화 자원을 활용하거나(랜드리), 창조적 인재의 유입과 지식 기반 산업의 성장(플로리다)을 통해 제조업과 서비스업 중심으로 도시 산업 구조를 혁신하고 새로운 성장 동력을 찾는 것이 창조도시론의 핵심이다. 또 다른 공통점은 여러 지표와 순위를 통해 정책 투입에 대한 결과를 즉각적으로 확인하고, 구체적인 목표치 설정과 현재의 달성도를 파악할 수 있다는 점이다. 정책 결정자의 입장에서는 비용을 많이 들이지 않고도 일이 한결 수월해진 셈이다.

창조도시론에 대한 비판

언뜻 보기에 이러한 창조도시의 주장은 새롭고 그럴듯해 보인다. 도시의 성장을 위해 창조 자본을 강조하는 창조도시론은 4차 산업 혁명 시대에 들어선 현재에 더욱 들어맞아 보인다. 지난 20년간 불어닥친 창조도시 열풍을 보면 창조도시론이 도시 문제 해결의 실질적 대안일 수도 있겠다는 생각이 든다. 그렇지 않다면 왜 창조도시 네트워크까지 만들어 많은 도시가 창조도시를 육성하려고 혈안이 됐는지 이해하기 어렵다. 그러나 그렇게 추진된 수많은 창조도시에 사는 평범한 시민의 삶에는 큰 변화가 없었다. 가장 가까운 서울만 보더라도, 창의 시정과 창조 경제 육성을 추진했지만 어째서 창의적으로 변하지 않았는지 의문이다.

사실 창조도시론에는 몇 가지 문제와 논쟁적인 지점이 있다. 첫 번째로 창조성과 창조 계급 개념이 모호하다. 랜드리나 플로리다 모두 창조성에 적실한 개념 정의를 제시하지 않았다. 랜드리는 도시 발전을 위해 역사·문화 자원을 활용하는 것, 도시 문제 해결이나 거버넌스 과정에 새로운 요소를 도입하는 것 등을 모두 창조성의 발현으로 설명할 뿐이다. 자칫 창조성이 귀에 걸면 귀걸이, 코에 걸면 코걸이가 될 위험성을 지닌다.

플로리다 역시 대학 이상의 높은 교육 수준을 창조성으로 암시할 뿐 정확한 개념을 정의하지 않는다. 플로리다는 창조성 대신 창조 계급에 대한 개념 정의를 시도했다. 그는 전에 없던 새롭고 의미 있는 것을 만드는 일에 종사하는 사람 모두를 창조 계급이라 정의했다. 이러한 개념 정의는 탈산업 사회, 지식 기반 사회에서의 새로운 직군을 반영했지만, 지나치게 자의적인 데다가 이질적인 직업 집단을 하나로 묶은 것에 불과해 개념적 유용성이 떨어진다. 플로리다는 2008년의 논문에서 창조 계급을 공통의 관심사를 갖고 유사한 에토스를 공유하며 행동하는 집단으로 다시 정의했는데, 이 개념에서도 비물질적 생산 활동을 한다는 점 외에는 창조 계급을 명확히 정의하지 못한다.

두 번째로 창조도시론은 방법론이 취약하다는 비판을 받는다. 랜드리의 창조도시가 방법론의 부재로 유용성을 잃었다면, 플로리다의 창조도시는 방법론의 남용이라는 오류를 범한다. 랜드리는 서른 가지가 넘는 창조도시 사례를 열거할 뿐, 방법론적 도구를 제시하지 않았고 창조성의 측정을 위한 지수를 정교하게 계량화하지도 않았다. 플로리다가 계량화한 지수는 방법론적으로 지나치게 허술하고, 경험적으로도 근거가 불충분하다는 비판을 받았다. 앤 마커슨Ann Markusen은 플로리다가 사용한 데이터 세트를 신뢰할 수 없고 창조 계급의 범주 역시 지나치게 자의적이라고 비판했다.[10] 예를 들어 식품 서비스 관리자와 장례 지도사 등을 창조 계급으로 분류하지만 실제 창의성이 필요한 직군이 아니며, 비행기 조종사와 함선 엔지니어는 높은 창의성이 필요한 직군이지만 창조 계급으로 분류하지 않았다는 것이다. 에드워드 글레이저Edward Glaeser의 연구, 리처드 로이드Richard Lloyd와 테리 클라크Terry Clark의 공동 연구는 도시의 게이 비중이 성장과 상관이 거의 없다는 다른 경험적 근거를 제시했다.[11] 스티븐 말랑가Steven Malanga 역시 플로리다가 창조도시로 분류하지 않았지만 낮은 세금과 기업 우호적 정책으로 성장한 라스베이거스와 멤피스를 경험적 근거로 제시했다.[12] 이렇듯 플로리다는 창조 계급과 경제 성장, 고용 간의 관계가 약하다고 나타났음에도 이를 지수 측정과 통계 도구라는 과학적 외피로 그럴듯하게 포장했다는 비판에서 자유롭지 않다.

세 번째 문제는 창조도시의 원인 진단과 해법이 단순하기에 발생한다. 제이미 펙Jamie Peck은 창조도시론이 모든 도시 문제의 원인을 창조성 부족으로 설명해 획일적 처방을 강요했다고 비판한다.[13] 랜드리와 플로리다 모두 세계 곳곳의 도시를 상대로 창조도시 컨설팅을 하면서 도시 순위를 매겼는데, 이 과정에서 도시 고유의 맥락을 고려하지 않고 획일적인 정책 처방을 보급했다는 것이다. 창조도시가 문제 해결을 위해 창조성과 다양성을 강조했지만, 역설적으로 도시의 창조성을 죽이는 결과를 가져온 것이다.

마지막 문제는 창조도시를 추진하는 과정에서 도시 경제의 성장에 초점을 두다 보니 불평등 문제를 외면했으며, 원래 의도와 달리 신자유주의적 전략으로 귀결됐다는 것이다. 펙은 창조도시론이 창조성을 토대로 한 도시 발전을 주장하지만 현실에서는 도시의 역사, 예술, 문화 자원, 나아가 사회적 관용까지 상품화했다고 비판했다. 다양성과 관용, 소수자 배려를 강조하지만 창조도시론은 결과적으로 현실에서 자본과 인재를 유치하는 도시 간 경쟁의 수단으로 전락했고 이러한 경쟁이 창조 전략이라는 이름으로 정당화됐다는 것이다. 크리스 깁슨Chris Gibson과 나타샤 클로커Natascha Klocker 역시 창조도시론이 도시 경쟁에서 승리하기 위해 도시를 재구조화해야 한다는 신자유주의적 논리를 재생산했다고 비판했다.[14]

또 창조도시의 지나친 낙관론이 창조 경제로 전환할 때 발생하는 사회적 비용을 지나치게 과소평가했다는 비판도 있다. 창조 경제가 구축되면 창조 계급이 모여들고 도시가 번영할 거라는 주장은 창조 계급의 고소득과 사치스러운 문화 생활, 과소비를 정당화했을 뿐이라는 비판이다. 플로리다도 최근의 저서에서 창조도시와 창조 경제 전략을 적극적으로 추진한 도시에서 불평등이 심화됐다고 인정했지만, 아직까지 이에 대한 대책이나 근원적 방향 전환을 주장하지는 않고 있다.

세계도시론과 창조도시론은 분명 20세기와 21세기에 가장 큰 영향을 미친 도시 이론이다. 현재까지도 세계의 많은 도시에서 이를 위한 다양한 전략을 구사하고, 매년 여러 단체와 조직에서 도시 순위를 매겨 발표하는 등 지대한 영향을 미치고 있다. 세계 경제 체제에서 주요한 경제 기능과 초국적 기업 등을 적극 유치함으로써 도시의 경쟁력과 지속적 성장을 도모하는 세계도시론은 분명 유효한 도시 발전 모델이 될 수 있다. 창조도시론 역시 역사, 문화, 예술을 활용해 침체된 제조업 중심의 도시 경제를 재생할 유력한 방안일 수 있다. 그러나 두 이론 모두 결과적으로 도시 간 위계를 형성하면서 순위 경쟁을 부추겼고, 도시 간 불평등과 도시 내 양극화를 심화했다. 세계도시와 창조도시 속에서 과연 평범한 시민의 일상을 지킬 수 있는 것일까? 이러한 도시론에 대한 반발은 일상도시론이 등장하는 계기가 됐다.

다양한 일상을
지향하는 도시

일상도시의 등장

제니퍼 로빈슨이 주창한 일상도시론은 서구의 기존 도시 담론을 비판하면서 등장했으며 서구 중심적인 도시론을 일반화한다고 지적한다.[15] 맥락이 전혀 다른 도시에서 나온 이론이나 정책을 다른 맥락의 도시에 그대로 적용하려는 행위는 성공할 수 없기 때문이다. 타 도시의 경험을 모방하고 이식하는 행위는 도시를 일상적인 것으로 이해하지 못하게 방해하기 때문에 도시의 일상성과 그 속에 일상화된 평범한 사람들의 삶을 외면한다는 주장이다.

앞에서 이미 살펴보았듯이 1990년대 말과 2000년대 초를 풍미한 세계도시론과 창조도시론의 모방적 정책 실험 결과는 그다지 긍정적이지 않았다. 범세계적으로 많은 도시가 높은 순위를 차지하려고 경쟁했지만 세계도시나 창조도시로 거듭난 성공 사례는 소수에 불과하다. 서구 맥락에서도 이러한 정책 실험의 결과 양극화가 심화했다. 도시 문제를 지나치게 단순화하고 도시 문제의 해결 방안을 규격화한 상품처럼 보급해 도시의 고유성과 다양성을 무시했다는 점이 더 큰 문제다. 이러한 도시 전략은 각 도시에 사는 시민의 욕구와 필요를 반영한 것이기보다는 기업이나 창조 계급이 활동하기 좋은 제도와 환경을 획일적으로 구축하는 데에 그쳤다는 점에서 그 한계가 분명하게 드러난다. 이러한 세계도시와 창조도시를 반성하고 성찰하며 미국에서 등장한 새로운 개념이 일상도시다.

일상도시론은 무엇을 비판하나

일상도시론은 서구의 현대 도시 이론을 비판한다. 현대 도시 이론이 도시 근대성과 개발주의를 양대 축으로 삼으면서, 도시를 도시 이론 생산 장소이자 개발주의적 개입 대상으로 바라본다는 것이다. 이러한 이해는 도구적일 뿐만 아니라 단편적이고 위계적이다. 로빈슨은 이미 패권을 장악한 서구 학계의 개념과 이론을 포기하는 것이 쉽지 않다고 인정하면서, 이를 맥락 의존적으로 인식해야 한다고 주장한다.

일상도시론은 현대 도시 이론 중 최초로 근대와 전통의 이분법을 제시한 시카고 학파의 근대성 개념을 비판한다. 시카고 학파는 근대성을 특징으로 한 서구 도시는 새롭고 혁신적이며 역동적인 것으로, 나머지지 도시는 전통적이고 원시적인 것으로 대비하면서 근대성에 대한 서구 도시의 자기 규정을 고착화했다. 근대성에 대한 이분법적 사고는 서구와 비서구 도시를 위계적으로 분할해, 발전과 저발전이라는 식민주의적이고 신제국주의적인 권력 관계를 공고히 했다. 그 결과 부유한 글로벌 서구 도시를 '혁신적'이고 성공적인 도시로, 나머지를 '모방적'이라 간주하면서 절망과 쇠락의 초현실적 도시로 단순히 범주화했다. 그러나 혁신적이고 역동적이라고 미화한 서구 도시는 동시에 극단적 개인주의, 소외, 지나친 상업주의, 타인에 대한 무관심, 아노미 등의 심각한 도시 문제에 직면했다. 반면에 원시적이고 전통적이라고 평가 절하한 비서구권 도시에서는 오히려 이웃끼리 공동체를 이루며 상호 의존적인 삶을 꾸려가는 모습이 자주 포착된다. 이는 비서구권 도시의 삶이 소외와 아노미 등에 덜 취약하고, 더 사회적이라는 것을 보여준다.

일상도시론은 근대적이고 국제적인 도시 디자인의 세계적 확산에 비판적이다. 특히 도시 근대성의 아이콘으로 부상한 뉴욕 스카이라인이 세계 많은 도시로 퍼졌는데, 이러한 현상을 모방적 혁신의 결과로 해석하는 논의도 비판한다. 뉴욕 스카이라인 역시 유럽의 건축적 유산을 참조하고 학습했다고 밝히면서, 도시 근대성의 문화적 관행과 그 인공물의 전파와 순환에 비판적 담론을 제시한다. 또 서구 도시가 근대 도시의 원조로 표본화됐지만 실상은 서구 도시 또한 세계 곳곳에서 영감을 얻었다는 사실을 밝힌다. 이와 비슷한 맥락에서 일상도시론은 세계도시론도 비판한다. 이미 살펴보았듯 세계도시론은 도시의 다양성과 복잡성에 주목하지 않고 도시 내 특정 종류의 경제 네트워크에 연결된 도시의 작은 요소에 초점을 맞춰 경제 환원주의에 빠진다는 것이다.

　일상도시론은 세계도시와 창조도시를 추격하고 모방할 대상으로 바라보는 우리의 관행을 비판하면서 모든 도시를 일상도시로 바라보는 인식의 전환을 강조한다. 이것이 전제되지 않을 때 우리는 도시 서열화의 무한 경쟁에서 벗어나기 어렵다. 특별한 소수를 위한 도시 정책이 지속적으로 생산되고 널리 퍼지기 때문이다.

일상도시가 제안하는 정책

일상도시론은 도시를 독특하고 다양하며 여러 이해관계가 각축하는 정치적 재분배의 장으로 보면서 도시 발전의 새로운 방식을 찾는다. 도시를 일상적인 것으로 이해하고 이를 바탕으로 모든 도시가 각각의 고유한 미래를 창의적으로 상상할 수 있다는 것이다. 부자와 빈자, 노인과 청년, 부유한 지역과 낙후 지역이 공존하는 도시의 복잡성을 인식하는 것도 중요한데, 이러한 인식이 도시를 특정 성격으로 규정하는 구습에서 벗어나게 해 새로운 창의적인 가능성을 찾는다는 것이다. 일상도시론은 도시적인 것도 도시 미래를 만드는 방식도 매우 다양하며 세계 모든 도시 사람의 창의성이 도시의 성격과 미래를 결정한다고 본다. 따라서 일상도시에서 도시 발전은 다양하고 평범한 시민 입장에서 자신의 터전을 가꿔나가는 방식으로 추진해야 한다. 일상도시론은 도시의 일상성, 복잡성과 다양성을 고려하면서 네 가지 정책 방향을 제시한다.

도시 고유성 탐색과 정책 원천의 다각화

우선 정책을 입안할 때 도시의 고유성과 특수성을 고려하고 그 도시의 맥락에 맞는 고유의 정책을 개발하며, 세계에서 실험되는 도시 일상생활의 창의적인 자원을 이용해야 한다. 일상도시론은 모든 도시가 창의적이고 역동적일 수 있다고 본다. 도시가 직면한 문제를 파악하고 도시 고유성을 탐색하려면 도시를 보는 공무원과 전문가의 관점이 변화해야 한다. 시장과 공무원이 도시를 '시민이 자율적이고 창의적인 미래를 조각해내는 생명력 있고 역동적인 곳'으로 바라봐야 그 도시가 지닌 고유의 특색과 이점을 찾을 수 있으며, 더욱 창의적이고 적실성 있는 정책 개입이 가능하다. 고유성에 대한 추구는 다른 도시의 경험을 그대로 재생산하는 모방 정책과는 분명히 다르다.

일상도시론은 고유성 추구 정책을 강조하고자 아파르트헤이트 이후 남아프리카공화국 요하네스버그의 경험에 주목한다. 요하네스버그를 세계 수준의 도시로 재창조하려 아이골리 2010 파트너십iGoli 2010 Partnership 프로젝트를 추진하면서 만든 로고가 요하네스버그 고유의 근대성을 보여주는 아이콘이 됐다. 단순히 국제적인 도시 기능을 유치한 것으로 끝나지 않고, 아프리카 언어와 문화 유산의 중심지라는 특수성과 다른 아프리카 지역과의 연결성을 강조했다. 그 결과 요하네스버그는 아프리카다운 정체성을 성공적으로 확립했으며 아프리카에서 그 중심적 지위를 확보했다.

일상도시론은 정책을 만들 때 세계주의적 영감cosmopolitan inspiration 을 적극적으로 활용하라고 강조한다. 그 도시에 연결된 광범위하고 초국적 네트워크를 활용해 정책 원천의 다양성을 추구하라는 의미다. 세계적으로 실험 중인 정책 경험과 일상의 창의적인 자원을 참조한다면 더 창의적인 정책 대안을 마련할 수 있다. 일상도시론은 서구의 몇몇 성공 도시에서 다른 도시로의 일방향적인 정책 이전보다는 쌍방향적인 상호 학습의 가능성을 열어놓는다. 정책 이동이나 정책 학습을 서구 몇몇 도시로 제한할 것이 아니라 더 광범위한 도시로 확장해 일상의 경험과 아이디어, 지식을 더 적극적으로 활용해야 한다는 주장이다.

연대와 협력을 위한 거버넌스

일상도시론은 도시 미래를 기획하는 과정에서 다양한 이해 집단 간의 경쟁, 다툼과 갈등이 발생하는 것을 불가피하다고 본다. 정책의 우선순위를 정하는 과정에서 서로 다른 이해가 충돌하기 때문이다. 일상도시론은 이러한 현실을 외면하거나 방치하지 않는다. 또 하나로 균질화하는 세계주의는 다양성의 가치를 담지 못한다고 비판하면서, 차이와 불일치를 수용하고 도시 간 또는 도시 내에서 다양성을 보장하는 세계 시민주의가 중요하다고 말한다. 그렇게 할 때 다양한 도시 맥락이 공존할 수 있기 때문이다.

일상도시론은 이러한 관점에 근거해 정치·문화·사회적 배경과 관점이 다른 주체가 도시 미래의 비전화 과정에 참여하도록 상호 존중과 연대, 협력의 수평적 관계를 형성해야 한다고 주장한다. 일상도시란 정치와 문화 지향이 다른 사람도 포용하는 세계 시민의 도시다. 이러한 도시에서 모든 시민은 자신의 계급적, 문화적 배경과 상관없이 동일한 기회를 가지고 자신의 삶에서 충분한 잠재력을 발휘할 수 있다. 일상도시는 사회의 모든 부문의 구성원이 사회·경제·정치·문화적 활동

뿐만 아니라 의사 결정 과정 등 삶의 모든 부분에 적극적으로 참여하도록 보장한다. 도시민의 소속감과 안정감을 주는 자율 공생의 공동체 실험이 가능한 것이다.

성장과 재분배

도시의 경제적 번영을 위해서는 성장 정책을 재분배 정책과 함께 추진해야 한다. 도시의 번영을 위해 경제 성장 의제와 빈곤, 불평등과 통합 등의 사회적 의제를 분리할 수 없기 때문이다. 사회적 통합이 깨지면 더 안전한 삶을 살기 어렵고 궁극적으로 경제 성장에도 악영향을 미친다. 따라서 일상도시론은 빈곤을 퇴치하고 기본 서비스를 전달하는 재분배 정책이 사회 통합뿐만 아니라 지속적인 경제 성장을 위해서도 매우 중요하다고 강조한다.

일상도시론은 사회적 관계나 사회 통합에 대한 고려 없이 외부 자본 투자 유치에만 전념한 신자유주의적 정책을 비판한다. 1980년대 미국의 신자유주의적 도시 정책이 기업 우호적인 전략을 추진한 결과, 도시 거버넌스에서 사회적 타협을 무효화했으며 불평등과 분리 차별이 심화됐다. 신자유적 도시 정책이 연방과 주, 지자체 간의 관계를 파편화해 신지역주의new localism의 부상을 낳았고, 대도시권의 분열을 초래했다는 것이다. 신지역주의란 세계화에 직면한 지역의 경제적 소생을 설명하려 등장한 개념으로 경제 성장이 국가 정책으로 추동되기보다는 경제적으로 부유한 도시와 지역의 혁신 능력과 유연한 제도적 전략으로 견인된다고 본다. 신지역주의 관점은 혁신적인 제도와 학습 경제를 잘 갖춘 도시와 지역의 장소 중심성을 강조한다. 신지역주의의 등장으로 부유한 도시와 지역의 영향력·자율성이 지나치게 강화됐고 광역 차원의 조절 기능이 떨어졌다. 그 결과 대도시권 차원의 협력과 연대가 약화했다. 신지역주의의 부상과 대도시권의 분열은 공공 자원과 사회적 필요 사이의 공간적 부조화, 지역 이기주의를 낳았다. 다시 말해 공공 자원이 필요한 많은 도시가 몇몇 부유한 도시에서 남아도는 공공 자원을 공유하지 못하는 상황이 빈번히 발생한 것이다. 오히려 대도시권 분열 이후 미국과 영국에서 시도된, 빈곤을 완화하려는 재분배 노력이 성장에 긍정적인 결과를 낳았을 뿐 아니라 사회 통합에 기여했다. 따라서 일상도시론은 성장과 재분배 정책의 양립을 주장한다.

재분배 정책으로 빈곤 완화를 위한 생계 유지 지원책과 기본적인 사회 서비스의 제공 등을 제시했다. 생계 유지 지원책은 주택, 숙련, 노동력, 사회적 네트워크, 가족 관계, 공동체에 기반을 둔 사회적 자본 등과 같은 생계 자산에 대한 정책적 지원을 의미하며, 사회적 서비스 제공은 보육 서비스 및 하수 처리 시설 제공 등을 포함한다.

다양성 활용을 통한 도시화 경제의 번영

일상도시론에 따르면 다양성은 도시 경제의 번영과 혁신에 기여한다. 일상도시론은 제인 제이콥스Jane Jacobs[16]의 주장을 소개하면서 다양성이 어떻게 경제 성장과 혁신에 기여하는지 제시한다. 제이콥스에 따르면 도시 내에서 경제적 다양성과 사회적 차이에 대한 관용이 일상화되면 다양한 사람과 인재가 그 도시로 유입돼 새로운 활동과 혁신을 창출한다. 반면에 분리와 차별을 공공연히 행하는 도시는 활력 부족으로 쇠퇴한다. 제이콥스는 다양성의 경제적 효과를 강조하면서 다양한 이웃의 존재와 비즈니스 환경의 물리적 공존, 다양한 활동의 공간적 집중이 사회적, 경제적 효과를 긍정적으로 발생시킨다고 보았다. 하지만 제이콥스의 예상과는 달리 로스앤젤레스나 보스턴은 분리 차별이 만연하지만 도시의 경제적 성장과 혁신이 지속된다는 사실을 지적하면서, 일상도시론은 근린 혹은 이웃 차원으로 경제적 다양성의 논리를 국한하는 제이콥스의 주장을 비판한다. 오히려 경제적 다양성은 대도시 차원에서 더 특별한 장점이기 때문에, 근린 차원보다는 대도시 차원에서 경제적 다양성의 효과를 극대화해야 한다고 주장한다.

대도시의 경제적 다양성의 관점에서 일상도시론은 클러스터론이 제시하는 정책의 유용성에 의문을 제기한다. 이탈리아 산업 지구 모델을 근거로 이론화된 클러스터론은 특정 산업으로 특화되고 국지적인 장소에 뿌리내린 기업 간 네트워크가 경쟁력의 비결이며, 클러스터 내 학습 네트워크와 협력, 신뢰가 중요하다는 주장이다. 클러스터론은 한 산업으로 특화된 지역화 경제localization economies의 중요성을 강조한다.

하지만 실상에서 클러스터 정책의 긍정적 효과는 매우 소수의 도시만 누렸다. 일상도시론은 도시 경제 정책에서 전문화된 지역화 경제와 다양한 산업과 활동이 공존하면서 시너지 효과를 발휘하는 도시화 경제urbanization economies의 중요성을 강조한다. 예를 들어, 영국 런던의 경쟁력은 금융 등의 특정 산업으로 특화된 국지적인 클러스터의 효과에서 오는 게 아니라 세계적인 네트워크와 결합하고 영국 내 다른 도시·지역, 런던 내 비공식 부문과 연결되고 일반화된 집적 경제, 다시 말해 도시화 경제의 이점에 기인한다는 것이다.

일상도시론은 전문화와 다양성 모두 경제 번영에 중요하며 다양한 경제 형태가 성장과 혁신을 촉진한다고 본다. 따라서 정책적으로 최첨단의 전문화된 글로벌 섹터를 육성하는 것만큼, 오래된 산업처럼 역동성이 좀 떨어져도 지속적인 고용을 창출하는 경제 활동을 보호하는 것이 매우 중요하다고 강조한다. 도시 내 공식 경제 활동과 연결된 비공식 부문을 정책적으로 보호하자는 것이다. 이는 비공식 부문에 대한 정책적 고려가 더 광범위한 지역으로의 재분배 효과를 낳아 도시의 경제 번영에 도움이 되기 때문이다.

서울은 왜 일상도시에 주목해야 하나

일상도시론은 서구 도시론의 일반화, 도시 순위 매기기, 근대 도시 디자인의 확산 등을 비판하며 서구 학계의 자성과 성찰을 끌어냈다. 또 끝없는 도시 정책 모방의 실패를 경험한 비서구 진영의 학계에도 큰 반향을 일으키며 인식 전환의 필요성을 제기했다. 일상도시의 관점은 서울의 맥락에서도 의미가 있다.

서울은 이미 정책 이전으로 세계도시와 창조도시가 되려는 모방 경쟁에 참여한 경험이 있고, 그 효과는 긍정적이지 않았다. 이러한 맥락에서 일상도시 관점은 민선 시장 이후 서울의 정책 경험을 통찰할 기회를 제공한다. 국가 차원에서 서울을 세계도시로 만들고자 신공항, KTX, 컨벤션 센터, 호텔 등의 세계도시 기능을 적극적으로 이식했고, 도시 차원에서 청계천이라는 관광 명소를 만든 경험이 있다. 창조도시가 되기 위해 도시 차원에서 동대문 디자인 프라자DDP, Dongdaemun

Design Plaza와 시청 신청사 등을 건립하면서 디자인 기능 강화에 전념한 적도 있었다. 물론 이러한 공공 건축 프로젝트로 서울의 경쟁력 지수가 상승했고 해외 관광객이 늘어났지만, 과연 서울이 세계도시 혹은 창조도시로 거듭났는지 묻지 않을 수 없다. 이러한 정책 모방이 평범한 서울 시민의 일상을 얼마만큼 개선했는지 되돌아보아야 한다. 어쩌면 이런 문제의식에서 박원순 시정이 탄생했고 9년간 지속했을 수도 있다. 하지만 시민과 함께 하는 시정의 철학과 비전, 정책이 일상도시의 인식론, 정책적 제언과 일맥상통하더라도, 시정의 원래 의도대로 서울 시민의 삶의 질이 향상했는지는 별개다. 시민과 함께하는 실험이 정치적 수사로 끝나지 않고 긍정적인 결과를 낳았는지 더 엄밀한 검증이 필요하다.

이러한 검증과 더불어 일상도시가 서울에 주는 정책적 교훈을 살피는 것 역시 중요하다. 그러나 일상도시의 정책적 제언을 서울의 맥락에 무비판적으로 적용하는 행위는 일상도시론이 비판한 정책 모방의 오류를 범한다. 일상도시의 정책 방향을 참조하면서 서울에 맞는 구체적인 정책 대안을 스스로 마련할 때 서울의 고유한 미래를 창의적으로 상상하고 계획할 가능성이 비로소 열릴 것이다.

서로 견해와 처한 현실, 이해관계 등이 다르기에 일상도시에서 갈등은 불가피하게 발생한다. 하지만 이러한 갈등을 합의로 이끌도록 일상의 민주주의를 체험하고 학습하는 도시가 일상도시다. 일상도시에서는 소수의 의견은 존중 받고 다수의 결정은 수긍될 수 있어야 한다. 이를 위해 시민 삶의 주체성 회복이 전제되어야 한다. 그동안 시민 일상의 개선은 주로 정책 입안자의 정책적 개입으로 가능했다. 이는 정책 영역이 전문 영역으로 간주돼 정책 과정에 시민 참여가 제한적이었기 때문이다. 그러나 일상도시에서는 시민 삶의 주체성을 회복해 평범한 시민이 서로 연대하면서 새로운 일상을 만들어갈 수 있다. 그래야 시민이 소외되고 배제된 일상을 바꿀 여지가 생기고, 그 도시가 처한 상황과 직면한 문제를 통렬히 성찰할 수 있다. 이렇게 할 때 도시의 복잡한 사회 난제를 창의적으로 해결할 가능성이 생긴다.

앞서 살펴보았듯 일상도시 관점은 정책 방향을 제시할 뿐 구체적인 정책 내용이나 정책 지침을 제시하지 않는다. 그래서 정책 영역에서 즉각적으로 활용하기 어렵다. 이 때문에 모방 정책에 익숙한 일부 공무원은 가보지 않은 길을 제시하는 일상도시의 정체적 제언에 주목하지 않는다. 모방 정책에 길들여진 공무원은 추격을 향한 명확한 목표와 구체 방안 제시, 그리고 단기 성과를 원한다. 그들은 정책을 추진할 때 전략적 표적화를 바란다. 그들은 정책 기획을 공무원과 전문가의 몫으로 생각하고 정책 기획 단계에서 시민의 참여를 원하지 않는다. 집행 단계에 한해 시민 참여를 일부 허용할 뿐이다.

그러나 일상도시 관점은 앞에 언급된 정책 방향에 근거해 공무원이 직접 시민과 함께 도시가 직면한 문제를 탐색한다. 그리고 그 대안을 세계적인 정책 실험을 참조하면서 스스로 마련하라고 조언한다. 명확한 정책 가이드라인을 제시하지 않는 이러한 제안을 수용하기란 쉽지 않다. 2006년 이래로 한국 학계에서 학술 논문 단 한 편만이 일상도시를 언급했다는 사실은 일상도시가 서울의 맥락에서 논의되거나 수용되기 어려웠다는 현실을 보여준다.[17] 2017년 서울시 싱크탱크 기관인 서울 연구원에 일상도시 논의를 발표하는 자리에서 당시 기관 연구자

그림 2-1 일상도시의 기준점

다양성	도시를 규정짓지 않고 도시적 삶의 복잡성과 다양성을 포착해 정책 수립
일상성	도시의 일상성을 중시하면서 시민이 참여하는 다양한 생활 밀착형 정책 실험을 실행
고유성과 창의성	도시 맥락에 맞는 창의적 방안을 찾기 위해 다양한 도시의 경험을 참조하면서 발전 방식을 다각화
개방성	시민 참여를 보장하는 열린 계획을 추진
연대성	도시 간, 도시 내 상호 존중과 연대와 협력의 가치를 존중
형평성	성장 정책과 재분배 정책을 균형있게 추구
장기성과 단계성	장기적 관점에서 단계적 계획 수립

들은 수용의 어려움을 토로했다. 네다섯 개로 요약되는 구체적인 정책 지침에 익숙한 공무원이 수용하기 힘든 제안이라는 이유 때문이었다.

그렇다면 일상도시의 제안이 정말로 실현하기 어려울지 다시 묻고 싶다. 해보지 않고 포기하기엔 서울의 민도民度가 매우 높다. 조순 민선 시장 이후 참여 시정 경험도 제법 쌓았기 때문에 서울에서 일상도시 발전 방안을 시도하는 게 불가능하지 않다. 일상도시 관점에서 서울 민선 시장 다섯 명의 시정 철학과 가치, 정책을 분석하면서 일상도시 발전 방안을 고민해보면 어떨까. 이를 위해 서울의 맥락을 고려해 그림 2-1과 같이 일곱 가지 기준을 선정해보았다.

먼저 다양성은 도시를 특정한 성격으로 규정하지 않으면서 도시적 삶의 복잡성과 다양성에서 정책적 영감을 얻는 것을 말하고, 일상성은 평범한 시민의 삶 향상을 위해 도시의 일상성을 중시하면서 시민이 참여하는 다양한 생활 밀착형 정책 실험을 실행해보는 것을, 고유성과 창의성은 도시 맥락에 맞는 창의적 방안을 찾기 위해 다양한 도시의 경험을 참조하면서 발전 방식을 다각화하는 것을 말한다. 시민의 참여를 보장하는 열린 계획을 추진하는 개방성과 순위 경쟁보다 도시 간·도시 내 상호 존중과 연대, 협력의 가치를 존중하는 연대성, 성장 정책과 재분배 정책을 균형 있게 추구하는 형평성도 빼놓을 수 없다. 마지막으로 장기적 관점에서 단계적으로 계획하는 장기성과 단계성을 꼽았다. 이 기준을 근거로 조순, 고건, 이명박, 오세훈, 박원순 시장이 어떻게 시민의 일상을 개선하는 데 기여했는지 좀 더 구체적으로 검토하고자 한다.

2부

민선 서울 시장의 정책과 시민의 일상

인간 중심 도시를 꿈꾼
초대 민선 시장

민선 1기 서울 시장 조순(제30대, 1995~1997년)

1995년 제1회 전국 동시 지방 선거에서 당선된 조순은 민주화 이후 최초의 민선 서울 시장이다. 제2공화국 시기에도 민선 시장이 있었지만 당시 김상돈 서울 시장은 5·16 군사 정변으로 5개월 만에 퇴진했고 군부 정권기에는 관선으로 시장을 임명했기에, 조순을 건국 이후 최초의 실질적인 민선 시장으로 보아도 손색이 없다. 지방 자치 시대 개막이라는 시대적 흐름 속에 조순 시장은 중앙 정부가 지방 자치 단체에 더 많은 권한과 사무를 위임해야 한다고 목소리를 높였다. 이 점에서 조순 시정의 첫 번째 화두는 자치였다.

그러나 서울시가 당면한 문제는 안전이었다. 1994~1995년 성수 대교와 삼풍 백화점 붕괴 사고의 연이은 발생은 성장 지상주의와 '빨리 빨리' 문화가 만들어낸 안전 불감증의 소산이었다. 개발주의 시대의 관행을 비판하는 자성의 목소리가 사회 곳곳에서 터져나왔다. 특히 취임식 이틀 전 삼풍 백화점 사고가 발생하면서, 안전 문제에 시정의 역량을 집중한 것은 지극히 자연스러운 행보였다.

시정의 주요 목표 역시 자치 분권 역량의 준비와 안전한 서울이 됐다. 이는 시정 캐치프레이즈인 '시민 본위市民本位, 인간 중심 도시'에도 나타난다. 시민 본위는 중앙 정부나 행정 기관이 아니라 시민이 시정 운영의 중심이 되도록 하겠다는 의미이고 인간 중심 도시를 내세운 것은 경제 성장과 발전이 아닌 사람의 삶과 안전에 집중하겠다는 의지였다.

관선기의 시정 목표는 '안정, 안보, 질서의 새 시정(1987년)'이나 '통일 조국의 새 수도(1993년)'처럼 중앙 정부와 궤를 같이했다. 반면 조순 시정은 시민이 시정의 중심이라고 강조해 서울시를 중앙 정부로부터 독립적이고 자율적인 자치 기구로 표방했다.[18] 이를 위해 조순 시장은 당선 직후 시정 운영 계획을 담은 『민선 시장이 펼치는 시정 운영 3개년 계획』을 최초로 발표했다. 민선 1기로서, 중앙 정부의 지시와 훈령에 따라 도시 계획을 수립하는 것이 아니라 서울의 역량으로 도시를 설계해야 하는 상황에서 자연스러운 일이었다. 이 계획에서는 시민의 일상을 개선하는 안전과 교통, 복지와 같은 분야별 중장기 계획을 수립했다.

조순 시정은 서울의 고유한 정체성과 서울만의 문제를 찾고자 노력했다. 분야별 중장기 계획을 세우기에 앞서 해당 분야에서 서울이 어떠한 상태이며, 이로 인해 제기된 문제가 무엇인지 밝히고 이러한 인식을 바탕으로 사업을 추진했다. 이 점에서 조순 시정은 시대를 앞서 일상도시론에서 강조하는 도시와 도시 계획의 의미를 구현하려 했을지 모른다. 성장주의와 난개발의 폐해를 지적하면서 수도 서울로서의 정체성을 성찰하는 부분은 최근 서울 도시 계획의 근간이 된 메타도시와 유사하고 목표 부분은 박원순 시정의 모습과 닮았다. 다만 이러한 비전과 목표가 실제로 성실하게 수행됐는지, 조순 시정기에 서울의 자치 역량이 커지고 안전한 환경이 조성됐는지는 의문이다. 계획 행정이라 불릴 만큼 많은 계획을 세웠으나 구체적인 성과를 보일 충분한 시간이 없던 탓에 그 의미가 퇴색되고 말았기 때문이다. 지방 자치 단체의 역량 강화를 부르짖던 그가 대통령 후보에 출마한 사실은 그의 진정성을 의심하게 했다. 중앙 정치에 압도당한 민선 시장의 뒷모습은 씁쓸할 뿐이었다.

서울 성장의 그늘을 벗어나려는 시도

1995년 서울 시장 선거는 문민 정부 중간 평가의 성격도 있었으나 가장 큰 화두는 안전과 환경이었다. 1970년대와 1980년대 고도성장기 서울 시정의 환경, 교통 정책은 급팽창하는 도시를 위해 기초 기반 시설 마련과 도시 기능 현대화를 목표로 했다. 그러나 1990년대 들어 서울은 사람과 건물이 초고밀화했고 이에 정책 목표도 폐기물 처리와 환경 오염 해결, 교통 체증 개선으로 변화했다. 신도시 건설과 외곽 택지 지구 개발, 고용 이동으로 인천·경기로의 전출 인구가 늘어난 1992년까지 서울 인구는 계속 증가했고 전입 인구가 전출 인구보다 대체로 많았다. 1988년을 기점으로 이미 인구 1,000만 명을 넘은 서울은 인구 과밀로 인한 지가 상승, 쓰레기 처리, 교통 혼잡과 대기 오염, 수질 오염 등 도시화의 문제가 집약적으로 나타났다. 때문에 당시 선거 벽보를 보면 안전과 환경을 강조하는 문구가 유독 눈에 띈다.

안전에 대한 성찰

1994년 10월 21일 오전 7시 30분경 성동구 성수동과 강남구 압구정동을 잇는 성수 대교의 교각 50미터가량이 붕괴해 한강으로 침수되는 사고가 발생, 32명이 사망하고 17명이 다치는 참사가 일어났다. 당시 보도에 따르면 사고 전날 실시한 점검에서 상판 이음새의 이상을 발견했으나 비가 온다는 이유로 해당 부분 보수만 마친 채 별다른 조치를 하지 않았다. 사고 발생 한 시간 전에는 교각에 균열이 있다는 민원을 접수했지만 시에서 묵살했다는 증언이 나왔다. 시공된 지 15년도 되지 않은 성수 대교 붕괴는 시민에게 큰 충격을 주었고 부실 시공과 안전 불감증을 성토하는 계기가 됐다.

설상가상으로 취임식을 이틀 앞둔 1995년 6월 29일에는 삼풍 백화점 붕괴 사고가 발생했다. 사고는 서초구 서초동의 삼풍 백화점 건물 A동이 오후 여섯 시경 삽시간에 무너져내리며 발생했다. 건물은 5층부터 무너져 약 17분 만에 지하 4층까지 완전히 붕괴됐다. 사망자 502명, 부상자 937명, 실종 여섯 명 등 총 1,445명의 사상자를 낸 이 사고는 불법적인 용도 변경과 내부 구조 변경, 이를 위한 청탁과 불법, 부실 시공, 안전상의 무시와 관리 소홀이 빚어낸 총체적 참사였고, 성수 대교 붕괴 사고보다 더 큰 충격을 사회에 던졌다. 이 사고는 서해 페리호 침몰 사고(1993.10., 사망자 292명), 성수 대교 붕괴 사고, 아현동 도시가스 폭발 사고(1994.12., 사망자 12명, 부상 101명), 대구 지하철 가스 폭발 사고(1995.4., 사망 101명, 부상 202명)에 연이은 대형 인명 사고다. 한국은 사고 공화국의 오명을 썼다.

삼풍 백화점 사고 수습을 위해 두 달 정도 미룬 취임식에서 조순 시장은 "무엇보다도 서울이 안전한 도시가 되도록 힘쓰겠다"고 공언했다. 이를 위해 시설물에 대한 전반적인 안전 점검 실시와 제도화, 대중교통 확충과 승용차 저감으로 통행 수요 관리 정책을 추진하겠다고 밝혔다. 서울시 특성에 맞는 환경 보전 목표를 세우고 서울 문화 정보 센터를 설립, 다양한 생활 문화를 공급하는 동시에 복지 도시를 위한 시설 확충, 주거 수준 최저 기준제 도입 등의 구상을 밝혔다. 이는 물리적 개발 중심의 도시 정책보다 안전, 환경, 문화 등 다양한 분야의 소프트웨어적 접근을 강조한 것이다. 시정 최초로 『시정 운영 3개년 계획』과 분야별 중장기 계획을 추진해 체계적, 중장기적 관점에서 도시 관리 계획을 수립했다.

조순 시정은 서울이 어떤 도시인지 정의하고 문제를 찾아내고자 노력했다. 이는 도시만의 고유한 특성과 그 과정을 이해해 도시 계획을 수립한다는 일상도시의 강조점과 맥이 닿아 있다. 민선 1기 첫해의 시정 계획과 백서에는 당시 인식한 서울의 현실을 나타낸 바 있다. 서울이 지난 30년간 급성장해 신흥 거대도시로 도약, 세계의 도시사에서 유례없는 성장을 이루었으나 성장의 부작용으로 동시에 많은 문제에 직면해 서울 시민 절반 정도가 살고 싶어 하지 않는 도시가 되었다는 것이다. 이런 인식에는 성장주의에 대한 반성과 성찰이 담겼다.[19]

이어서 일자리를 찾아 사람이 밀려들다 보니 집부터 먼저 짓고 도로와 상하수도를 놓느라 도로가 튼튼하지도 않을 뿐더러 공원, 도서관,

그림 3-1 조순 시정의 7대 시정 과제

생명을 존중하는 안전한 도시 관리	• 시설물 건축 전 안전 검사 • 건축 후의 체계적인 점검과 유지 관리 일상화 • 만일의 사태에 대비한 구난 체계 구축
국제 환경 기준에 맞는 도시 환경 조성	• 경제 성장 논리에 밀려난 환경 보전 가치를 최우선 삼아 자연환경 보전, 물과 대기 오염 관리 • 쓰레기의 효과적 처리와 에너지 절약을 통한 지속 가능 발전 도모
시민이 편리하게 이용할 수 있는 교통 체계 정비	• 지하철 망 확충과 버스 중심 대중교통 체계 확립 • 자동차 수요 관리 • 보행 환경 개선
더불어 함께 사는 따뜻한 복지도시 형성	• 경제 성장 과정에서 소외된 노인, 장애인, 어린이, 여성, 빈민 등에 대한 복지 프로그램, 보건 의료 체계 강화
시민의 삶에 맛과 멋을 주는 생활 문화 진흥	• 지역 단위 문화 활동 지원 • 유·무형 문화유산의 보존 및 계승 • 문화 창작 활동 지원
주거의 질이 보장되는 도시 개발 추진	• 주택 문제에 대한 지방 정부 역할 확대 • 저소득 시민에 대한 주택 공급 확대와 주택 가격 안정화 • 주거 환경 개선
지구촌으로 열린 세계도시로의 도약	• 도시 간 선린 외교 강화 • 외국인에게 살기 편한 도시, 다시 오고 싶은 도시 조성

주 | 서울특별시(1996b) 백서를 참조해 저자 재작성.
자료 | 서울특별시(1996b), 『자치 서울 1년, 새로운 출발을 위하여』.

공연장 같은 문화 시설은 들어설 틈이 없다고 지적한다. 고속 성장과 난개발, 과밀화로 안전, 환경, 교통, 주택, 복지의 각 영역에서 문제를 안은 것이 당시 서울의 현실이었다.

조순 시장은 백서에서 "공해라든가 교통, 마약, 치안 문제는 대도시라면 어느 정도 안고 있으나 안전만큼 서울이 내재적으로 안고 있는 문제는 없다"면서, 7대 시정 과제 중 첫 번째로 생명을 존중하는 안전한 도시 관리를 제시한다. 7대 시정 과제는 그림 3-1과 같다.

일상도시 서울

표 3-1 조순 시정 3개년 분야별 예산 현황

분야	3개년 예산액(억 원)	점유비 변화(%)		
안전	18,866	4.8	→	8.0
환경	49,923	15.2	→	21.2
도로·교통	70,632	32.7	→	30.0
복지·의료	14,102	4.2	→	6.0
문화	19,283	7.7	→	8.2
도시·주택	22,343	19.7	→	9.5
세계화·시정 운영	40,468	15.7	→	17.1
계	235,617	100.0	→	100.0

자료 | 서울특별시(1996a), 『민선 시장이 펼치는 시정 운영 3개년 계획』, p.15.

　안전, 환경, 교통, 복지, 문화, 주거, 세계화로 요약할 수 있는 조순 시정의 일곱 개 분야는 이후의 민선 시정별 종합 계획과도 유사하다. 이 점에서 조순 시정은 시정 운영 방향의 기초를 놓았으며 계획 행정의 기틀을 다졌다. 해당 계획은 일곱 개 분야에 예산과 재정 운용, 자치 시정에 관한 분야를 포함 총 여덟 개 분야 145개 시책과 507개 사업(신규 사업 286개, 기존 사업 221개)으로 정리됐으며 3년간 23조 5,617억 원 규모로 편성됐다.

　표 3-1의 분야별 예산 배분을 보면 환경 분야 예산이 전체에서 차지하는 규모와 증감비에서 두드러지는 한편, 안전과 복지 예산 비율도 증가했다. 반면 도시 및 주택 관련 예산 비중은 19.7퍼센트에서 9.5퍼센트로 감소했다. 단순히 비율만 감소한 것이 아니라 도시 계획의 기조를 관 주도의 대규모 개발 사업에서 기존 계획의 재정비와 보완·수

정, 지역 주민 참여 유도와 개발 이익 환수를 강조하는 방향으로 전환했다. 조순 시장은 난개발과 대규모 개발 사업이 서울의 도시 문제를 초래한다고 생각해 이를 지양한 것으로 보인다. 취임 직후 도시 계획국 업무 보고에서 용산, 뚝섬, 마곡, 문정 등 대규모 미개발 부지 전략 개발 구상을 보고 받은 조순 시장이 '이런 식의 개발을 언제까지 지속할 것이냐'며 보고를 중단시켰다는 일화가 전해진다. 당장의 개발 사업 추진이 아닌 장기 구상을 보고한 것이었을 뿐이지만, 이 이야기는 개발 사업에 대한 조순 시장의 생각을 여실히 보여준다.[20] 개발 사업보다 『서울특별시 주택 조례』 제정, 최저 주거 기준제 도입 추진, 서울형 동네 만들기, KS 주택 자재 사용 의무화, 『임대 주택법』 개정 추진(임대 주택 등록 범위에 다가구 주택을 포함해 신규 공급 촉진) 등 시민의 일상성을 개선하는 제도 개선에 역점을 둔다는 점도 특징이다.

주요 분야별 성과를 살펴보면, 조순 시정은 안전과 관련 사전 안전 점검 및 안전 진단, 사후 관리의 3단계 안전 관리 체계를 구축했다. 다만 이는 정부의 『시설물 안전 관리에 관한 특별법』이 제정되며 전국 단위에서 제도화되고 의무화된 사항이었다. 이러한 안전 관리 체계에 의거해 교량과 터널 등 주요 도로 시설물 311개소에 대한 안전 점검을 실시했다. 당산 철교와 양화 대교 구교를 철거하고 재시공했으며 전임 시장부터 추진된 한강 교량 전체의 안전 점검과 기능 보강을 마쳤다. 도로 시설물, 다중 이용 민간 시설도 안전 점검과 진단을 추진했다. 119 자동 출동 시스템 설치, 상하수도와 같은 지하 시설물에 대한 지리 정보 시스템 구축 등 도시 방재 체제를 강화하고 민방공 경보 체제 개선을 추진했다. 그 외에 노후 아파트에 대한 월 1회 변화 정도 측정과 노후 가스관 교체를 추진하기도 했다.

민선 시정의 기틀이 된 환경 정책

환경 분야는 가장 많은 정책이 시행된 분야다. 서울시의 자체 평가에 따르면 환경 분야 97개 공약 중 25개 사업이 완료됐고 3개년 계획에서 가장 많은 예산 증가가 이루어졌다. 이 중 『서울특별시 환경 기본조례』 제정과 『제2차 환경 보전 장기 종합 계획(1996~2005년)』 수립, 『서울 환경 헌장』 선포 등이 가장 대표적이다. 이러한 시도는 중앙 정부 중심의 환경 법령으로 전국이 획일적으로 관리되면서 지자체의 지역 특성에 부합하는 자치 환경 행정이 이루어지지 않는다는 문제의식에서 비롯됐다.

환경 행정 체제를 강화하려는 조직 개편도 단행했다. 서울시의 각 국과 본부에 흩어진 환경 업무를 환경 관리실로 통합하고 공원 녹지 기획관과 조경과를 증설했다. 이는 교통, 복지 문제 해결을 위한 교통 관리실과 보건 사회국 신설과 함께 이루어졌다. 환경 문제에서 시민 참여를 강조했고, 서울 환경상 제정, 녹색 서울 시민 위원회, 녹색 서울 환경 감시단을 구성·운영해 환경 홍보와 교육 강화에도 역점을 두었다.

당시 서울의 녹지는 도시 면적의 25.2퍼센트 정도로 다른 세계 대도시에 비해 적은 편은 아니었다. 그러나 공원 대부분이 시 외곽에 있어 접근성이 낮았다. 시설 노후화와 입지 특성을 무시한 일률적 구성 역시 문제였다. 이에 『서울시 공원 녹지 확충 5개년 계획(1996~2000년)』을 수립, 도시 속 다양한 곳에 공원 조성을 추진했고 각 지역 특색에 맞게 계획했다. 표 3-2에 정리한 대로 길동 자연공원은 생태 공원으

표 3-2 **1997년 서울시 주요 공원 사업 현황**

구분	사업명	위치	면적(m²)	소요 예산 (백만 원)
공장 이전지 공원화	OB맥주	서울시 영등포구 영등포동	19,532	114,520
	파이롯트	강동구 천호동	8,076	74,800
	삼익 악기	성동구 성수동	1,572	9,902
	전매청 창고 부지	동대문구 답십리동	4,592	20,985
대기 오염 시설 공원화	성진 유리	강서구 등촌동	600	3,921
환경 공원 조성	어린이 대공원	광진구 능동	170,000	5,541
생태 공원 조성	길동 자연공원	강동구 길동	23,000	7,141
남산 제모습 가꾸기		용산구 한남동 일대	7,035	43,505
나대지 활용 주제 공원 조성		샛마을, 관악산, 용마산, 수락산	12,933	17,134
고지대 노후 시민 아파트 공원화	낙산 공원 복원	종로구 동숭동	61,145	10,000
계		10건	308,485	307,179

자료 | 서울특별시(1997), 『자치 서울 2년: 더불어 사는 서울을 위해』, p.101.

로, 낙산 공원과 남산 공원은 도심 내 역사 문화 특성을 포함한 자연공원으로 바꾸는 사업을 추진했다. 이는 1994년 전임 시장부터 추진한 서울 정도定都 600년 사업을 이어받아 확장한 것이기도 하다. 1997년에는 여의도 광장을 여의도 공원으로 조성하기도 했다.

대기와 수질 오염 역시 심각한 환경 문제였다. 조순 시정에서는 1997년부터 시 소유 청소 차량과 전체 시내버스의 3분 1가량인 2,857대에 매연 저감 장치 부착을 추진했다. 조순 시정 이후에도 환경부 계획과 연계해 1999년까지 전체 시내버스 8,725대에 매연 저감 장치를 부착했다. 시민의 취수 공급을 위해 상수원 보호 구역 확대와 보호 관리 체계 강화, 강북과 암사 정수장 확충을 추진했으며, 이전 시정의 하수관 종합 정비를 유지하는 한편 하수 처리장 증설도 추진했다.

수요 관리에 역점을 둔 교통 정책

당시 도로의 승용차 점유 면적 비중은 65퍼센트에 육박해, 출·퇴근 시간대의 만성적인 정체가 문제였다. 이전 시정이 도로 시설 확충에 초점을 두었다면 조순 시정은 교통 수요 관리와 보행 친화적 교통 환경 구축을 강조했다. 대중교통의 수송력 부족이 자가용 이용을 촉진해 다시 교통 체증을 유발하는 악순환을 지적하면서 세 가지 개선 방향을 제시했다. 첫째 교통 수요 감축, 둘째 대중교통 체계 개선, 셋째 도로망 확대와 기존 도로의 활용도 개선이다. 가장 대표적인 정책은 남산 터널의 혼잡 통행료 징수다. 평일 오전 일곱 시에서 저녁 아홉 시까지 혼잡 통행료를 징수해 도심 교통량을 억제하고자 했다. 서울시 자료에 따르면 혼잡 통행료 징수 결과 터널 통행 속도는 80퍼센트, 우회도로 통행 속도는 22퍼센트가 증가했다. 지하철 수송 능력을 버스에 분담하고자 버스 전용 차로 운영 강화와 확대도 추진했다. 19개 구간 53.4킬로미터를 신규 지정하고 서울 일곱 개 권역에 공영 차고지를 설치했다.

다만 이러한 조치에도 버스 분담률은 지속적으로 하락했는데, 이는 버스 운영 체제의 불비나 공급 부족보다 지하철 수송 능력이 좋아졌기 때문이다. 조순 시정기에는 5호선 '방화-상일동·마천' 구간 52킬로미터, 7호선 '장암-건대입구'의 16킬로미터 구간, 8호선 '잠실-모란' 15.5킬로미터 구간 등 총 98.5킬로미터가 건설되어 지하철 수송 분담

률이 대폭 개선됐다. 후임 시정에서도 지속 확대한 차 없는 거리 조성 사업(종로구 관철동, 명동 일대)은 보행 환경 개선을 위한 의미 있는 시발점으로 평가할 수 있다.

최초의 복지 조사와 문화 정책

조순 시정의 긍정적인 정책으로는 전국 지자체 최초로 복지 조사(사회 복지 기초 수요 조사)를 실시해 수립한 『서울시 시민 복지 5개년 계획』과 서울형 복지 모델을 꼽는다. 이 조사에서는 344만 가구주와 복지 시설을 대상으로 복지 욕구의 종류와 정도, 현행 복지 정책의 문제점, 서울시에 바라는 사항 등을 수집했다. 복지 대상을 저소득층, 노인, 장애인, 여성과 가정, 아동과 청소년 다섯 가지 범주로 분류해 대상 집단별로 다른 복지 계획을 수립했다는 점에서 체계성을 갖추고 정책 집행의 효율성을 도모했다는 평가를 받는다. 노인 분야에서는 가정 도우미제와 노인 보호 시설 확대를, 중증 장애인에게는 생계 보조 수당 인상과 공동생활 가정 증설을, 여성 분야에서는 공공 보육 시설 확충과 여성 플라자·서부 여성 발전 센터 건립 등을 추진했다. 저소득층 대상으로는 1995년 최저 생계비의 70퍼센트 수준이던 생계비 지원을 1997년 90퍼센트 수준까지 점진적으로 인상했다. 이러한 복지 시책 방향은 보편보다 선별, 권리보다 구빈에 가까운 한계도 있으나 체계적 복지 계획 수립과 정책 추진에서 긍정적이다.

문화 정책 수립에서도 서울의 특성과 서울이 직면한 문제를 직시했다. 한양 정도 이후 600년간 수도였지만 물리적 도시 건설에만 치중해, 과거는 있으나 역사가 없는 도시, 문화와 소프트웨어가 부족한 도시,

서울 문화의 독특한 개성이 없는 도시로 서울을 정의했다. 서울의 특성으로 지방 각지에서 이주해오면서 서울을 고향으로 인식하지 않고 지역 공동체적 유대감과 향토 의식을 적게 느낀다고 지적했다. 이에 경희궁과 남산, 운현궁, 북한 산성 등 주요 역사 유적 복원 사업과 각종 문화 시설 확충을 추진했다. 일례로 관악, 중랑, 성동, 은평 등 열 개 자치구에 공공 도서관 확충 계획을 수립·착공했다. 동네 생활 체육 시설 조성, 구민 체육 센터 건립 역시 추진됐다.

조순 시정은 비록 눈에 띄는 상징적인 랜드마크 구축이나 개발 사업은 없었으나, 규모는 작아도 개선이 필요한 작은 과제를 다양하게 발굴했다. 사업은 대체로 제도 개선이나 기존 시스템의 정비와 보완의 성격이 강해 소프트웨어적 업그레이드를 꾀했다. 조순 시정은 난개발과 고속 성장으로 시민이 삶의 불편을 체감하는 도시라는, 정책 결정자 입장에서 숨기고 싶은 서울의 현실을 직시했다. 선택과 집중을 통해 거대 개발을 추진하기보다 시민이 일상에서 피부로 느끼는 분야의 시책을 추진했다. 도시 불평등 완화를 위한 복지 시책의 체계화를 준비한 시정이라는 점에서 시민의 안녕과 일상의 쾌적함, 안전을 위한 시정으로 평가할 수 있다.

협치와 지방 분권

조순 시장은 취임식 연설만 아니라 시정 백서, 대선 후보 출마 이후의 토론 등 곳곳에서 서울 시장을 놓고 "책임은 막중한데 권한은 부족하다", 서울시에 대해서도 "어려움은 많은데 역량은 부족하다"고 자주 언급했다.[21] 관훈 클럽 초청 토론회에서는 지자체장 권한에 대해 "국장 하나 임명할 수 없고, 빌딩 앞의 신호등 하나, 횡단보도 하나 바꿀 수가 없다"며 푸념한 적도 있다. 그는 인원, 예산, 지자체 권한 모든 부분에서 구체적 수치를 제시하며 이러한 어려움을 토로했다. 서울의 공무원 1인당 시민 수는 도쿄에 비해 네 배, 뉴욕에 비해서는 열 배 수준이고, 전국 인구의 25퍼센트가 거주하는 도시지만 예산은 중앙 정부의 14분의 1, 도쿄의 10분의 1에 그친다고 설명하면서 인력과 예산 확충이 절실하다고 호소했다. 조순 시정은 민선 1기로서 서울시에 더 많은 권한과 사무를 위임해달라고 요구했다. 지방 분권을 제도화하고자 『지방 분권 촉진법(안)』을 마련해 건의하기도 했다.

조순 시정은 시정 운영에 필요한 인사, 재정, 조직에 관한 사무 중 지방 이양이 필요한 업무를 건의했다. 1년 차에는 공시 기준 이하의 사채 발행과 차관 도입 승인, 건축 허가 사전 승인, 입산 통제 구역 고시, 산불 예방과 위반자 과태료 부과 등 53건의 사무를 중앙 정부에 건의해 29건이 이양됐다. 2년 차에는 서울시에서 265건을 건의, 이 중 72건이 서울시로 이양됐다. 서울 연구원 자료를 살펴보면 이는 이후의 민선 시정에서 이양된 사무에 비해 많은 편은 아니다.[22] 실질적인 지방 분권과 사무 이양은 2004년 『지방 분권 특별법』 제정 이후, 민선 3기에 들어서야 활발해졌기에 이 시기는 실질적인 사무 이양에 앞서 그 당위를 중앙 정부에 건의하고 기틀을 놓은 시기다.

한편 교통, 환경, 상수도 등의 문제는 서울시만의 문제가 아니라 인접 지자체와의 협력이 필수적이었기에 수도권 행정 협의회를 지속적으로 개최해 상호 협의했다. 교통 문제는 수도권 광역 교통 정책 협의회를 구성해 광역 교통 안건을 다뤘다. 수질과 취수 관리를 위해 인천시와 경기도에 제안해 한강 상수원 수질 관리 협약을 체결하고, 상수원 수질 관리 협의회에서는 수도권 수질 관리 협력, 상수원 보호 구역 지정, 비용 분담 등 수질 관리 업무를 상호 협의에 따라 추진했다. 관선시기에는 중앙 정부의 통제에서 전국 단위 환경 행정이 추진된 반면 민선 시정에서는 지방 자치 시대를 맞아 지자체 간 협의와 소통을 통해 대응한 것이다.

자치구와의 관계는 1996년부터 구청장 회의를 정례화해 시·구간 협의 체제를 구축하고자 했다. 1997년에는 시장, 부시장, 구청장 협의회에서 협의한 6인의 구청장으로 서울시 시·구 협의회를 발족해 시와 자치구 사이의 협의 부족으로 발생한 혼선과 문제를 해결하고자 했다. 서울시 권한 중 자치구가 담당할 사무를 조사하고 발굴해『도·소매업 진흥법』위반 과태료 부과와 징수, 상점가 진흥 조합 감사, 토양 오염 개선 사업 등 지역 경제와 환경에 관한 37건의 서울시 사무를 자치구로 이관했다. 무엇보다 자치구 간 재정 격차를 조정하고자『서울특별시 자치구의 재원 조정에 관한 조례』를 제정해 특별 교부금 비율을 조정하고 교부 대상을 확대해 재정력이 취약한 자치구 재정을 시에서 지원했다. 이를 위해 담배 소비세와 자치구세인 종합 토지세 교환도 추진했다. 담배 소비세는 자치구 간 격차가 적은 반면, 토지세는 강남구와 도봉구 간 격차가 12.9배에 달했다. 만약 담배 소비세를 자치구세로 돌리고 종합 토지세를 서울시의 지방세로 한다면 180퍼센트 차이가 나던 강남구와 도봉구 간 기준 재정 수요 충족도를 106.2퍼센트까지 줄일 것으로 예상했다. 다만 이 사업은 구청장 협의회에서 이견을 좁히지 못해 결렬됐다.

　시민 참여와 풀뿌리 민주주의를 위해 시민 위원회, 여성 위원회, 녹색 서울 시민 위원회 등 자문 기구 설치와 시민 감사 청구 제도 도입, 시민 감사관 제도 도입이 이루어졌다. 시민 위원회는 각계 전문가 50명, 여성 위원회는 학계, 법조인, 언론인, 주부, 사무직 여성 등 30명, 녹색 서울 시민 위원회는 시민 단체와 전문가 100명 규모로 조직했다. 시민 위원회는 『시정 운영 3개년 계획』을 임기 동안 평가하고 조언했다. 전문가 50명이 분야별 분과 위원회를 구성해 유관 부서에 조언하는 체계도 갖추었다. 여성 위원회는 여성 권익 향상과 여성 정책 아이디어를 제시하고 모니터링 했는데, 여성 공무원 채용 비율 확대만이 아니라 복지 현황 지도 제작과 요청 등 다양한 의견을 전달했다. 다만 이러한 각종 위원회는 시민의 직접 참여보다는 전문가 중심의 자문 기구에 가까웠다.

　시민 감사 청구제와 시민 감사관 제도 역시 감사 행정의 토대라는 의미는 있으나 시민 감사 청구 제도는 현재의 정보 공개 청구나 청원과 달리 개인이 신청할 수 없고 시민운동 단체, 전문가 단체, 직능 단체 등 시민 단체로 청구권을 한정했다. 시민 감사관도 3급 이상 감사원이나 검찰 공무원, 법조인 출신 중 두세 명을 선정해 채용하는 형식으로, 실질적인 시민 감사 행정으로 보기는 어렵다. 감사 청구 사항 역시 예산 낭비, 환경 오염, 부실 공사와 안전 관리, 기타 시민 불편 사항으로 제한했다. 그럼에도 1997년 감사 청구 12건이 시행돼 행·재정상 조치와 고발, 제도 개선이 부분적으로나마 이루어졌다.

민선 1기 지방 자치 시대 개막을 맞아 조순 시정은 역대 어느 민선 시정보다도 지방 자치 제도 안착과 지자체의 권한 및 역량 강화를 요구했다. 이는 실질적인 제도 보완이 채 이루어지지 않아 지방 자치를 하고 싶어도 마음대로 할 수 없는 여건 때문이었다. 중앙 정부와 지자체 간 권한 배분도 당시로서는 무르익지 않았다. 비록 구체적 성과는 내지 못했으나 조순 시정은 이후 민선 시정의 협치와 자치를 위한 기틀을 놓은 것으로 정리할 수 있다.

시장직 사퇴와 미완의 정책들

조순 시정은 『시정 운영 3개년 계획』, 버스 개선 종합 대책, 『복지 5개년 계획』 등을 수립해 근시안적 행정을 계획 행정으로 바꿨다는 평가를 받았다. 다만 제시된 청사진에 비해 달성된 사업이 저조하다는 혹평도 없지 않다. 당시 언론 보도를 살펴보면 전체 공약 이행률은 17퍼센트에 불과해 600여 개 공약 사업 대부분이 제대로 시행되지 않았다는 평가도 받았다.[23]

　당시 보도와 같이 조순 시정에서 계획했으나 실시되지 않은 사업이 적지 않은 것도 사실이다. 1자치구 1소방서 체제와 통합 소방 본부 구축 구상, 통합 버스 정보 시스템BIS, Bus Information System 도입은 임기 내에 추진되지 못했다. 버스 도착 안내 시스템은 고건 시정에서야 운영되기 시작해 이명박 시정의 대중교통 환승 체계 개편으로 완료됐다. 자치 환경 행정의 재원 마련을 위한 환경 개선 부담금 제도는 서울시 몫의 교부금을 확대해달라고 건의했지만 수용되지 못했다.

다만 공약 이행률은 다소 과장된 면도 있다. 17퍼센트라는 공약 이행률은 "자체 평가 결과에 의하면 총 685개 사업 중 '이미 완성된 사업'은 17퍼센트에 불과하다"라는 시정 질의에서 비롯됐다. 이는 이미 마무리한 사업만을 말한 것으로 취소·보류 사업은 23개, 추진 중 사업은 545개였다. 추진 중이었으나 민선 2기 이후로 인계되어 지속 추진된 사업도 있고 1기에서의 계획 수립으로 마무리한 사업도 있었다. 바꾸어 말하면, 저조해 보이는 수치는 계획 행정으로 시 행정의 성격이 바뀌었기 때문이기도 하다. 가령 지리 정보 시스템GIS, Geographic Information System 구축은 조순 시정 이전인 1993년부터 시정 개발 연구원에서 착수해 1997년까지 열 개 구의 수치 기본도를 제작했고 2001년까지 서울시 전역의 데이터베이스를 구축하는 계획이었다. 이렇듯 계획에 따라 추진 중인 사업을 미이행으로 산정해 수치가 낮아 보인 것이다. 영등포 공원 사업 역시 조순 시장의 업적으로 평가 받지만 실제로는 1998년에야 준공됐다. 이를 미이행 사업으로 분류하는 것은 타당치 않아 보인다.

관선 시대의 서울 시장은 중앙 정부 방침이나 최고 권력자의 의도에 따른 사업 결정과 추진이 빈번했다. 당시는 단시일 내에 사업을 마무리했기 때문에 미이행으로 분류되는 경우가 적었다. 그러나 민선 시장 시대가 되면서 계획 행정이 이루어졌고, 관선 시대 기준으로 민선 시장 시대의 업적을 평가하다 보니 이행률이 저조해 보였을 것이다. 즉 사업 대부분은 계획에 따라 진행 중인 것이지 세간의 평가처럼 일이 방치되거나 중단된 것으로 보기는 어렵다.

계획에 근거한 조순 시정의 특징은 시대적 배경 외에 개인 성격에서도 비롯된 것으로 보인다. 역대 서울 시장의 성격 유형을 비교한 안승일의 연구에 의하면, 조순 시장은 자신의 강점인 예산과 재정 분야에서는 주도권을 쥐고 시정을 운영했으나 그 외의 구체적인 정책 분야에서는 공무원 조직과 협의를 하는 온건한 리더십을 보였다. 시정 질의 발언 등을 보면 분야별 시책의 추진은 실무진이 수행하면서 시장은 전체적인 계획과 재원 조달 방안을 마련하고 그때그때 사업 진행 보고를 받되 예외적인 경우에만 구체적 지침을 하달하는 업무 방식을 취한 것으로 보인다.

조순 시장은 1997년 9월 임기를 9개월 정도 남겨둔 상황에서 대선 출마를 위해 사퇴했다. 당시 대선 후보 초청 토론회 자료를 보면 조순의 시정 운영에 대해 시민의 80퍼센트가량이 우호적인 평가를 보였고 구청장들의 평가 역시 나쁘지 않았던 것으로 보인다. 그만큼 출마를 납득할 수 없다는 의견이 과반이었고 대선 후보 지지율도 높지 않았다. 조순 시장은 관훈 클럽 토론회에서 서울시도 중요하지만 대선 후보의 면면을 보고 출마를 결심할 수밖에 없었다고 출마 이유를 밝혔다. 다만 그해 4월까지도 지방 선거 재출마에 무게가 실렸던 점을 보면 대통령직을 이전부터 고민했다기보다는 새정치국민회의 창당으로 당세가 위축된 민주당의 필요와 요청, 한편으로는 조순 시장 개인의 계산에 따라 출마가 급하게 결정된 면이 없지 않다.

한편으로는 서울 시장의 권한에 한계를 느낀 것이 대선 출마의 계기가 되지 않았을까 추측할 뿐이다. 앞서도 언급했지만 조순은 시장과 서울시의 권한에 대해 자주 아쉬움을 토로했다. 자치구 행정에 개입하기 어렵다는 점도 시장직에 느낀 한계로 짐작된다. 조순 시장은 자치구가 원래 행정을 위한 개념일 뿐, 서울시는 하나이며 도쿄와 같이 준자치구 형태가 바람직하다는 의견을 밝혔다. 이 점에서 조순 시장은 지방 자치를 서울시와 자치구 간 협치나 풀뿌리 민주주의 정착이라는 의미보다, 중앙 정부와 서울시 관계에서 서울시의 권한 강화로 생각한 듯하다. 결과적으로 이러한 결정은 조순 시장 개인의 정치적 판단에서나, 서울시 행정에서 큰 아쉬움으로 남았다. 조순 시장은 이후 대선 후보가 되지 못했고 강원도 강릉에서 국회의원으로 출마해 서울과의 관계는 단절됐다.

그렇다면 이러한 미완의 초대 민선 시정을 일상도시 관점에서 어떻게 평가할 수 있을까? 민선 1기로 서울의 중장기 도시 계획을 마련하고 단계별 실행 방안을 마련한 점과 일상에 밀접한 문제에 정책적 의지가 있던 점은 분명 긍정적이다. 그럼에도 시장직 사퇴로 그 의미가 퇴색된 점이 아쉬울 따름이다. 서울이 어떠한 도시이고, 서울만의 도시 문제가 초래된 원인이 무엇인지 고민해 서울 시민의 일상에 필요한 정책을 도출한 것은 그의 업적인 동시에 시대가 요청하고 필요로 한 일이었다. 이는 도시의 고유성과 복잡성을 인식하고 이로부터 촉발된 현재의 문제를 파악하는 것과도 맞닿아 있다. 이러한 인식을 바탕으로 일상에 관련된 각 분야의 시책을 계획에 따라 추진했고 특히 역점을 두었던 환경과 문화 관련 사업은 민선 7기에 이르기까지 지속적으로 개선되었다.

대규모 개발을 지양하면서 서울형 동네 만들기 등 마을 공동체에 관심을 가진 점이나 주택 정책에서 대규모 공급보다 제도 개선에 초점을 둔 점, 복지 조사를 대규모로 실시해 복지 수요를 파악하고 유형별 방안을 마련한 점은 일상성을 중시하고 재분배에 관심을 보인 동시에 연대와 협력을 위한 초석을 놓은 것으로 볼 수 있다. 이는 일상도시 관점에서 당시의 녹록지 않았던 시대 상황에서도 주목할 만한 성과다.

그러나 시민의 참여가 보장된 열린 계획이 이루어지지 않은 것은 아쉬움으로 남는다. 시민의 자발적이고 적극적인 참여는 그의 시정에서 시도하기 어려웠다. 당시의 계획은 시민이 참여하기에 어려웠으며, 계획은 여전히 공무원과 전문가를 중심으로 설계됐다. 무엇보다 대선 출마로 계획의 감독이 이루어지지 않은 것은 민선 1기의 가장 큰 한계다. 그의 바람이 계획대로 이루어졌다면 서울은 좀 더 빨리, 한층 살기 좋은 도시가 됐을 것이다. 그렇게 마무리되지 못한 계획은 민선 2기가 해결해야 할 과제로 남았다.

시대를 앞선 예술 행정

민선 2기 서울 시장 고건(제31대, 1998~2002년)

민선 2기 서울 시장을 지낸 고건은 '행정의 달인'이라는 수식어로 유명하다. 고건은 스물두 살의 이른 나이에 고등 고시에 합격해 내무부 행정 사무관으로 공직 생활을 시작했으며, 이후 최연소 전라남도 도지사, 교통부와 농수산부 장관, 국회 의원을 역임했다. 그는 관선기와 민선기 서울 시장을 모두 겪은 최초의 인물이기도 하다. 제22대 관선 시장(1988~1990년)을 역임한 관록을 내세우며 '서울은 고건, 서울 전문가 고건'이라는 캐치프레이즈로 1998년 민선 2기 서울 시장에 당선됐다.

  1998년 지방 선거는 IMF 외환 위기라는 국가 초유의 경제 위기를 겪은 뒤 치러졌다. 대기업의 연이은 부도와 기업의 대대적인 감원에 실업자가 속출했고, 국가 파산 직전의 혼란한 시기에 고건 시장은 서울 시정을 맡았다. 이뿐만 아니라 2002년 월드컵 개최라는 과제를 안고 있었다. 민선 2기 고건 시장은 아직 미흡한 지방 자치 제도를 성숙시켜야 한다고 보았다. 또 과거 개발 정책의 병폐를 해소하려면 안전 관리, 환경 정책 추진이 반드시 필요하다는 사실을 절감했다.

이러한 당대의 시대적 과제를 해결하고자 고건 시정은 다양한 노력을 기울였다. 당시 서울시는 대규모 실업 문제를 해소하려 일자리 창출 정책을 활발히 추진했다. 국제 행사인 월드컵 경기를 차질 없이 수행하기 위한 준비와 서비스 대책도 추진했다. 선유도 공원 설립, 난지도 생태 공원 복원, 북촌 한옥 마을과 인사동 가꾸기 등의 사업은 서울의 역사·문화와 환경을 보존하려는 정책적 노력으로 시작됐다. 이는 환경 보전과 삶의 질, 친환경 가치에 주목한 시대적 필요를 잘 반영한 것이었다.

고건 시정은 서울시 부패 척결을 위한 '투명한 행정 시스템 구축'과 시민들의 시정 참여를 강조하는 '참여 행정', 그리고 서울이라는 거대 도시가 안은 각종 민생 문제 해결을 위한 '생활 행정'을 강조했다. 이러한 참여 행정과 생활 행정 기조는 박원순 시정으로 이어져 서울에서 시민이 직접 민생의 문제를 기획하고 해결하는 9년 동안의 생활 밀착형 정책 실험의 초석이 됐다. 당시 참여 연대 사무처장이던 박원순은 고건 시장과 적극적으로 협력했는데, 아마도 이 경험과 무관하지 않은 듯하다. 이처럼 고건 시장은 참여 연대와 함께 서울시 청렴도를 높이기 위한 투명한 행정 시스템 구축에도 노력을 기울였다. 권위주의 시대 관 중심의 행정 체계에서 벗어나 시민의 의견을 청취하는 제도를 도입한 것이다.

고건은 그의 저서에서 '행정도 예술이다'라고 언급하면서 행정의 궁극적인 목적은 예술과 마찬가지로 사람의 삶을 풍요롭게 하는 데 있다고 보았다. 고건은 그의 시정 철학을 바탕으로 도시민의 삶의 질을 개선하는 다양한 정책적 노력을 펼쳤고, 이는 도시민의 일상적인 삶을 강조하는 일상도시와 맞닿은 듯하다. 어찌 보면 일상도시에 대한 서울의 영감이 고건 시정에서 시작된 것으로 볼 수도 있다. 그러나 그가 꿈꾸던 예술 행정이 현실에서 구현돼 일상도시로의 진일보한 변화를 이끌었는지는 의문이다.

자의 반 타의 반 행정 개혁

국가 파산 직전의 혼란한 시기에 서울 시정을 맡은 고건 시장의 첫 번째 화두는 '개혁'과 '개방'이었다. 고건 시장은 변화하는 정보화 시대, 국제화 시대, 지방화 시대에 서울시가 세계 무대에서 생존하려면 그에 걸맞은 경쟁력을 갖추어야 한다고 보았다. 고건 시장이 취임하며 내놓은 『서울특별시 정책 비전』에서 당시 서울의 상황을 '국경 없는 무한 경쟁', '냉혹한 무한 경쟁 체제'로 규정하면서 과감한 개혁과 패러다임의 변화를 강조했다. 외환 위기 이후 불어 닥친 행정 개혁의 요구에 따라 기존의 고비용·저효율의 조직 구조를 저비용·고효율의 조직 구조로 전환하는 대개혁을 예고했다. 이는 지방화와 분권화 시대에 부응하는 행정 시스템을 구축하고 나아가 민선 1기의 시행착오를 보완하고자 취한 조치였다. 성숙한 민선 시정을 실현하고 행정 서비스 공급 형태를 다양화하는 것이 필요했기 때문이다.

고건 시장은 취임과 동시에 시정 개혁 위원회를 가동했으며, 기업인 출신인 이필곤 행정 1부시장을 영입해 시정에 경영 마인드를 도입하려 했다. 행정, 경영, 전산, 기술 등 시정 관련 분야 전문가와 기업 최고 경영자로 구성된 시정 개혁 위원회는 서울시 각 분야를 정밀 진단해 서울시 조직 구조 조정의 밑그림을 그렸다. 서울 시정 개혁 위원회, 시정 개발 연구원, 경영 컨설팅 회사가 합심해 서울시 본청과 사업소, 여섯 개 공사에 대한 광범위한 조직 진단을 실시했다. 총 87회에 걸친 실무 회의와 합동 회의 결과, 서울시 본청과 산하 기관 인원의 약 20퍼센트를 감축하는 구조 조정안을 내놓았고 이를 진행했다.[24]

이러한 구조 조정은 유례없는 수준이었다. 시장 비서실도 예외는 아니었다. 시장 비서실도 열여덟 명에서 여덟 명으로 축소됐으며, 유사 기능 통폐합, 계층 구조 단순화 등의 원칙을 통해 서울시 본청에서만 1본부 4국 3관, 12과가 줄었다.[25] 서울시 산하 기관 역시 동일한 기준으로 구조 조정을 거쳤다. 서울시 구조 조정은 단순히 조직을 축소하는 데 그친 것은 아니었다. 새로운 행정 수요에 맞춰 환경, 복지, 교통과 산업 경제 분야 등 시민의 삶의 질 개선에 필요한 분야는 강화했고, 정보화 업무를 추진하는 정보화 기획단도 신설했다.

조직 개편에 이어 시 행정 서비스 중 민간에 맡겨도 되는 부분은 시 조직에서 떼어냈다. 일종의 민영화나 민간 위탁인 셈이다. 민간에 맡길 수 없는 일이라도 민간 수준의 경영 효율성을 확보하는 시정 경영 시스템으로 개편하고자 했다. 민간 위탁을 시범적으로 운영하면서 민간의 성과가 더 좋으면 위탁을 지속하되, 그렇지 않으면 시에서 다시 환수하는 방식을 취했다. 그 결과 당시 복지관과 같은 사회 복지 시설 34

개소, 시립 병원과 청소년 회관 등 문화·의료 시설 34개소, 체육 시설 7개소가 민간 위탁됐다. 고건 시장의 행정 개혁은 기존의 폐쇄적인 행정 조직에 새로운 바람을 불어넣어 조직을 많이 바꿨다는 평가를 받았다.[26] 그러나 관료의 암묵적 저항으로 큰 변화를 일으키기엔 부족했다는 엇갈린 평가도 있었다. 공공 부문 민간 위탁은 현재까지도 운영의 효율성과 책임성을 둘러싼 논란이 지속 중이다.

민선 2기 서울시는 조직 내부 개혁에서 나아가 시민이 서울 시청을 신뢰하도록 대대적인 반부패 대책을 실시했다. 고건은 한국 사회의 가장 큰 병폐를 부정부패로 보았다. 따라서 부패와의 전면 전쟁을 선언하고 시스템적 관점을 도입해 부패를 방지하고자 했다. 부패의 구조적 원인을 밝혀 제거하고, 이미 발생한 부패는 끝까지 추적해 엄중히 처벌하는 시스템을 마련했다. 원인 요법과 처벌 요법의 병행, 투명 행정 시스템 확립, 반부패 민관 공조 등 네 가지 시책을 실시했다.

전반적인 행정 시스템을 투명하게 개혁하는 일부터 착수했다. 그동안의 폐쇄적인 민원 처리 방식이 비리와 비위로 이어진다고 보고, 인터넷 민원 처리 온라인 공개 시스템(오픈 시스템)과 전자 계약 시스템 같은 제도를 도입했다. 오픈 시스템은 민원 처리의 전 과정과 중요한 의사 결정 과정을 실시간으로 인터넷에 공개해 시민이 이를 확인할 수 있는 제도로, 서울시가 세계 최초로 도입한 제도다. 오픈 시스템은 이권 개입의 소지가 큰 민원 업무 처리 과정을 투명하게 공개해 사회 일반의 공공 감시로 부패를 미리 방지하는 효과가 있었다. 실제로 서울시는 1999년부터 위생, 세무, 주택·건축, 건설·공사, 소방 등 5대 민생 분야의 민원 처리를 경험한 시민을 대상으로 부패 사례를 조사한 반부패 지수를 발표했는데, 1999년 64.0점이던 반부패 지수가 2002년 71.5점으로 오르는 소기의 효과를 보이기도 했다.[27]

서울시 오픈 시스템은 그 효과성을 입증하면서 타 지역으로 이전되었고, 곧 세계로 수출되는 성과를 보였다. 2001년 유엔 코피 아난Kofi Annan 사무총장과 고건 서울 시장이 만나 오픈 시스템을 세계에 확산하고자 '공동 협력 성명'을 채택했고, 이후 서울시 오픈 시스템은 여섯 개 외국어 메뉴얼로 제작되어 180여 개국에 보급됐다.[28]

고건 시정의 강력한 개혁과 반부패 시책은 시장의 강력한 의지가 있기에 가능했지만, 당시의 정보 통신 기술 발달과 함께 신공공관리 바람이 휩쓸었던 시류의 영향도 없지 않다. 그럼에도 오픈 시스템과 같은 도시의 고유한 특성에 근거해 창의적 정책 사례를 발굴하고 이를 세계적으로 확산한 업적은 고유성과 창의적 시책을 추구하는 일상도시 관점에서 긍정적으로 평가할 수 있다. 특히 시민의 공공 감시로 부패를 방지하는 일은 평범한 시민의 일상성과 계획의 개방성을 중시하는 일상도시를 향한 첫 발자국이다.

거버넌스 구축의 시동

제22대 관선 서울 시장 고건의 시정 방침은 시민을 위한 '생활 행정', 시민과 함께하는 '참여 행정', 깨끗한 '공개 행정'이었다. 약 10년 후 민선 2기 시장으로 돌아온 고건은 시민 중심 행정, 현장 행정, 시민 참여 행정을 구현하고자 했다. 참여 행정 구현은 주민 자치라는 근본이념에 입각한 민주적이고 다원적인 행정 방식 도입이라는 측면도 있지만, 지방 자치 개막 이후 다양하게 분출된 주민의 의견과 행정 수요를 효과적으로 수용하려는 장치이기도 했다. 고건 시장은 기본적으로 행정을 시민을 위한 서비스로, 시민을 행정의 고객으로 보았다. 따라서 시민의 의견을 반영해 시민이 원하는 행정 시스템을 구축하고자 했다. 시민이 원하는 행정 시스템은 시민의 의견을 듣는 데서 시작한다. 이를 위해 고건 시정은 시민 만족도 조사, 각종 위원회와 협의회 가동, 시민과 시장의 토요 데이트 등의 제도를 도입했다. 이렇듯 시민의 의견을 경청하는 것은 다양성과 개방성 등 참여 시정을 강조하는 일상도시의 시작이다.

지금은 너무나 친숙한 공공시설 서비스 만족도 조사는 고건 시정 당시 도입된 제도다. 당시 서울시는 고품질의 시정 서비스를 제공하는 고객 지향적 행정 시스템을 확립하고자 1999년 시민 만족도 조사를 도입해 실시했다. 이 조사는 해당 서비스를 경험한 시민이 직접 서비스에 대한 인식과 만족도를 평가하고, 그 결과를 반영해 시정 서비스를 개선해나가는 제도다. 이를 통해 서비스의 질적 개선을 유도하는 데 그 의의가 있다.[29] 서울시는 시민 만족도 조사 도입을 위해 시민 평가단을 구성해 운영했다. 시민 평가단은 15명으로 구성했고 주무국장인 서울시 정책 기획관 한 명을 제외한 나머지 인원은 모두 외부 인사였다. 이는 서비스 공급자인 공무원의 의견보다 서비스 수요자인 시민의 입장을 적극적으로 반영하려는 의도였지만, 외부 인사 대부분이 전문가로 구성된 한계도 보였다.

시민 만족도 조사는 서울시 제공 서비스 중 시민과 접점이 있는 서비스 중 상대적으로 시민의 관심과 불만족이 높은 분야를 중심으로 실시했다. 제도 도입 첫해인 1999년 쓰레기 청소, 지하철, 시내버스, 민원 행정, 상수도, 보건소 등 여섯 개 분야로 시작해 지속적으로 평가 분야를 확대했고 2001년에는 총 26개 분야에 이르렀다. 이 조사는 고건 시장이 상당히 관심을 두고 추진한 중요 시책으로 시민에 대한 공무원의 시각이 전환되는 계기가 됐다. 이전에는 공급자인 공무원 중심으로 서비스를 제공했다면, 수요자인 시민 입장에서 서비스를 제공하는 방향으로 변화한 것이다. 이는 시민의 일상성을 중시한 것으로, 분야별 서비스의 질적 개선이 이루어졌다는 측면에서도 의의가 있다. 서울시가 이 조사를 도입한 이후 다른 지방 자치 단체에서도 이를 벤치마킹하는 등 정책 확산이 이루어졌다.

고건 시정은 각종 위원회와 협의회를 구성해 시민 섹터, 시민 단체와 협력해 시정 사업을 추진해나가는 협력적 파트너십을 구축하고자 했다. 당시 권위주의적인 관 중심의 행정 체계가 여전히 작동했고 고건 시장은 주민의 의견을 듣는 통로로 각종 위원회와의 정책 회의를 적극적으로 활용했다. 대표적으로 녹색 서울 시민 위원회, 한강을 사랑하는 시민 모임, 노사정 서울 모델 협의회, 참여 연대와의 청렴 계약제 실시 등을 꼽는다. 먼저 노사정 서울 모델 협의회는 서울시 산하 여섯 개 투자 기관의 노사 대표와 공익 대표로 구성됐으며 2000년 8월에 발족했다. 서울시는 협의회를 통해 상생·공존하는 노사 문화를 만들고, 나아가 시민의 입장에서 서비스를 개선하고자 노사가 공동으로 협력하려 했다.

서울시와 참여 연대가 공동으로 진행한 청렴 계약제, 청렴 계약 옴부즈맨 제도 역시 협력적 거버넌스를 구축하고자 시도한 사례다. 청렴 계약제는 서울시가 발주하는 모든 건설 공사·물품 구매·용역 계약 입찰에 참가하는 업체와 행정 기관 당사자가 입찰·계약·이행 과정에서 뇌물을 제공하거나 받지 않고, 이행 여부를 시민 대표인 옴부즈맨이 감독해 규정 위반이 발견되면 제재를 받겠다는 상호 서약이다. 2000년 6월 참여 연대의 박원순 사무처장, 이태호 시민 감시 국장, 임미옥 간사 등이 서울시 정책 회의에 참석해 청렴 계약제를 제안했고, 고건 시장이 이를 받아들여 7월에 공동 시행을 발표하기에 이른다.

그러나 막상 제도가 시행되자 실효성에 대한 비판이 제기됐다. 제도 실시 이후 접수된 제보나 적발한 부패 행위가 단 한 건도 없었고 청렴 계약제가 단순 서류 작업으로 전락해 형식적으로 운영된다는 비판이었다.[30] 이는 제도만 만들어졌을 뿐 현실 여건상 그 실행이 철저하게 진행되지 못했다는 의미로, 이상과 현실의 간극이 매우 컸다는 사실을 시사한다.

고건 시정은 현장 행정을 적극적으로 펼쳤다. 취임 초부터 "시장 집무실은 시장실이 아니라 현장"이라고 말했으며, 이는 향후 박원순 시정의 현장 시장실로도 이어진다. 대표적인 현장 정책이 바로 시민과 시장의 토요 데이트다. 1998년 7월 4일 노숙자와의 만남으로 시작된 토요 데이트는 2002년 6월 말까지 총 166회에 걸쳐 이루어졌고 시장이 직접 주재한 토요 데이트는 161회에 이르고, 민원도 총 396건에 이르렀다.[31]

토요 데이트는 방문, 전화, 팩스, 우편, 인터넷 등을 통해 서울 시민 누구나 신청할 수 있었다. 신청이 접수되면 민원 내용에 따라 해당 실·

국별로 사전 검토를 거치고, 민원 수용이 어려우면 몇 가지 대안을 마련했다. 시장이 직접 데이트를 실시하는 다수인 관련 생활 민원은 사전 검토 결과서를 총괄 접수 부서인 자치 행정과에 제출했다. 자치 행정과에서는 접수순, 단체, 주제 등을 고려해 데이트 일정을 조정하고, 민원인과 시장, 해당 실·국장, 민간 전문가 참여 계획 등의 자료를 작성했다. 계획이 수립되면 안건의 대상, 주제, 유형에 따라 관련 실·국·과장이 배석하고, 시민 의견 등을 논의할 교수, 변호사, 시민 단체 대표, 언론인 등 민간 전문가와 민원인 대표 4~6명 등 15명 내외가 참석해 회의를 열었다. 회의를 마치고 결과를 담은 조정 방안과 조치 계획을 수립·시행하고, 처리 결과를 민원인에게 통보했다.

　시장과 주무 부서 실·국장이 직접 참여해 민원을 듣는 만큼 토요 데이트의 민원 해소율은 60퍼센트가 넘었다. 높은 해소율 외에도 토요 데이트는 자치 단체장이 현장의 생생한 목소리에 귀 기울이는 기회를 정기적으로 제공해 상호 협력 관행을 구축했다는 측면에서 중요한 의미를 지닌다.[32] 1999년 4월 서울 대학교 행정 대학원에서 주최하는 '전국 광역 및 기초 자치 단체 행정 개혁 사례 조사'에서 타 지방 자치 단체가 벤치마킹할 만한 개혁 사례 10위 안에 선정되기도 했다. 2000년 서울대와 서울시는 토요 데이트 100회를 맞아 심포지엄을 공동 개최했다. 이 자리에서 토요 데이트는 참신하고 효과적인 집단 갈등 해결 모델이라고 평가됐다. 토요 데이트의 기본적 아이디어는 이후 오세훈 시정의 천만 상상 오아시스로도 이어졌다. 그러나 참여 행정 구현을 위한 서울시의 노력에도 당시의 시민 역량과 참여는 여전히 제한적이었다.[33] 일반 시민 사회 전통이 미약한 한국에서 당시 다양한 시민을 대

변할 시민 단체는 매우 드물었고, 이에 따라 서울시 정책 과정에 대한 일반 주민의 접근성은 낮을 수밖에 없었다. 따라서 민선 2기에 설치된 다양한 자문 위원회 역시 대부분 전문가로 구성되어 주로 전문 지식이나 기술적 자문에만 치중했다는 한계가 있다.[34]

민생 안정을 위한 정책

고건 시정은 어려운 시기 민생을 안정시키는 정책을 적극적으로 추진했다. 경기 침체와 기업의 구조 조정으로 발생한 실업과 증가하는 노숙자 문제를 해결하려는 지원 정책을 추진했으며, 일상생활의 어려움을 겪는 평범한 시민을 위해 복지 행정 기반을 구축하고 확대했다. 서울의 심각한 교통난 해결을 위해 편리한 대중교통 관리 시스템도 도입했다. 이러한 민생 행보는 불평등 해소를 위해 저소득층을 위한 서비스 개선과 삶의 질 최저 기준을 강조하는 일상도시와 맥을 같이한다.

실업과 노숙자 문제 해결

외환 위기 직후 서울시 실업자가 급격히 증가했다. 1997년 2.7퍼센트였던 서울시 실업률은 1998년 7.6퍼센트로 증가했으며, 실업자는 36만 5,000명으로 전국 실업자 149만 명 중 24.5퍼센트를 차지했다. 30~40대가 실직으로 노숙인이 되는 경우도 발생했다. 1998년 봄부터 늘어난 서울역 인근의 노숙자는 노동 능력을 상실한 기존의 노숙자와는 달랐다. 이러한 상황에서 고건 시장은 당면한 실업 문제를 해결하고

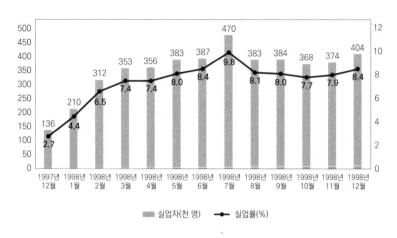

그림 4-1 1998년 서울시 실업률과 실업자 수

실업자(천 명)   실업률(%)

주 | KOSIS 국가 통계 포털 홈페이지 자료를 바탕으로 저자 재작성.
자료 | "행정 구역(시도)별 경제 활동 인구 총괄", KOSIS 국가 통계 포털.
URL | https://kosis.kr/statHtml/statHtml.do?orgId=101&tblId=DT_1D07004S&conn_path=I2

실직 노숙자를 지원하려는 정책을 적극적으로 추진했다.

고건 시정은 IMF형 도시 실업 대책으로 대대적인 공공 근로 사업을 벌였다. 그동안 서울시 실업자 실태가 정확하게 파악되지 않아 제대로 된 정책 추진이 어려웠다고 지적하면서, 서울시 실업자 정밀 표본 조사를 실시해 실직자의 유형과 직업 등을 파악하고 각자의 처지와 능력에 맞는 일자리를 마련하려 했다. 전문직과 사무직 실직자는 불법 주차나 전용 차로 단속원 같은 공공 근로 사업에 투입했다. 또 지하 매설물 지도 구축을 위한 기초 작업, 새로운 주소 표시제 도입, 건축물 대상 전산화, 상수도 GIS 사업 등의 도시 정보화 사업 영역에서 일자리를 만들었고, 그 결과 국내 최초로 지하 매설물 GIS를 완성했다. 일용직과 생산직 실직자는 하천 준설 작업, 생명의 나무 1,000만 그루 심기, 수도 계량기 교체 사업 등의 공공 근로 사업에 배치했다.[35]

고건 시정은 늘어난 실직 노숙인을 위한 지원 대책도 마련했다. 앞서 소개했듯 시민과 시장의 토요 데이트의 첫 대상으로 서울역 주변 노숙인을 선택한 고건 시장은 그들이 처한 상황을 확인한 뒤, 1998년 7월 10일 서울시 노숙자 대책 협의회를 출범시켰다. 학계, 전문가, 종교계, 시민 단체 대표, 노숙자 쉼터 관계자 등으로 구성된 대책 협의회는 독자적인 자문 기구로 서울시 노숙자 정책의 기틀을 만들었다. 서울시 노숙자 정책의 목표는 급격히 늘어난 이들을 다시 사회로 복귀하도록 돕는 것이었다. 서울시는 1998년 9월 『서울시 노숙자 다시 서기 프로그램 추진 계획』을 확정했고 노숙자 다시 서기 지원 센터를 설립하면서 노숙자 지원 대책을 본격적으로 추진했다.

서울시 내 사회 복지관을 포함한 다양한 시설에 노숙자 쉼터를 설치해 거리의 노숙자를 시설로 입소하도록 유도했고, 일단 시설에 입소한 노숙자는 유형에 맞는 자활 프로그램과 공공 근로 참여 기회를 제공했다. 노숙인 공공 근로 사업은 노숙인에게 소득 창출 기회를 제공해 사회로 복귀할 기반을 마련했다는 점에서 의의가 있다. 고건 시정의 노숙인 정책은 실직 노숙인을 위한 응급 보호와 지원 체계의 기틀을 다졌고 서울시 노숙자 대책 협의회 구성 등 민간 단체와의 협력 기반을 마련했다는 의의를 지닌다. 이러한 정책적 노력의 결과, 1998년 3,207명이던 서울시 노숙인은 2002년 2,945명으로 약 8.2퍼센트가 줄어드는 성과를 거두었다.[36]

복지 행정 체계 기반 구축

고건 시정은 서울시 복지 행정의 기반을 구축하고 확대했다는 점에서 긍정적인 평가를 받는다. 일상생활의 어려움을 겪는 저소득층, 노인, 아동, 장애인 등 다양한 복지 수요에 대응해 복지 정책을 추진해갔다. 외환 위기로 긴축 예산을 편성해 운영했지만, 복지 예산만큼은 지속적으로 증액했다. 실제 서울시 세출 현황을 살펴보면 복지, 보건, 사회 보건 등을 포괄하는 사회 개발비는 1999년 약 2조 40억 원에서 2002년 4조 870억 원으로 크게 늘었다.

서울시는 지원이 필요한 시민에게 생산적 복지 시책과 주거 안정 지원 등 기초 생활을 지원했다. 제도적으로 지원 대상이 되지 못하는 저소득 틈새 계층을 발굴해 지원하는 특별 대책도 수립했는데, 이는 당시 취약한 복지 기반에도 불구하고 적극적으로 복지 대상을 발굴했다는 점에서 긍정적으로 평가 받는다. 이 외에도 『장애인·노약자를 위한 편의 시설 확충·정비 5개년 종합 계획』을 통한 장애인 이동권 확보를 위한 대책 마련, 노인 종합 복지관 개소와 서울 노인 복지 센터 설립, 『서울특별시 여성 발전 기본 조례』를 제정하고 여성 정책을 추진했다. 주택의 양적 공급보다는 주거 질 향상과 난개발로 인한 생활 환경 파괴 방지에 역점을 두었다. 서민용 임대 주택 확대 보급과 함께 저소득 밀집 지역 등 취약 지역 주거 환경 개선 사업을 중점적으로 지원했다. 또 서울시 지역 복지 전달 체계 개선 방안으로 기존 동사무소를 지역 단위 복지 센터로 전환하고자 했는데, 이는 향후 민선 5기 박원순 시장의 대표 복지 정책인 '찾아가는 동 주민 센터'와 유사하다. 이처럼 고건 시정은 사회 복지 제도 체계화로 미성숙한 서울시의 복지 행정 기

표 4-1 민선 2기 서울시 일반 회계 세출 예산(본청 기준)

구분	일반 회계 세출 예산(단위: 백만 원)					
	합계	일반 행정비	사회 개발비	경제 개발비	민방위비	지원 및 기타 경비
1999	6,064,443	253,113	2,004,630	2,307,601	316,876	1,182,223
2000	6,913,806	322,959	2,389,762	2,253,856	277,988	1,669,241
2001	8,324,048	318,256	3,897,024	2,038,611	288,848	1,781,309
2002	8,398,489	296,168	4,087,402	1,969,668	316,518	1,728,733

주 | 서울시 열린 데이터 광장 홈페이지 자료를 바탕으로 저자 재작성.
자료 | "서울시 일반 회계 세출 예산 개요(2007년 이전) 통계", 서울시 열린 데이터 광장 홈페이지.
URL | https://data.seoul.go.kr/dataList/180/S/2/datasetView.do

반을 마련하고, 일상도시에서 강조하는 형평성 즉, 재분배 정책의 기틀을 마련했다는 의미가 있다.

편리한 대중교통 구현과 IT 기술을 활용한 교통 관리 시스템 도입

민선 1기의 조순 시정에 이어 고건 시정 역시 서울의 심각한 교통난과 늘어나는 교통 수요에 적극적으로 대응해야 했다. 1999년 마포구 성산 대교 북단부터 성동구 성수동 동부 간선 도로 분기점까지 연결하는 내부 순환로 40.1킬로미터를 개통했으며, 2000년 2기 지하철인 5·6·7·8호선을 완공하면서 서울시 교통의 하드웨어는 어느 정도 그 틀을 갖췄다. 그러나 지속적인 기반 시설 공급에도 서울의 교통 체증, 주차난, 대중교통 서비스 악화와 오염 심화 문제는 계속 진행되고 있었다. 고건 시장 역시 당시 서울시 도심의 자동차 통행 속도는 시속 17킬로미터에 불과하며, 이에 따른 사회·경제적 손실만도 연간 3조 5,000억 원에 달한다며 서울의 심각한 교통 문제 해결을 강조했다. 교통 문제 해결을 위해 고건 시정은 소프트웨어 개선을 통한 교통 운영 효율화를 추진했다. 특히 두 가지 정책 방향을 중점적으로 추진했는데, 하나는 편리한 대중교통 구현이고 다른 하나는 과학적 교통 관리 체계 확보다.[37] 교통과 같은 문제는 시민의 일상생활과 직결되는 문제이기 때문에 일상도시가 강조하는 일상성의 관점에서 긍정적으로 평가된다.

먼저 고건 시정은 대중교통 이용 확대를 위해 지하철과 버스의 서비스 수준을 높이고자 했다. 지하철 역사 내 에스컬레이터와 엘리베이터 등 승강 및 환승 편의 시설을 확충하고 개선해 장애자와 노약자 같은 교통 약자를 포함한 서울 시민의 대중교통 접근성을 높이고자 했다. 이와 함께 역사와 전차 냉방 시설 개량, 지하철 공기 오염 저감 사업을 추진했다. 당시 민간에서 운영하던 서울시 시내버스의 서비스 수준은 더욱 열악한 상황이었다. 대다수의 서울 시민은 시내버스의 정시성 결여, 난폭 운전, 운전기사의 친절성 미흡, 막차 안내 기능 미흡 등을 시급히 개선해야 할 문제점으로 지적했다. 서울시는 시내버스 서비스 질 향상을 위해 1999년 시내버스 서비스 평가제, 2000년 GPS를 활용한 시내버스 도착 안내 시스템 등을 도입해왔다. 이러한 서울시의 노력이 민영제로 운영되던 당시 시내버스 운영상 문제를 모두 해결할 수는 없었지만, 서울시 나름대로 시민이 느끼는 일상 속 불편함에 대처하고자 노력해왔다는 점에서는 긍정적으로 볼 수 있다.

서울시는 대중교통 간 연계를 강화하고자 하나의 교통카드로 지하철과 버스를 모두 이용할 수 있는 교통 카드 호환 사업을 추진했다. 이는 시민에게 지불 편의와 환승 요금 할인이라는 인센티브를 제공해 대중교통 이용을 높이는 정책 사업인데, 이후 민선 3기 이명박 시정의 대표적인 성과로 알려진 대중교통 환승 체계 개편 사업의 초석이 됐다. 결과적으로 이명박 시정의 대중교통 환승 체계 개편 사업은 고건 시정에서 씨를 뿌려 이명박 시정에서 열매를 얻은 것이다. 한마디로 정책의 지속성이 맺은 결과로 볼 수 있다. 고건 시정 때 도입된 서울시 무공해 천연가스 버스도 당시 심각한 서울시 대기 오염 저감에 기여한 정책으로 평가 받는다.

다음으로 고건 시정은 새로운 신호 체계 설치, 전광판 및 CCTV 설치와 함께 종합 교통 정보 센터를 운영해 과학적 교통 관리 체계를 구축하고자 했다. 2000년에는 서울의 교통 여건에 맞는 『서울시 지능형 교통 체계(ITS) 종합 계획』을 수립하는 등 첨단 시스템을 적용한 교통 관리 체계 확보에 힘썼다. ITSIntelligent Transport System 시스템은 각종 교통 정보를 수집·처리·보관·가공·제공하는 시스템이다. 이는 CCTV와 같은 영상 검지기를 이용해 교통량과 속도, 사고 및 통제 정보 등을 수집해 이를 표지판, ARS, 인터넷 등 운전자에게 실시간으로 전달하는 시스템이다. 이 시스템은 거리의 통행 속도, 교통 안전과 대중교통 이용 편의 등 시민의 교통 서비스 향상에 큰 영향을 미쳤다. 서울시는 내부 순환로를 시작으로 3단계에 걸쳐 도시 고속 도로에 순차적으로 첨단 교통 시스템을 설치했는데, 이를 통해 현재는 서울시 교통 상황을 실시간으로 관리한다.

예술을 지향한 도시 계획, 환경 정책, 문화 정책

고건 시장은 환경 정책과 문화 정책을 강조한 시장으로도 잘 알려져 있다. 민선 2기 서울시는 민선 1기에 이어 개발 시대 후유증을 치료하고 시민의 삶의 질을 개선하기 위해 환경 보전에 관심을 기울였다. 민선 1기에 만들어진 녹색 서울 시민 위원회의 위상과 역할을 대폭 강화해 서울의 환경 보호와 지속 가능한 발전을 도모하고자 했다.

환경 친화적이고 지속 가능한 도시 계획과 난지도 생태 공원

고건 시장은 인간적인 도시, 한국적인 도시, 그리고 세계적인 도시로 서울을 재탄생시키기 위해 친환경적이고 지속 가능한 도시 정비와 장기 발전 전략 개발을 서울시 구조 조정의 기조로 삼아 추진했다. 1962년 제정된 『도시 계획법』이 2000년 1월 전면 개정되면서 도시 계획의 구체적인 사항은 지방 자치 단체가 조례로 정하도록 위임됐다. 이에 서울시는 각계각층의 의견 수렴 과정을 거쳐 2000년 7월 『서울특별시 도시 계획 조례』를 제정한다. 『서울시 도시 계획 조례』는 과밀 억제, 지역 환경의 존중, 생산 공간의 보호, 도시 매력 증진, 지속 가능한 도시 갱신의 보장 등 다섯 가지 도시 관리 원칙을 지키도록 제정됐다. 이러한 원칙에 따라 제정된 서울시 최초의 도시 계획 조례의 기본 방향은 환경 친화적이고 지속 가능한 도시 성장·관리를 지향하는 것으로 설정됐다. 이는 종전의 양적 확대에서 질적 발전으로 도시 관리 기본 틀을 전환한 것이며, 장기적 관점에서 단계적 추진 계획 수립을 강조하는 일상도시론 관점에서도 긍정적으로 평가할 수 있다.

『서울시 도시 계획 조례』의 주요 내용은 다음과 같다. 먼저 경관 지구를 자연 경관 지구, 시계 경관 지구, 수변 경관 지구, 문화재 주변 경관 지구, 시가지 경관 지구, 조망권 경관 지구로 세분화해 경관 보호 대상과 지역 특성에 적합한 운영이 가능하도록 경관 관리의 제도적 근거를 마련했다. 산업 활동 촉진 지구, 외국인 투자 촉진 지구, 문화 지구, 보행 우선 지구, 사적 건축물 보전 지구 등 용도 지구를 새롭게 신설해 도시의 경쟁력을 강화하고 특성화를 도모하고자 했다. 지구 단위 계획 범위를 기존의 '대로변·역세권 등'에서 '도시 미관 증진과 양호한 환경 확보를 위해 계획적 관리가 필요한 지역 등'으로 확대했고, 지구 단위 계획 운용 지침을 마련했다.

서울 도심의 다양성과 역사·문화적 특성을 반영한 『서울 도심부 관리 기본 계획』도 고건 시장 때인 2000년 수립했다. 사대문안 도심 관리 계획, 용산·상암·뚝섬 전략 개발, 서울시 벤처 지구 조성 등 부동산 거품을 경계하면서도 서울시 내적 성장을 도모하려는 전략을 병행해 추진했다. 고건 시정은 그동안 외형적 성장에 치우친 서울시 도시 관리 방향을 도시민의 삶의 질, 환경, 지속 가능성의 가치로 전환했다.

민선 2기 대표적 성과로 난지도 일대를 생태 공원으로 만든 사업을 든다. 난지도를 포함한 마포구 상암동 일대는 1978년에서 1993년까지 쓰레기 매립지로 버림받은 땅, 오염된 땅으로 인식됐다. 서울에 남은 마지막 대규모 미개발지인 상암동 일대에 대한 관심은 1990년에 시작됐다. 1992년 세운 『서울시 정도 600년 사업 기본 계획』은 여의도를 포함한 용산, 상암, 뚝섬, 마곡 지역 등 다섯 개 지역의 전략적 개발을 구상했다. 그러나 상암 지역 개발은 민선 2기인 1998년부터 본격적으로

표 4-2 민선 2기 새서울 타운 개발 방향

구분	개발 방향
관문도시	• 신공항 철도를 통한 국제적 관문도시 • 철도, 고속 도로를 통한 수도권 서북 지역의 관문도시 • 통일 후 고속 전철, 고속 도로를 통한 북한 및 중국의 관문도시 • 경인 운하와 한강 주운을 통한 여객, 물류의 관문도시
정보도시	• 21세기 정보 산업, 지식 산업 입지를 위한 미래형 도심 기능 분담 • 지역 정보 인프라가 완비된 24시간형 비즈니스도시 • 인근 대학과 산업의 산학 협동을 촉진하는 교류도시
생태도시	• 버려진 땅 난지도를 다시 살리는 환경재생도시 • 환경 친화형 시설과 공간 구조를 완비한 에너지 절약형 도시 • 신교통과 보행, 자전거 등을 주축으로 한 녹색교통도시

자료 | 서울특별시(1999), 『'99년 새서울 시정』, p.465.

시작됐다. 2002년 월드컵 대회 서울 경기장 위치가 1998년 5월 상암 동으로 결정되면서, 상암동 월드컵 경기장 건설을 위한 주변 지역 환경 정비가 시급히 필요해진 것이다.

서울시는 상암동 월드컵 경기장과 연결되는 약 200만 평 규모의 난 지도 일대를 '새서울 타운'으로 개발해 서울의 디지털 미디어 산업을 선도하는 정보도시, 사람과 자연이 공생하는 자연생태도시, 국제화·세 계화의 관문도시로 건설한다는 구상을 세웠다. 『상암 새천년 신도시 조성 계획』은 환경 재생과 새로운 기술을 도입해 지속 가능한 미래 복 합 신도시를 건설하는 것이었다.[38] 이후 상암 신도시 건설 사업은 장기 적 관점에서 중심 업무와 상업 기능 유치, 서민을 위한 주거 단지 건설 을 단계적으로 추진했는데, 가장 먼저 난지도 매립지의 안정화와 공원 화 사업을 2002년 완공 목표로 추진했다.

그림 4-2 **난지도 생태 공원 조성도**

자료 | "월드컵 공원 안내도", 서울 월드컵 공원 홈페이지.
URL | http://parks.seoul.go.kr/parks/detailView.do?pIdx=6#target01

1999년 서울시는 상암 지구 새서울 타운 사업과의 일관성을 유지하면서, 한강 새모습 가꾸기 사업과 연계해 난지도 일대를 바꾸는 『밀레니엄 공원 기본 계획』을 구상했다. 서울시는 그간 산업화와 급속 성장의 부작용으로 인한 환경 오염, 자연 파괴의 상징인 난지도 일대를 생태적으로 건강하게 재생하고 복원하고자 했다. 따라서 『밀레니엄 공원 기본 계획』 수립 시 생태적 개념에 기초한 계획을 수립했다. 또 통합적 관점에서 상호 유기적인 시설을 구상해 주변 지역과의 연계를 도모했다. 건설 폐기물을 최소화하고자 했고 가급적 친환경 자재 사용, 우수한 재활용 설계를 채택해 하수 배출량을 감축했다. 특히 난지도 매립지에서 배출되는 메탄가스를 월드컵 경기장과 주변 지역 냉난방 열원으로 활용했다. 난지도 생태 공원은 평화의 공원, 난지천 공원, 노을 공원, 하늘 공원, 난지 한강 공원 등 다섯 개 세부 공원으로 나누어 조성했다. 각 공간은 독립적 특성을 지니면서도 공원 전체가 통합적이고 유기적 의미를 지니도록 설계됐다. 이후 밀레니엄 공원은 월드컵 공원으로 개칭돼 오늘에 이른다.

현재 난지도 생태 공원은 환경 생태 공원으로 자연성을 유지하며, 많은 서울 시민의 휴식과 여가 공간으로서 기능한다. 2014년 월드컵 공원을 조사한 결과 2005년에 비해 식물, 조류, 육상 곤충과 어류 등의 다양한 생물이 크게 증가한 것으로 나타났고 매년 많은 시민이 월드컵 공원을 찾는다. 이는 시민의 일상성과 삶의 질을 중시하는 일상도시 정책이 구현된 전형적인 예다.

문화도시를 꿈꾸다

고건 시정은 서울 고유의 역사, 문화, 도시 경관을 활용해 매력 있는 문화도시로서 서울의 도시 경쟁력을 증진하고자 했다. 문화도시를 새로운 서울의 발전 방향으로 제시할 수 있었던 데에는 1970년대 후반 이후 유럽을 중심으로 등장한 문화도시론이 큰 영향을 미쳤다. 1970년대 후반부터 기존 산업이 쇠퇴하면서 유럽과 북미의 주요 대도시는 새로운 수익 모델이 필요했고, 그 대안으로 문화도시 모델이 등장했다. 문화도시는 도시의 전통과 역사, 도시 경관, 건축 등 도시가 가진 문화 자원, 문화유산과 축제 등을 관광 산업으로 활용하는 도시 발전 모델이다.[39] 한국에서도 1990년대 이후 지방 자치가 실현되면서 지방 자치 단체를 중심으로 문화도시가 주목 받았다. 외환 위기로 인해 기존 산업 모델로는 더 이상 발전할 수 없다는 위기의식과 함께, 다가오는 세계화로 우수한 기업과 인력을 유치하지 않고선 도시가 발전할 수 없다는 논리가 등장했기 때문이다. 서울은 2002년 월드컵이라는 국제 행사 개최를 목표로 문화도시 건설에 대한 도시 비전과 계획을 마련했다. 이러한 상황 속에서 민선 2기 문화 정책의 기본 방향은 매력 있는 문화도시 조성, 전통문화 계승·발전, 서울의 관광 경쟁력 강화로 설정됐다.

먼저 서울시는 서울의 도시 경관 개선에 착수했다. 고건 시장의 중점 시책 중 하나로 취임과 동시에 시작된 걷고 싶은 서울 만들기 사업은 시민의 보행권 확보와 삶의 질 향상이라는 목적에 따라 추진됐다. 그러나 세부 사업 내용은 사실상 2002년 월드컵 개최와 2000년 ASEMAsia-Europe Meeting 회의 등 큰 규모의 국제 행사를 대비한 도시 미관 개선 사업의 성격이 짙다. 걷고 싶은 거리 조성 사업은 보도를 확충하고 도로 시설물 정비를 통해 쾌적한 보행 환경을 조성하고, 각 지역과 거리가 가진 특성을 살려 문화와 전통이 숨 쉬는 거리로 만드는 사업이었다. 세부적으로 걷고 싶은 거리 조성 시범 사업을 포함해 역사·문화 탐방로 조성, 녹화 거리 조성, 횡단보도와 차 없는 거리, 보도 정비, 조망 가로 등의 사업을 포괄했다.[40]

이 중 걷고 싶은 거리 조성 시범 사업과 조망 가로 사업은 많은 논란을 가져왔다. 시범 사업으로 선정된 종로 구간과 세종로 조망 가로는 교통 체증 등을 우려한 전문가와 언론, 시민 단체의 반발로 계획 단계에서 무산되기도 했다.[41] 이는 적절한 대상지 선정 기준과 충분한 주민 의견 수렴 절차 없이 관 주도의 일방적 사업 추진에 따른 결과였다.[42]

걷고 싶은 서울 만들기 사업이자 문화도시 서울 만들기의 일환으로 추진된 사업으로는 고궁과 전통 한옥이 밀집된 서울시 사대문 일대를 서로 연계하는 역사·문화 탐방로 조성 사업이 있다. 주요 사업 내

표 4-3 서울시 사대문 안 역사·문화 탐방로

탐방로	세부 거리
고궁길	종묘 → 창경궁 → 창덕궁
왕궁길	경복궁 → 청와대 → 효자동 사랑방 → 세종 문화 회관
인사동길	인사동길 → 민익두 가옥 → 운현궁 → 양관(洋館) → 낙원동 → 탑골 공원
북촌길	광화문 시민 열린 마당 → 사간동 → 선재 미술관 → 가회동
정동길	덕수궁 → 정동 극장 → 러시아 공사관 터 → 이화 학당 → 경희궁
쇼핑 거리	남대문 시장 → 명동 거리 → 영화 골목(충무로) → 남산골 한옥 마을
남산길	숭례문 → 김구 광장 → 안중근 광장 → 남산 식물원 → 팔각정
젊음의 거리	대학로 → 마로니에 공원 → 혜화동 로타리

자료 | 서울특별시(1999), 『'99년 새서울 시정』, p.147~148.

용은 탐방로별 전통문화 요소를 개발하고, 지역 특성에 맞는 가로 포
장 디자인, 관광 자원을 체계적으로 연결하는 사인 시스템sign system 개
선, 조명·교통 편의 시설 설치, 조경·공공시설·표석, 역사·문화적 상징
물 설치와 개선, 관광 안내소 등 기타 편의 시설을 설치하는 것이다. 서
울시는 가회·인사동 지구, 덕수궁·경희궁 지구, 숭례문·명동 지구, 대
학로 지구 등 네 개 지구에 일곱 개 탐방로를 지정해 2002년까지 문화
환경을 조성하고자 했다. 거리는 크게 전통적 거리(인사동, 북촌길, 왕궁
길, 고궁길)와 현대적 거리(대학로, 쇼핑거리, 정동길, 남산길)로 구분해 추
진했다.

인사동을 문화 지구로 설정해 재단장 했으며, 북촌의 경우 가회동,
계동길, 북촌 문화 탐방로 정비 등 북촌 마을 만들기 사업을 병행해 북
촌 한옥 마을을 보존하고 관광 명소로 바꾸려 했다. 그러나 인사동과

북촌으로 대표되는 탐방로 조성 사업도 관 주도에 따라 문화와 전통이라는 흔적이 왜곡된 채 겉으로 드러나는 가로 환경 개선과 디자인 장식에만 치중되었다는 비판을 받았다.[43] 특히 인사동길은 막대한 예산을 들여 조성한 탐방로 조성이 오히려 인사동 고유한 색채를 사라지게 만들고, 외부 방문객 증가로 인한 지가와 임대료 상승으로 기존의 전통문화 상점이 밀려나고 그 자리를 다른 상업 점포가 대체하는 젠트리피케이션 현상이 나타나기도 했다.

고건 시정은 문화도시 정책을 통해 서울 고유의 전통문화를 재현해 시민을 포함한 외국인 관광객에게 우리의 문화를 널리 알리고자 했다. 왕궁 수문장 교대식과 같이 상품성이 높은 분야부터 발굴해 점차 확대했다. 1996년부터 시작된 덕수궁 왕궁 수문장 교대식을 확대해 2001년부터는 창덕궁 돈화문 앞에서도 정례적으로 실시했다.[44] 이외에도 종묘 제례, 과거 시험 재현 등 고유 전통문화 행사를 개발해 운영했다.

고건 시정의 문화 정책은 문화도시 서울을 강조하면서 그간 큰 주목을 받지 못하고 변방에 머물던 서울시 문화 정책을 적극적으로 개발해 서울시 문화 정책의 토양을 가꾸었다는 점에서 의의가 있다. 그러나 이 시절 문화 정책은 세계화 시대 외국인 관광객 유치와 월드컵과 국제회의와 같은 국제 행사를 대비한 관광 사업화가 목적이었기에 주로 문화 환경 인프라 개선에만 초점을 맞췄다는 한계를 지닌다. 이러한 한계는 서구의 문화도시 정책을 그대로 모방한 데에서 비롯된 것이다. 당대의 서구 도시의 문화 정책은 도시 경쟁력을 높이려 문화를 활용했으며 그 결과 문화가 도시 경쟁력 수단으로 전락했다는 한계를 지닌다. 고건 시정의 문화 정책 역시 도시 판촉의 마케팅 수단으로 문화를 활용하는 오류를 범했다. 문화 정책의 주된 목적이 평범한 시민의 여가 생활이나 문화 향유의 질 향상에 있기보다는 도시 외부의 관광객을 유치하고, 더 나은 기업의 투자를 유인하는 데 있었다는 한계를 지닌다.

푸르고 맑고 깨끗한 서울 만들기

고건 시정은 환경을 중시하는 그린 시정을 새로운 시정의 중심축으로 삼고, 서울에서 맑은 물, 깨끗한 공기, 푸른 숲을 되찾으려는 다양한 환경 정책을 추진했다. 깨끗한 물 관리를 위해 한강 상수원을 보호하고자 했다. 한강의 수질 개선은 서울시만의 노력으로 이루어질 수 없다. 서울시는 1998년 9월 인천과 경기도 등 한강 수계를 둘러싼 지방 자치 단체와 환경부, 관계 기관이 참여하는 한강 수계 관리 위원회를 설치해 물 관리 대책, 수변 구역의 공동 감시, 물 이용 부담금 분담 문제를 협의·조정하고자 했다. 한강을 되살리기 위한 정책 역시 고건 시정의 중심 정책이었다. 서울시는 1999년과 2000년 『새서울, 우리 한강 기본 계획 1차, 2차』를 통해 한강의 수질 개선과 물 생태계 회복, 시민의 한강 이용 활성화를 위한 다양한 정책을 발표했다.

특히 서울시는 정책을 추진하면서 시민의 의견을 적극 반영해나갔다는 점에서 개방성을 강조한 일상도시 측면에서 긍정적으로 평가할 수 있다. 대표적으로 녹색 서울 시민 위원회는 환경 단체와 기업, 시민 대표가 속한 위원회로 앞선 민선 1기의 조순 시장 시절 출범했지만, 고건 시정에 들어서 위원회의 기능을 대폭 강화했다. 고건 시장이 직접 공동 위원장을 맡았으며, 서울의 행정이 개발 위주로 돌아가지 못하도록 견제하고 감시하고자 했다. 서울시는 1999년 한강을 체계적으로 되살리기 위한 시민과 각 분야 전문가의 공동 모임인 한강을 사랑하는 시민 모임(한사모)을 공식 출범시켰다. 이 출범식에서 고건 시장은 "한강 사업은 시작부터 최종 이용자인 시민의 의견을 철저히 반영하겠다. 한사모가 그 중추적 역할을 해달라"고 말했을 정도로 시민 의견 청취를 중시했다.[45]

새서울 우리 한강 사업의 일환으로 한강 주변에 시민 공원을 새롭게 조성하는 사업이 추진됐는데, 잘 알려진 예로는 선유도 공원이 있다. 선유도는 1978년부터 정수장으로 사용됐으나 강북 정수장 등 다른 정수장이 건설되면서 1998년 그 쓰임을 다했다. 서울시는 선유도를 공원화해 시민에게 개방하기로 결정했다. 정수장이던 특징을 살리면서 시민이 쉽게 찾아와 자연을 느끼고 휴식할 수 있는 한강 공원으로 만들어 2002년 개방했다. 선유도 공원은 현재까지도 연평균 약 92만 명의 시민이 방문하는 영등포구의 명소로 자리매김하고 있다.[46]

1998년부터 2002년까지 실시된 생명의 나무 1,000만 그루 심기 정책은 민선 2기 고건 시정의 공약 사항이자 역점 시책이다. 당시 서울의 공원 면적은 154.18제곱킬로미터로 전체 행정 구역 면적 605.04제곱킬로미터의 약 25.4퍼센트를 차지했으나, 공원 녹지의 80퍼센트 이상이 산림으로 서울시 외곽 지역에 편중됐다. 따라서 도심 생활 주변에서 시민이 쉽게 접근할 녹지 공간이 부족했다. 이 사업은 도심과 생활 주변 녹화를 위해 생활 주변 녹화, 녹지 벨트 조성, 공원·산림 녹화, 시민 녹화·희망의 숲 조성, 녹지 보전·관리 등을 분야별로 추진했다. 그 결과 2002년 5월까지 나무 총 1,600만 그루를 심어 원래의 사업 목표를 초과 달성했다. 그러나 실제 사업 성과는 좋지 않은 것으로 평가되는데, 도심에 심는 나무는 활착이 쉽지 않다는 점이 한계였다. 따라서 심은 나무 상당수가 말라 죽는 등 유지 관리가 어렵다는 문제가 제기됐다.[47] 이러한 한계에도 불구하고 녹지 사업은 이후 여러 시정으로 이어져 서울의 생활 녹지 환경을 비약적으로 끌어올려 시민의 삶의 질 향상에 기여했다고 평가 받는다.

예술로 승화하지 못한 시정

고건 시장은 두 번이나 시장을 지낸 관록에 걸맞게 서울시 업무 구석구석을 잘 파악하고 있었고 서울이 당면한 외환 위기라는 혹독한 경제 상황을 무난하게 수습했다. 이와 더불어 고건 시정은 복지, 교통, 환경 등 서울의 민생 문제에도 적절히 대응했다. 또 본격적인 도시의 재구조화가 필요한 시기에 도시 계획 조례 제정과 지속 가능한 문화도시를 향한 장기 발전 계획을 세워 서울 도시 계획에 대한 큰 틀도 새롭게 마련했다. 대통령 출마로 시장직을 포기한 전임 시장과는 다르게 대통령 출사표를 던지지 않았고, 서울 시장으로서 임기를 채웠다. 이러한 여러 이유로 고건 시장은 정치적 성향과 상관없이 대체로 긍정적인 평을 받는 유일한 서울 민선 시장이다.[48]

일상도시의 관점에서도 고건 시정은 일정 정도 긍정적인 평가를 받을 수 있는데, 이는 고건 시정에서 도시민의 일상생활을 개선하려는 정책을 꾸준히 추진했기 때문이다. 실업과 노숙인 문제 해결을 위한 공공 근로 사업의 확대, 장애인, 노인, 여성, 아동 등 대상별 복지 정책 수립과 같은 사회적 형평성을 고려한 재분배 정책을 추진했다. 또 대중교통 중심의 교통 정책, 걷고 싶은 거리 조성 등의 평범한 시민의 삶의 질 향상을 위한 사업을 비교적 조용하게 추진했다. 난지도 생태 공원, 선유도 공원, 인사동과 북촌 만들기 등 서울시가 가진 고유의 자연 환경과 역사·문화 환경을 보존하는 정책도 추진했다. 부패라는 도시 행정의 고질적 문제를 해결하고자 클린 서울을 표방해 개방 행정의 중요성을 강조했고, 오픈 시스템과 같은 서울만의 창의적 정책 사례를 발굴하기도 했다. 이와 함께 기존 관 중심에서 서비스 수요자인 시민 중심의 행정 체계로 개편, 시민과 시장의 토요 데이트 추진 등 참여 행정으로의 첫발자국을 내딛기도 했다.

이러한 일상도시 관점과 맥이 통하는 다양한 정책적 아이디어가 시도됐지만, 여전히 관 중심으로 진행된 점이 아쉽다. 이 때문에 고건 시정은 일상도시가 강조한 개방성 측면에서 한계를 지닌다. 특히 고건 시정에서 시작된 참여 행정은 거버넌스 구축의 시작으로서 큰 의미를 지니지만, 시민은 여전히 서비스를 받는 피동적인 수요자에 불과했다. 시민과 시장의 토요 데이트와 각종 위원회 등의 제도는 당시 분출하는 민원을 해소하려는 목적의 소통일 뿐 시민이 직접 정책 기획과 집행에 참여하는 참여적 거버넌스가 실행되는 일상도시의 모습과는 제법 거리가 있었다. 이는 전형적인 관리자형 리더로서 시스템 구축에 치우친 고건 시장의 한계에서 비롯된 것이며, 서울의 자치 권한과 재정 여건의 한계에서 기인된 것일 수도 있다.

고건 시정의 정책은 사람의 삶을 풍요롭게 하는 예술 시정으로 승화되길 시도했지만 서민과 중산층의 삶의 질 개선까지는 이어지지 못했다는 한계를 지니기도 한다. 이는 세계화 흐름에 따라 신자유주의적 행정 개혁과 정책이 고건 시정에서 도입됐고, 무엇보다 고건 시정의 정책이 근본적으로 경제 회복과 국제화 시대 세계 문화도시로서의 경쟁력 강화에 초점이 맞춰져 있었기 때문이다. 대표적으로 고건 시장이 강조한 문화 정책은 문화를 도시 경쟁력 수단으로 활용한 당대 서구의 문화도시 정책을 그대로 모방해 추진했다는 점에서 여러 가지 한계를 지녔다. 도시 외부 관광객과 기업 투자를 유치하려는 수단으로 문화 정책을 이용했기에, 결과적으로 도시 내부의 평범한 시민의 일상성 개선과 도시의 고유성과 창의성을 강조한 일상도시와는 일정 정도 거리를 둔다. 고건 시정은 외환 위기라는 혹독한 경제 상황을 수습하면서도 삶의 질 향상보다 경제 회복과 경쟁력 강화에 정책적 우위를 두었다. 따라서 실질적으로 서울의 서민과 중산층의 삶의 질은 크게 향상되지 못했고 결과적으로 예술 행정의 꿈은 미완으로 남고 만다.

무엇보다 이런 한계에도 고건 시정 당시 계획하고 추진한 생활 행정과 참여 행정이 다음 이명박 시정으로 이어지지 못한 점은 아쉽다. 그가 완성하지는 못했지만, 적극적으로 시도한 일상도시 지향 정책이 다음 시정으로 이어져 추진됐다면 서울 도시민의 일상과 삶의 질이 더 개선됐을지 모른다. 이러한 한계는 지방 자치 시대에 정책 연속성을 어떻게 보장할 것인지에 대한 문제를 남겼다.

성과 제일주의 시장의
선택과 집중

민선 3기 서울 시장 이명박(제32대, 2002~2006년)

이명박 시정에 대한 평가는 역대 민선 시정 중 가장 논쟁적일 것이다. 대중교통 환승 체계 개편과 같은 업적을 긍정적으로 바라보는 시선도 있으나 뉴타운 건설, 시청 광장 조성과 같은 사업을 비판하는 평가도 적지 않다. 청계천 복원은 도심 속에 수변 공간을 조성해 시민이 긍정적으로 인식하는 랜드마크를 만들었다는 긍정적 평가가 있지만 원형을 무시한 복원, 도심 난개발과 같은 비판적 목소리도 있다. 사업 성과만이 아니라 추진 과정에서 이명박 시장을 변혁적 리더십이나 강력한 추진력으로 분석하고 평가하는 견해와 함께, 공공 주도의 하향식이고 비민주적, 비참여적인 정책 결정과 신개발주의 리더십이라는 부정적 평가도 존재한다.

서울 시장을 하면 대권 주자가 될 수 있다는 인식이 형성된 것도 이명박 시장 이후라는 점에서, 이명박 시정 평가는 여러모로 논란의 중심에 설 수밖에 없다. 그는 민선 광역 지방 자치 단체장 중 대통령이 된 첫 사례다. 1996년 선거법 위반으로 국회 의원 당선이 취소되는 등 서울 시장 이전까지 그의 정치 경력은 험난했으나 시장 재임기의 업적을 교두보로 2008년 17대 대통령이 됐다. 이명박 후보가 유권자의 선택을 받는 과정과 정부의 성격, 국가 정책 방향은 서울 시정과 연속선상에 있다. 그럼에도 이명박 시정 평가는 이명박 정부 평가보다 적다. 대통령 이명박에 대한 평가도 중요하지만 이에 앞서 서울 시장으로서의 이명박을 살펴볼 필요가 있다. 성공한 시장이라는 평판에도 왜 그가 실패한 대통령이 됐는지를 더 잘 이해할 수 있기 때문이다.

이 장에서는 이명박 시정의 주요 정책과 정책 추진 과정의 거버넌스를 일상도시의 입장에서 평가한다. 조순, 고건 시정과 다르게 이명박 시정의 특징은 주요한 몇 가지 사업에 '선택과 집중'하면서 가시적 성과를 강조한다는 것이다. 항상 완료 시점을 임기 내로 못 박고 이에 맞추어 사업을 강행했다. 흡사 건설 현장의 돌관突貫 공사와 같다. 돌관은 '공기工期 역산 돌관 공사'에서 유래한 말로, 현대 그룹의 고故 정주영 회장이 공사 마감 날짜를 정하고 공기를 역산, 인력과 장비를 집중 투입해 공사를 마감한 방식을 일컫는다. 장비와 인력이 투입되는 기간에 노동자는 휴식 없이 살인적 일정을 소화해야 한다. 공사 완료 시점까지 속도가 강조되기에 사고 위험성도 높다. 그러나 일단 공기에 맞춰 공사가 완료되고 나면 이러한 것은 모두 '숱한 역경'이라는 말로 축약된다.[49] 그의 돌관 리더십에는 현대 건설 사장이라는 개인 이력이 체화되어 있다. 이 때문인지 이명박 시정의 거의 모든 사업에 돌관 공사 방식이 적용됐다. 그가 이러한 리더십과 성과를 강조해 대통령이 된 사실은 두 말할 나위가 없다.

이러한 사업과 추진 방식은 과연 서울 시민의 삶에 얼마나 기여했을까? 이명박 시정은 당선 이전부터 이미 굵직한 사업을 정해두고 공약대로 추진했다. 이러한 모습은 '불도저 시장'으로 서울 시민과 국민에게 큰 인상을 남겼지만 이미 정해진 사업만을 추진하는 과정에서 서울 고유의 문제와 정체성을 고민할 시간은 많지 않았다. 재개발을 추진하는 과정에서 빈민과 취약 계층에 대한 고려가 이루어지지 않았고, 재분배에 대한 의지 역시 약했다. 시민의 일상에 변화를 준 긍정적인 사업도 많았지만 불편한 사업도 적지 않았다. 무엇보다 그의 시정 전반에 사업이 추진된 절차를 살펴보면 시민 참여가 보장됐다고 보기 어렵다. 이러한 점을 종합할 때 일상도시의 관점에서 이명박 시정은 많은 한계를 보인다.

아래에서는 이명박 시정의 주요 사업을 좀 더 자세히 살펴보고자 한다. 먼저 그의 재임기에 수립된 도시 기본 계획인 『2020년 서울 도시 기본 계획(서울 2020)』과 시장 취임사 등을 살펴 그가 가진 도시 관점과 시정에 제시한 주요 가치를 살펴본다. 그는 기업가로서 시장 역량을 강조하면서 시정의 기조로 일곱 가지를 제시했다. 『서울 2020』에서는 서울을 네 가지 성격으로 정의하고 분야별 핵심 과제와 추진 전략을 제시했다. 이러한 레토릭은 일견 다양하고 균형적인 시정의 가치를 표방한 것 같지만, 이러한 가치가 실제 달성됐는지는 의문이다. 일부 기업 친화적 개발 사업만이 시행되면서 다양한 가치가 무시됐기 때문이다. 가치는 가치가 되지 못하고 수사에 그쳤다.

이어서 중점 추진된 몇 가지 대표 사업을 검토하면서 그 성과와 한계를 평가한다. 세 번째로는 주요 사업의 추진 과정에서 시민 참여가 보장됐는지 거버넌스상의 특징을 살펴본다. 불도저 시장의 돌관 리더십은 사업 반대 견해를 '사업을 잘 알지 못하기 때문'이라거나 '정치적 목적의 반대'라 일축하면서 신속히 제압했고 원래 의도한 대로 추진했다. 사업의 공과는 논쟁적이지만 추진 과정에는 일관되게 참여가 보장되지 못했다. 마지막으로는 시장직을 통해 대통령이라는 그의 꿈은 이루어진 것처럼 서울 시민의 꿈도 이루어졌는지, 서울에 무엇이 남았는지 돌아보고자 한다.

레토릭에 불과한 선언

이명박 시장은 2002년 7월 취임사를 통해 서울의 현 문제와 해결 방향을 언급했다. "개발과 성장에만 몰두하는 사이 환경과 교통이 악화했고 역사적 특색을 잃었으며, 문화와 복지가 미흡한 동시에 지역 간 불균형과 저성장에 직면했다"라는 문제의식은 앞선 조순, 고건 시정과 크게 다르지 않았다. 다만 그는 이를 해결하기 위한 시정 운영의 첫 번째 기본 방향으로 경영가적 마인드를 강조했다. "최소의 비용으로 최대의 효과를 거두는 21세기의 경영 행정"을 강조하면서, 예산을 효율적으로 활용해 필요한 곳에 사용하겠다고 밝혔다. 이어 사람 중심 시정, 균형 발전을 도모하는 시정, 환경을 먼저 생각하는 시정, 시민이 적극 참여하는 시정을 시정 운영의 기본 방향으로 강조했다. 재임 기간 추

일상도시 서울

진할 중요 사업으로 청계천 복원과 뉴타운 건설, 대중교통 체계 개편, 서울 광장 조성, 임대 주택 10만 호 건설, 영유아 보육 시설 확충과 결식 가정 지원, 녹지 확충 등을 언급했다. 이러한 취임사는 다양한 분야의 비전과 계획을 언급하면서도 이를 추진하는 과정에서 경영과 효율을 강조한 것이다.

이러한 기조에 따라 『서울 2020』이 수립됐다. 『서울 2020』은 이명박 시정에서 제시한 도시 기본 계획으로 1991년 『2000 서울 도시 기본 계획』, 1997년 『2011 서울 도시 기본 계획』에 이어 세 번째로 제시된 서울에 대한 종합 계획이다. 『서울 2020』의 기본 구상을 살펴보면 당시 서울의 문제로 1)고도성장기에 누적된 도시 문제로 광역화에 따른 교통 혼잡과 환경 오염, 공간의 불균형적 성장, 무분별한 도시 개발로 인한 도시 환경 훼손, 2)서울 고유의 이미지 부재와 시민의 삶과 일체화한 문화의 부재, 3)시민, 특히 사회적 약자에 대한 배려 부족과 투명한 행정 구현의 미흡, 4)동북아 중심 도시로서의 경쟁력 부족과 뒤늦은 산업 정책, 광역화 대응 부족 등을 지적한다.

또 민선 3기 시정은 1997년 기존의 『2011 서울 도시 기본 계획』이 종합 계획이어서 기본 방향과 목표가 추상적이고 모호하며 부문 계획 간 연계와 구체적 실행 전략이 부족하다는 점을 한계로 지적했다. 이명박 시정은 『서울 2020』을 전략 계획으로 전환할 것을 강조하면서 목표와 주요 전략의 우선순위를 명확히 하고 목표 체계를 '미래상-목표-과제-전략' 체계로 통합한다고 강조했다.[50] 이 점에서 설정된 계획의 기조는 고도성장기의 도시 문제를 치유하고 고도성장에서 균형 발전으로, 승용차 중심에서 대중교통 중심으로, 양적 개발 위주에서 삶의 질

위주로, 자연환경과 역사 문화의 경시에서 중시로, 점적인 개발에서 네트워크 구축으로의 변화라고 설정한 뒤, 주요 계획 과제로 환경도시, 복지도시, 문화도시, 세계도시의 세부 목표와 추진 과제를 제시했다.

이러한 인식과 방향은 일견 일상도시 관점에서 타당해 보인다. 다만 실제로 이것이 추진됐는지가 문제다. 경관 계획을 살펴보면 난개발로 인한 구릉지 경관 훼손과, 지나친 공동 주택 건설로 인한 하천변의 경관 특성 훼손, 조망 단절과 도시 스카이라인에 부정적 영향을 미치는 고층·고밀 개발 등의 문제를 지적했다. 이 외에도 역사적 건축물의 문화재 경관 관리 미흡, 획일적 시가지 경관, 특색 없는 야간 경관 등을 문제로 지적하면서 '서울다움'을 느낄 고유의 정체성을 찾아야 한다고 강조했다. 이를 위해 주요 구릉지 재건축, 재개발 시 고도 관리 기준 강화, 수변 경관 지구 지정과 관리, 주요 조망점 발굴과 선정, 조망 가로 경관 계획 수립과 관리 등을 제시했다.

그러나 주요 사업에서 이명박 시정 스스로 제기한 문제점을 전혀 고려하지 않고 추진한 것이 문제다. 예를 들어 기본 계획에서는 생활권 계획에 따라 서울의 경관 골격을 시민 참여에 기반해 만들고 형성할 것을 강조했으나, 뉴타운 사업 추진 과정에서 구릉 주거지의 경관 훼손 문제와 지역 특성의 경관 형성은 고려되지 않았다. 청계천 복원 사업은 주변 지역 활성화라는 목표로 도심부 건물의 높이 제한이 완화되어 고밀도 개발과 지가 상승, 도심 공동화를 초래했다. 당시 서울 시정 개발 연구원 보고서에서도 도심부 문제점으로 고층화가 지적됐지만 개발 촉진이라는 명목으로 완화됐다. 이는 시정의 기본 방향으로 제시된 목표와 전략이 주요 사업 추진 과정에서는 체계적으로 고려되지 않았다는 사실을 보여준다.

한편 재분배 강조와 관련해 이명박 시정은 서울의 목표 중 하나로 사회적 약자에 대한 배려, 시민 복지의 향상, 지역 간 균형 발전을 강조했다. 주요 시책 사업으로 자활 지원 사업 활성화, 노인·장애인 요양 시설 확충, 시민 건강 증진 사업 실시, 공공 임대 주택 공급 확대, 취약 계층 보호 강화, 동사무소를 중심으로 한 주민 자치 기능 강화, 지역별 주민 참여 학습·사업·문화 활동 프로그램 확대, 지구별 공동체 문화 보호와 육성, 시민 여가 문화 활동 지원과 시설 확충, 적극적인 민·관 복지 서비스 협조 체계 구축과 서비스 전문 인력 양성, 방재 사각지대 해소와 수방 관리 체계 확립, 건물 안전 관리 강화, 자치구 간 재정 격차 완화, 대학 거점의 강북 지역 산업 공동체 결성, 강남·북 균형 발전 개발 계획, 지역 간 정보화 격차 해소 등을 제시했다. 다만 이러한 사업 목록에서도 알 수 있듯 복지 분야 주요 과제의 상당수가 재분배와 관련이 적은 주민 자치, 평생 학습, 안전과 방재 대책에 가깝고 그나마 복지 시책이라 할 사항도 추상적인 서술에 그친다.

고건 시정의 『2011 기본 계획』이 추상적이고 모호한 종합 계획이라고 지적했으나 『서울 2020』 역시 종합 계획의 성격과 추상성을 벗어나지 못한 것이다. 오히려 복지 시책은 앞 장에서 살펴본 조순, 고건 시정이 더 체계적이었다. 무엇보다 업적과 성과를 강조한 이명박 시정에서 상징적인 복지 정책이 제시되지 않았다는 사실은 이 시정이 실제로 재분배에 큰 관심을 보이지 않았다는 점을 방증한다.

『서울 2020』 계획 중 세계도시는 가장 많은 전략을 포함하며 그 목표로 1)기업 활동이 편리한 도시, 2)교통이 편리한 도시, 3)경관이 수

려한 도시, 4)첨단 정보 도시, 5)외국인도 살기 좋은 도시, 6)행정이 투명하게 열린 도시를 제시했다. 이 목표에 대한 주요 과제로 서울의 이미지 제고, 초국적 기업 유치 강화, 편리한 대중교통 체계 구축, 교통 서비스 질적 향상, 도로 교통 시설 효율성 제고, 매력적 시가지 경관 조성, 도시 자연 경관 훼손 방지, 주거 환경 정비 강화, 정보 서비스 기반 구축, 전자 정부 구현, 선진화한 행정 실현, 시민 참여 활성화 등 거의 모든 분야별 계획이 총망라됐다. 이러한 점에서 사실상 세계도시 목표는 종합 계획 내에서 환경, 복지, 문화와 다른 위상을 갖는다. 세계도시의 목표가 다른 부문의 목표를 포괄하는 상위 분야인 셈이다. 따라서 세계도시는 『서울 2020』의 가장 중요한 분야다. 다만 서울이 왜 세계도시가 되어야 하는지를 명확히 제시하지는 않았다. 일본, 중국, 한국, 러시아가 모두 경제 대국으로 향후 세계 경제를 선도할 것으로 예상되며, 서울이 지정학적으로 '상해-북경-서울-동경'을 잇는 동북아시아 중심축에 있고, 정보·통신·지식 산업이 중요한 국제 네트워크에서 동북아 중심 도시로 성장할 충분한 잠재력이 있다는 언급으로 미루어, 세계화 기조 속에 동북아 중심 도시로 성장하려면 서울이 세계도시를 추구해야 한다고 인식했으리라 짐작할 뿐이다.

세계화에 따른 경쟁의 심화와 저성장 시대로의 진입은 새로운 성장 동력을 요구하는데, 여기에 서울도 예외는 아니다. 따라서 세계도시 목표를 마냥 부정적으로 평가할 수는 없다. 그러나 앞서 살펴보았듯 세계도시를 정책화하는 과정에서 도시의 여러 요소가 무시되고 위계적인 세계도시 순위에 집착해 도시가 직면한 다양하고 복잡한 현안을 놓칠 수 있다. 도시의 고유성을 고려하지 않고 전형적 도시의 정책을 모방·이전하면 사회적 비용을 유발할 수도 있다.

이 우려를 증명한 대표적 사례가 지하철 9호선과 우면산 터널 사업이다. 이명박 시정은 세계도시 서울을 증명하듯 우면산 터널과 지하철 9호선을 건설하는 데에 해외 초국적 기업인 맥쿼리Macquarie의 투자를 유치했다. 사회 간접 자본 건설에 해외 초국적 기업의 투자를 유치하는 것은 당시 매우 이례적인 일이었지만, 사회 간접 자본 건설의 효율성을 제고한다는 명분으로 정당화했다. 그러나 최소 운영 수입 보장 제도를 도입해 공적 자금으로 민간 사업자의 손실을 보전해주고 각종 재정 지원, 세제 지원을 보장했다. 요금도 기본요금 이상으로 상향 조정해 과도한 특혜 의혹을 받았다.[51] 더구나 이명박 시장의 친·인척이 맥쿼리 한국 지사의 고위 경영자였다는 사실은 과도한 특혜 의혹에 더힘을 실었다. 결과적으로 초국적 금융 자본 유치와 예산 효율성 제고라는 사업 목표가 희석됐고 운영 수입 보장을 위해 서울시 세금과 시민의 교통 요금이 민간 사업자에게 이전되는 결과를 낳았다. 우면산 터널도 비싼 요금으로 시민에게 외면 받으면서 우회 도로가 이용되고 있으며, 지하철 9호선은 최악의 혼잡도라는 평가를 받는다.

서울 시장 취임사와 『서울 2020』을 통해 이명박 시정은 다양한 가치와 목표를 표방한 것처럼 보이지만 서울 고유의 문제와 환경, 복지, 재분배 등 다양한 영역의 사업이 추진되지 못하거나 답보 상태에 머물렀다. 그가 강조한 목표는 실제 사업 추진 과정에서 간과되거나 번복되었다. 서울의 문제가 고려되기보다는 친기업적 개발 사업이 주로 추진되면서 시민의 긴요한 필요나 일상과는 거리가 먼 사업이 시행됐다. 무엇보다 이후 언론 보도에 따르면 첫 번째 목표로 효율적 예산 운영과 경영 행정을 강조했음에도 민선 3기 동안 서울시 부채가 4조나 늘었다는 점에서, 취임사에서 강조된 다양한 가치가 시정에 고려되지 못했고, 레토릭에 불과한 선언이었다는 사실을 알 수 있다.[52]

신개발주의 리더십과 선택적 정책 추진

뉴타운 개발

이명박 시정의 대표적 개발 사업인 뉴타운 사업은 강남·북 지역 균형 발전, 생활권 단위의 광역적 주택지 정비, 원주민 재정착과 지역 커뮤니티 형성이라는 세 가지 목표에 따라 시작됐다.[53] 당시는 IMF 외환 위기를 막 극복하고 부동산 경기가 활황기에 접어들던 시기로 강남을 중심으로 부동산 가격이 폭등해 2002년 서울 시장 선거는 강남·북의 격차 해소가 쟁점이었다. 청계천 복원과 뉴타운 사업으로 집약되는 이명박 후보의 강북 대개발 공약은 지역 균형 발전과 친환경 사업이라는 이미지가 더해진 데다 강남의 집값 폭등으로 상대적 박탈감을 느끼는 강북 주민의 소외감을 해소할 수 있는 정책이었다.

이명박 시장은 당선 3개월 만인 2002년 10월 『시정 운영 4개년 계획(2002~2006년)』과 함께 『서울 뉴타운 개발 계획』을 전격적으로 발표했다. 은평구의 은평 뉴타운, 성북구의 길음 뉴타운, 성동구의 왕십리 뉴타운을 시범 사업 지구로 지정하고 2012년까지 사업을 확대·실시하겠다고 밝혔다. 이는 당시로서는 파격적이었는데, 이전의 재개발은 주로 민간 사업자가 소규모로 진행해 사업지마다 제각각인 건축물이 난립하면서 인근 지역과의 연계를 고려하지 못했기 때문이다. 뉴타운 사업은 대규모 개발에 시가 직접 재정 투자를 지원하는 형태로 공공 부문 역할을 늘리고, 단순한 주택 개발 방식에서 벗어나 광역 생활권 정비 개념을 도입해 도로와 지역 기반 시설을 같이 정비하면서 재개발지와 인접한 생활권을 함께 개발하고자 했다. 이를 통해 기존 재개발 방식으로 초래된 난개발과 도시 공간 계획과의 부조화, 도시 경관 훼손을 해소하고자 했다. 이명박 시장은 "강북 주민들이 10년만 참으면 쾌적한 주거 환경을 누리도록 하겠다"는 포부를 밝히기도 했다.[54]

2002년 1차 시범 뉴타운 3개소가 지정된 이후 2003년에는 2차 뉴타운으로 돈의문, 한남, 전농·답십리, 중화, 미아, 가재울, 아현, 신정, 방화, 영등포, 노량진, 천호 지구 12개소가, 2005년에는 3차로 이문·휘경, 장위, 상계, 수색·증산, 북아현, 시흥, 신길, 흑석, 신림, 거여·마천, 창신·숭인 뉴타운 지구 11개소가 지정·추진됐다. 불과 3년 만에 총 26개 뉴타운이 지정된 셈이다. 총면적은 23.8제곱킬로미터, 약 721만 평으로, 뉴타운 개발 착수 이전 30년간 서울에서 시행된 주택 재개발 구역 면적인 10.1제곱킬로미터의 2.4배에 달할 정도로 광범위 했다. 사업 초기 시범 사업 세 뉴타운의 성과를 평가해 이를 모델로 점진적으로 확대하겠다던 계획이 불과 3년 만에 서울 곳곳으로 확대된 것이다.

이 점은 뉴타운 사업이 노후 주거지 주거 환경 개선이라는 원래의 목적보다 정치적 이익을 노리는 시장과 구청장, 자산 가치 상승을 바라는 뉴타운 지역 주민, 개발 이익을 노리는 사업가의 욕망이 결합돼 추진됐다는 것을 시사한다. 그림 5-1의 지도를 보면 알 수 있지만, 뉴타운 사업이 확대되면서 강북 발전이라는 원래의 목적에서 벗어나 자

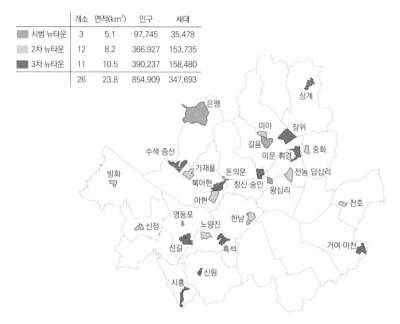

그림 5-1 서울시 뉴타운 사업 지구 지정 현황

	개소	면적(km²)	인구	세대
시범 뉴타운	3	5.1	97,745	35,478
2차 뉴타운	12	8.2	366,927	153,735
3차 뉴타운	11	10.5	390,237	158,480
	26	23.8	854,909	347,693

주 | 장남종·양재섭(2008) 연구 보고서를 토대로 저자 재작성.
자료 | 장남종·양재섭(2008), 『서울시 뉴타운 사업의 추진 실태와 개선 과제』, p.21.

치구 간 나눠먹기식으로 뉴타운 지구가 선정됐다. 장남종의 연구에 따르면, 구청장은 형식적인 주민 의견 조사만 거치면 지구 지정을 신청할 수 있었고, 서울시가 신속하게 지구로 지정하도록 절차를 간소화했다.[55] 이 과정에서 지구 선정은 위와 같이 서초, 강남 및 중구, 도봉구를 제외한 21개 자치구에 균등하게 배정되어 이익 정치로 변질됐다.

뉴타운 사업이 주거 환경 개선이라는 원래 목적에서 벗어나 정치적으로 추진됐다는 또 다른 증거는 사업 추진을 위한 법적, 제도적 요건을 마련하지 않고 사업이 먼저 추진된 후 제도적 요건을 갖추었다는 데서 찾을 수 있다. 1차 뉴타운 사업 지구가 발표될 당시 대상 지역을 별도 법령이나 중앙 부처 심의를 거치지 않고 서울시 도시 지역국의 지역 균형 발전 추진단이 결정했고, 대규모 도시 개발 사업 시범 지구를 지정할 때도 도시 계획 위원회나 전문 기관의 심의와 검토를 거친 것이 아니라 서울시 지역 균형 발전 위원회의 심의만을 통과했을 뿐이다. 현재 도시 재개발 사업을 규제하는 『도시 재정비 촉진을 위한 특별법(도촉법)』은 시범 사업 지구 선정 이후인 2005년에야 국회에서 통과됐으며, 1차 뉴타운 사업 지구 선정 시에는 기존의 『도시 개발법』과 『도시 및 주거 환경 정비법』에 근거해 행정 절차를 처리했다. 오준근과 김종보의 연구에 따르면 당시의 도촉법 자체도 규제 완화와 특례 조항이 많았고 상위 법률이나 계획과의 연계성이 부족해 문제가 많은 법률로 평가됐다.[56] 단기간에 사업 지구가 서울 전역 26개 지역으로 확대된 점, 사업 시행 초기에 부족한 근거 법령과 요건에도 사업을 먼저 추진하고 제도적 기반을 이후에 만들었다는 점은 사업이 충분한 논의와 숙의를 거치지 않은 채 완료 시점에 맞추어 급하게 추진됐다는 인상을 준다.

이러한 과정에 지역 원주민, 특히 세입자에 대한 피해 보상 문제와 같은 이해관계 조정이 원활하게 이루어질 리 없었다. 서울 연구원 보고서에 따르면 당시 26개 뉴타운의 거주자는 85만 명, 35만 세대로 서울 시민의 8퍼센트 이상을 차지했다. 이 중 세입자 세대 수는 약 23만 세대로, 전체의 70퍼센트에 육박했다.[57] 철거 후 전면 재개발 방식이기에 이주민에 대한 피해 보상 합의가 이루어져야 했으나 원만하게 이루어지지 않았다. 지정 요건에 미달해도 사업 지구로 선정되는 일도 발생했다. 이 때문에 정책의 추진 속도에 비해 사업은 자주 교착 상태에 빠졌다.

뉴타운은 생활권 단위 정비 개념을 도입한 점, 계획 단위 광역화로 다양한 계획이 가능해진 점, 공공 부문의 총괄 계획가를 임명하고 관리했다는 점에서 긍정적 평가도 있다. 그러나 과밀 개발을 부추기며 앞서 살펴본 다양한 문제를 만들었다. 이 외에도 용적률 상향 조정과 층수 완화로 거주지의 고층·고밀 문제가 발생한 점, 정비 기반 시설 확보와 설치 과정에서 사업 시행자에게 부담이 전가된 점, 불필요한 기반 시설이 과다하게 설치된 점 등도 문제였다.

청계천 복원과 도심 재개발

조명래의 표현을 빌리면 뉴타운 개발은 서울의 남북 균형 발전을 명분으로 한 신개발주의인 반면, 청계천 복원은 환경과 생태를 명분으로 한 신개발주의다.[58] 이명박 시장은 청계 고가 해체가 안전을 위한 것이며 복개覆蓋된 청계천을 복원하는 것이 환경의 가치이고, 청계천의 문화재를 복원하는 것이 역사·문화의 복원이라고 강조하며 사업의 정당성을 얻었다. 여기에는 사업 정당성 외에도 앞서 언급한 강북 발전, 특히 1980년대 이후 본격화한 강남 개발에 따라 인구가 유출되고 노후화한 서울 도심의 재개발 목적도 결합되어 있었다.

이명박 시장은 경선 출마 당시 청계천 복개 도로의 원상회복을 공약으로 제시하면서, 2004년에 착공하고 2005년까지 완료할 것을 약속했다. 당시 기사를 참조하면 사업 예산 약 3,600억 원을 신청사 건립 기금과 보수 예산으로 충당하고 청계천 일대를 투자 촉진 지구로 지정, 민자 30조 원가량을 유치한다는 계획을 세웠다. 또 당시 언론 보도 자료를 참조하면 자연 하천 복원으로 발생하는 일일 수량을 지하철 역사에서 발생하는 지하수와 중랑천 하수 처리장의 정화수로 충당하는 등 현재 청계천의 모습이 대부분 공약 당시부터 계획됐다는 사실을 알 수 있다. 즉 사업을 시행하면서 발생할 돌발 상황에 대한 추가적인 검토와 수정의 여지없이 원안 그대로 추진한 것이다.

당시에도 청계천 복원은 경제성이 적고 공사 기간 중 교통 혼잡과 청계천 상인 보상 문제, 도심부 관리 계획 등 여러 문제가 복잡하게 맞물려 있어 종합적으로 검토해 신중하게 추진해야 한다는 목소리가 적지 않았다. 그러나 예정대로 2003년 7월 청계 고가 도로 철거가 시작됐고 공약대로 2005년 9월에 복원이 완료됐다. 당시의 신중론과 부정론에도, 이후 조사에서 청계천은 고궁, 남산 타워, 광화문과 함께 서울 시민의 대표 공간으로 꼽혔고 도심 속에 환경 친화적 휴식 공간을 마련했다는 긍정적 평가를 받기도 했다.

그러나 청계천 복원 역시 다양한 문제가 있다. 조명래의 연구에 따르면 첫 번째 문제는 2004년 청계천 복원에 따른 도심부 발전 계획을 확정하면서 300퍼센트 이하의 용적률을 1,000퍼센트까지 허용해 도심 고밀 개발을 유도한 점이다. 건물의 고도 제한을 완화해 청계천 일대에 고층 건물이 난립했고 도시 경관 관리가 전혀 이루어지지 않았다. 이러한 조치는 청계천이 명분상 자연 생태 하천의 복원을 주장했으나 실제로는 도심의 토지 이용을 고도화하고 민간 자본 투자를 유치하려는 정책이었다는 사실을 보여준다.

또 청계천은 원형과 관계없는 인공적 양수에 의존한 급수와, 수표교 등 원형과 다르게 복원된 주요 문화재는 원래의 목적과도 동떨어졌다. 청계천은 원래 백운동천, 삼청동천, 흥덕동천, 남소문동천 등 도심의 다양한 지천이 청계천으로 모여 한강으로 이어지는 수계였다. 또 계절별로 유량이 일정치 않고 수량이 많지 않은 모래 하천이었다. 현재 사시사철 물이 풍부하게 흐르는 청계천의 모습은 원형과는 관계가 없으며, 부족한 수량을 충당하고자 뚝섬 정수장의 하천 유지 용수를 인위적으로 공급하고 있다.

물론 원형이 아니라 현재 얼마나 아름다운 모습으로 가꾸는가가 중요하며, 비록 인위적이지만 풍부한 물이 흐르는 모습이 원형보다 보기 좋다는 의견도 있다. 다만 이러한 인위적인 물 공급이 연평균 77억 원가량의 비용을 초래한다는 문제가 있다. 이는 초기 복원 계획에서 산정한 연 18억 원을 훌쩍 뛰어넘는 비용이다. 또 이동과 경관 목적으로 하천 바닥에 설치한 인공 보 때문에 수중 생물이 상·하류를 오가기 어렵고, 난류와 침식을 방지하기 위해 천변에 설치한 구조물이 '청계천-하천변-제방'의 자연적인 연결을 가로막아 식물이 자라는 데 어려움을 만든다. 인공 식재와 이용자 편익을 위한 시멘트 계단으로 생태 하천 기능이 상실된 점을 보아도 원형 복원이라기보다는 관광 상품 내지 하천 공원 개발에 가까운 모습을 보여준다.

문화재 복원 역시 원형과 관계없이 진행됐다. 가장 대표적인 사례가 수표교와 오간수문이다. 수표교는 수표水標가 새겨진 석재 다리로 세종 때 건설돼 관수동의 광교와 삼일교 사이, 을지로 입구역과 을지로 3가 사이에 있었다. 1958년 청계천 복개 공사로 북악산 근처로 이전됐

그림 5-2 민선 3기에 재현한 수표교와 오간수문

주 | 재현된 청계천의 수표교(왼쪽)와 장충 체육관 옆 장충단 공원으로 옮겨진 수표교(오른쪽).

주 | 오간수문을 재현한 석축(왼쪽)과 원 모습(오른쪽). 석축은 탐방객 동선과 동떨어져 찾기 힘들고 근처에
아무런 설명도 없다.
자료 | "서울 역사 박물관 아카이브 오간수문 원 모습(원 출처: 서울 역사 박물관(2016), 『도성 발굴의 기록
Ⅲ: 종합 보고서』)", 서울 역사 박물관 홈페이지.
URL | https://museum.seoul.go.kr/archive/archiveView.do?type=D&arcvGroupNo=4277&arc
vMetaSeq=37296&arcvNo=101463

다가 1965년에 장충단 공원으로 다시 옮겨왔다. 문제는 원형이 아닌 인공 하천 형태로 공사하면서 하천 폭이 원래 폭과 달라졌고 이로 인해 원래의 다리 길이와 맞지 않게 됐다는 점이다. 그렇다고 석재를 이용, 원형에 가깝게 복원한 것도 아니어서 현재 수표교 위치에는 목재 상판과 철재 들보로 다리가 건설됐다. 난간 형태는 수표교를 본떠 만들기는 했으나 '수표' 기능과는 아무 상관없는 무성의한 형태의 다리가 놓였다.

오간수문은 흥인지문 남쪽 성벽 아래에 설치한 수문이다. 이는 청계천이 도성 바깥으로 흐르도록 설치됐다. 일제 강점기에 오간수문 위치에 수문을 헐고 근대식 다리가 놓이며 오간수교로 변경됐다. 이 역시 청계천 복개 공사 과정에서 소실됐으나 복원을 위한 유적지 발굴 과정에서 발견됐다. 일반적으로는 문화재 발굴 후 원래의 공사 계획을 수정 검토하는 작업이 필요하지만 공사 기간이 길어진다는 이유로 원래의 계획대로 공사를 진행했다. 오간수문은 원위치가 아닌 오간수교 옆 호안 석축에 수문 형태만을 재현한 구조물로 대체됐다.

도심부 재개발로 청계천 인근 을지로와 종로 일대 상권이 영세 제조업, 도·소매업에서 서비스업으로 변화했고 이 과정에서 기존 도심 상주 인구가 이탈했다. 도심부 고층 사무 시설 개발로 공동화 현상이 심화했고, 복원 과정에서 치수에 대한 고려가 부족해 여름철 장마 기간 잦은 폐쇄, 보행 네트워크를 고려하지 않은 복원 문제도 안고 있다. 결국 2005년 청계천 복원이 종료됐지만 이런 문제가 지속적인 사회적 비용을 유발해 2014년에 『청계천 2050 마스터 플랜』이 다시 수립됐다. 이 플랜은 기존 복원 사업의 문제점을 분야별로 정리해 개선 방안을 도출, 청계천을 원형에 가깝고 생태적 자생력을 갖춘 자연 하천으로 복원하는 것을 목표로 한다.

동북권 녹지 조성, 서울 숲

서울 숲 조성도 청계천 복원과 함께 이명박 시정에서 이루어진 대표적인 친환경 사업이다. 서울 숲은 서울 동북권의 부족한 녹지 환경을 개선하면서 '광화문-청계천-중랑천-뚝섬'으로 이어지는 그린 네트워크를 조성한 것으로 평가 받는다. 서울 숲이 조성된 뚝섬 유원지 일대는 경마장과 골프장이 있었으나 경마장은 1989년에 과천으로 이전하면서, 골프장은 1994년 문을 닫으면서 유휴지가 됐다. 민선 1기부터 서울 숲 부지는 다목적 돔 구장과 국제 업무 단지, 복합 문화 시설 등 다양한 방향으로 개발 계획의 수립과 철회를 반복하고 있었다. 이명박 시장이 당선되면서 뚝섬 유원지 활용 방안이 다시 논의됐는데 당시 시민 단체인 (사)생명의 숲 운동 본부와 (재)서울 그린 트러스트가 서울에 접근성이 우수한 녹지 환경 조성을 목적으로 생활 녹지 100만 평 계획을 제안했다. 이를 이명박 시장이 받아들이면서 녹지 조성으로 가닥이 잡혔다.

최종적으로 성수동 1가 일대 116만 제곱미터, 약 35만 평 부지에 2,352억 원가량이 투입돼 2003년 착공에 들어가 2005년 6월 서울 숲을 개장했다. 숲은 문화 예술 공원, 자연 생태 숲, 자연 체험 학습원, 습지 생태원, 한강 수변 공원 다섯 가지 테마로 구획되고 야외무대, 광장, 환경 놀이터, 산책로, 이벤트 공간, 식물원 등이 설치됐다. 다양한 수목과 초화류를 식재하고 온실 식물도 다양하게 심었다. 수목은 109종이

넘고, 초화류는 183종, 온실 식물 254종에 이르러 녹지 공원의 기능만
이 아니라 교육 목적으로도 활용되고 있다.

서울 숲은 분명 서울 동북권에 부족한 높은 접근성의 녹지를 대대적
으로 조성한 사업으로, 개장 당시에는 하루 평균 10만 명 이상이 방문
했다. 비록 현재는 국·내외 관광객이 많이 찾지는 않지만 성동구를 비
롯한 인근 지역 주민의 휴식 공간으로 자리 잡았다. 서울 숲은 준공업
단지로 노후화된 성수동 일대를 재생한 사업으로도 의미가 있다. 공원
관리 방식도 기존의 공공 주도 조성에서 벗어나 NGO와 시민이 직접
식재와 공원 관리에 참가해 민관 파트너십을 이룬 사례로 의미가 있다.
서울 숲 사랑 모임은 공원의 단순 식재와 설비 관리에 그치지 않고 공
원 내 다양한 시민 참여, 학습 프로그램을 운영해 공공 영역에서 민간
주체의 확장 가능성을 보여준 사례이기도 하다.

서울 숲의 사회적 편익을 고려하면 분명 이는 이명박 시정의 성공적
인 사업이다. 다만 여기서도 불도저식의 밀어붙이기 사업 추진 방식이
현재까지 여러 문제를 낳고 있다. 가장 큰 문제로 사업이 불과 1년 5개
월 만에 추진되면서 공사 기간이 예정 공기의 절반에 불과했고, 이 때
문에 보상과 시공, 감리가 동시에 추진되는 웃지 못할 일이 벌어졌다.
무리한 공기로 원도급 업체가 밤낮으로 공사를 하면서 원가 개념이 없
었고, 협력 업체는 정산도 되지 않는 공사비 투입으로 금전적 손실을
감내해야 했다.[59] 또 '한국 최고의 조경 전문가는 발주처 기관장'이라
는 비판처럼 원래 노루와 사슴 각 한 쌍, 고라니 두 쌍 등 총 여덟 마리
로 계획된 동물 방사가 이명박 시장의 개인 기호에 따른 요청으로 사
슴 104마리, 고라니 일곱 마리 사육으로 변경되어 생태 환경이 파괴됐

으며, 결국 사슴 59마리와 고라니 다섯 마리로 다시 줄어들었다.[60] 이러한 생태 숲 동물 방사 문제는 공원 개장 이후에도 한동안 서울 숲의 관리 난점으로 지적됐다.

이 외에도 개장 이후 여러 조성과 관리상의 문제가 지적됐다. 크게 물 순환 관리 시스템, 토양 개량의 미흡함 등과 더불어 이전 예정 시설의 존치가 가장 큰 문제였다. 서울 숲은 설계 당시 승마장, 정수장, 레미콘 공장을 이전하고 생태, 문화·예술 프로그램을 계획했으나 모두 이전되지 않으면서 착공 이후 지구 단위 계획이 수정됐다. 뚝도 아리수 정수 센터는 이전되지 않은 채 시설을 고도화했고, 레미콘 공장도 그대로 남아서 소음과 먼지 문제로 지역 주민 민원이 이어졌다. 일반적인 수순이라면 이전 시설에 대한 보상과 이전지 합의가 이루어지고 난 후 시공을 해야 하지만 무리하게 공기를 맞추다 보니 이러한 부분에 대해 합의가 이루어지지 않은 채 숲이 조성된 것이다.

이명박 시정 이후의 일이지만 서울 숲은 한강 르네상스 계획의 일환으로 2009년 『성수 전략 정비 구역 지구 단위 계획』이 수립되면서 고급·고층 아파트가 들어섰고, 이는 개발 이익 환수와도 무관하지 않다. 2011년 계획 수정으로 스카이라인 계획을 위해 한강변 주거 지역이 용도 변경됐으며 아파트 건축이 최고 50층까지 허용됐다. 문제는 해당 지역이 서울 숲의 진입로로 현재는 서울 숲이 고급 주상 복합 아파트에 둘러싸여 공원의 사유화를 조장한다는 점이다. 실제로 서울 숲 공원 계획에 대한 일련의 분석에 따르면 전체 필지 면적의 40퍼센트가량에 초고층 아파트가 들어서며 급격하고 이질적인 변화를 겪은 것으로 나타났으며, 공원 조성으로 젠트리피케이션이 발생한 것으로 나타

났다.[61]

공원 관리 체계 역시 2009년 이후 오세훈 시정이 민-관 협력 체계를 공개경쟁 입찰, 3년 단위 계약으로 변경하면서 시민 단체는 종속적인 위탁 계약 주체로 전락했고, 시민의 자발적 참여라는 의미가 점차 퇴색됐다. 다행히 2013년 이후 박원순 시정에서 서울 숲 컨서번시로 공원 관리 조직이 재구성되면서 공공-민간의 수평적이고 협력적 체계로 복원됐다. 이러한 문제점의 근본 원인은 짧은 공기에 맞춰 사업을 성급하게 추진하다 보니 심사숙고해 결정해야 할 공원 조성, 관리상의 이슈가 면밀하게 고려하지 못하고 장기 계획과 관리 방안도 갖추지 못한 데 있다.

대중교통 체계 개편의 득과 실

대중교통 체계 개편은 청계천 복원 사업과 함께 이명박 시장이 대선 후보가 되는 데 결정적인 역할을 한 정책으로 평가 받는다. 2004년 개편 이전 서울의 버스 노선 체계는 불규칙한 노선 번호로 이용자가 행선지를 파악하기 어려웠다. 버스 전용 차선 역시 대체로 가변에 설치되어 혼잡과 지·정체가 빈번했고, 운행 속도 역시 빠르지 않았다. 민영 버스 회사도 2기 지하철 계획과 외환 위기로 수익성이 악화해 임의 회차 결행, 수익성 있는 노선 중복 배차와 수익성 없는 노선 폐지를 일으켜 민영제의 폐해가 빈번했다.

이에 이명박 시장은 후보 시절부터 대중교통 체계 개편을 공약으로 제시했으며 당선 이후 버스 준공영제, 통합 버스 정보 시스템 도입, 중앙 버스 노선 차로 확대, 간선 급행 버스 체계, 노선 번호 개편, 통합 환승 요금제 확대와 스마트 교통 카드(T머니) 도입, 신규 공영 차고지 조성 등을 골자로 한 시내버스 체계 개편을 추진했다. 이를 통해 버스 운행 수요가 증가했고 환승 할인 제도로 이용자의 통행당 요금도 감소, 전반적인 서비스 만족도도 늘어난 것으로 파악됐다. 2015년 서울 교통 통계에 따르면 하루 1,100만 명가량이 지하철과 버스를 이용하고 이용자의 90퍼센트가량이 1회 이상 환승한다는 점에서 환승 체계 구축은 대중교통을 이용하는 대다수 시민의 비용 부담을 줄였다. 수요 측면만 아니라 버스 운행 속도도 증가, 노선 굴곡도는 감소해 운행 효율성 역시 개선된 것으로 평가한다. 중앙 차로 운영으로 도심 교통량 감소와 이동 속도 증가도 긍정적이었다.

　대중교통 이용은 시민의 일상생활과 직결되는 문제다. 1990년대 중반까지 서울 시내 승용차 점유율이 70퍼센트 이상으로 대기 오염과 도로 혼잡 등 여러 문제를 일으키고 있었다는 점에서 대중교통 체계 개편은 혁신적이다. 서울시의 대중교통 체계 개편은 실제로 해외에서도 벤치마킹하는 우수 사례로 꼽힌다. 다만 대중교통 환승 체계의 개편을 온전히 이명박 시정의 정책으로 돌리기는 어렵다. 버스 노선 번호 체계를 대구시의 권역 개념에서 가져온 것은 긍정적인 정책 학습 사례지만, 버스-지하철 간 환승 체계와 교통카드 호환 사업, 환승 할인 제도는 이미 민선 2기 고건 시정에서 도입·추진했으며, 버스 통합 정보 시스템 역시 운영 기반이 이미 준비되었기 때문이다. 전임 시정의 정책을 이어받아 지속적으로 추진하고 확대한 것은 전임 시정과의 연속성과 지속성 관점에서 긍정적이지만 이를 온전히 자신의 선거 공약인 것으로 홍보해 정치적 이득을 취한 것은 아쉬운 일이다.

버스 노선 개편은 정책 결과보다 추진 과정상의 문제가 극명하게 드러난 사례다. 자신의 시장 취임 2주년인 2004년 7월 1일에 맞춰 무리하게 사업을 진행했고, 개편 당일 엄청난 혼란을 불러와 긴급 기자 회견을 열어 사과까지 했다. 버스 노선 번호 변경으로 인한 혼란뿐만 아니라 단말기 오작동, 버스 중앙 차로 혼잡과 정체, 버스 통합 정보 시스템 오작동 등 다양한 문제가 발생했다. 거리 비례제로 인한 요금 부담 감소를 위해 예정에 없던 지하철 정기권을 급하게 도입해야 했으며 예상보다 중앙 차로 정체가 심각한 강남 대로는 기존 경기 버스 가변 승강장을 임시로 재운영하면서 버스 이용 고객이 혼란을 겪었다. 일부 구간은 중앙 차로 운영이 어려운 노선 환경임에도 무리하게 공기에 맞춰 추진하다 보니 일괄적으로 노선이 개편됐고, 이로 인해 혼잡이 가중됐다. 단말기 오작동은 개발사인 LG CNS가 전산 문제를 확인하고 오류를 복구하기까지 상당한 시일이 소요돼 7월 15일 이후에야 제대로 작동했다.

노선 안정화와 조정은 점진적인 모니터링으로 보완·조정이 필요한 사안이다. 이명박 시정의 버스 노선 개편으로 장거리 노선과 중복 노선이 정리됐고 이 과정에서 기존 노선 폐쇄나 배차 간격 변경으로 불편이 발생했다. 이를 노선별, 지역별로 단계적·점진적 과정을 거쳐 시행했다면 개통일의 대규모 혼란을 막을 수 있었을 것이다. 노선 안정화는 대체로 6개월 정도 걸린다고 알려져 있다. 이를 하루 만에 전면 개편한 것이 혼란을 부추긴 원인이었다.

대중교통 환승 체계는 개편 초창기 문제가 보완·개선되면서 현재는 잘 운영되고 있다. 그러나 사업을 단기간에 밀어붙이면서 개편 초기 혼란을 낳았으며, 문제점이 개선되기까지 사회적 비용을 유발했다. 이러한 돌관 공사 방식의 사업 추진은 사업에 관련된 시민과 관계 단체의 이해를 고려하지 않는 비민주적인 방식이었으며, '나는 맞고 너는 틀리다'라는 사고를 전제했다.

불도저 시장의 하향식 정책 결정

앞서 논의한 민선 3기의 대표 사업은 소기의 성과를 거두었고, 긍정적으로 볼 요소가 많다. 추진 과정과 사후 결과에 다양한 왜곡이 발생하기는 했어도 표면적으로는 시민의 일상과 전혀 무관하지 않았다. 그러나 이러한 성과를 긍정적으로 보더라도 사업 추진 과정의 시민 참여는 긍정적으로 평가 받기 어려울 것으로 보인다.

앞서 그의 리더십을 돌관으로 표현했다. 대표 사업이 모두 충분한 숙의와 공론화, 사업의 직·간접적 효과에 대한 다양한 고려를 거치고 시간을 들여 추진했어야 하는 큰 규모의 사업이었지만, 대부분의 사업은 길게는 3년, 대체로는 2년 내에 마무리됐다. 이를 혹자는 '시원시원하다', '답답하지 않다'고 평가하기도 하며, 이러한 리더십을 강력하고 추진력 있으며 외향적, 개혁적, 직관적이라고 보는 시각도 있다. 민선 3기 시정의 주민 참여를 주민 투표제 도입과 주민 발의, 버스 개혁 시민 위원회 활동 등의 사례에서 참여와 다양성이 확대된 것으로 평가하는 시각 역시 있다. 그러나 대부분의 사업에서 답정너(답은 정해졌으니 너는 대답만 하면 된다)식으로 밀어붙이면서 다양한 이해관계자의 의견이 원만하게 조정되지 못했고, 시민이 직접 시정에 참여하는 것은 불가능에 가까웠다.

우선 뉴타운 사업부터 살펴보면, 지역 원주민, 특히 세입자 보상 문제가 사업 초기부터 중요했다. 전면 철거 후 재시공 방식으로 시행됐기에 동 전체를 다 허물고 새로 지어야 했다. 이주민의 이주지도 문제지만, 최소한 보상이나마 원만하게 이루어져야 했는데 충분한 합의가 되지 않자 공시된 보상가를 웃도는 돈을 얹어 쫓아내기도 했다. 더 큰 문제는 재개발 이슈를 둘러싸고 지역 사회가 찬반 여론으로 양분되고 공동체 내에 갈등이 조장됐지만 시가 이를 해결하려는 노력을 기울이지 않았다는 점이다. 부동산 가격을 안정시키려는 중앙 정부 노력과 반대로 가는 뉴타운 때문에 개발 지역 집값이 최고 세 배까지 폭등했으며, 강남·북만이 아니라 지역 사회 내에서도 집주인과 세입자, 길 하나를 사이에 둔 개발지와 미개발지의 갈등이 발생했다. 사업 지구 지정에 지역 사회의 충분한 합의와 주민 대부분의 실질적 동의를 얻는 과정을 필수 요건으로 정하지 않고, 구청장의 형식적 의견 조사만 거치면 시에서 승인을 내주는 바람에 오히려 시가 갈등의 불씨를 지핀 꼴이 됐다. 설계와 착공 단계에서도 지역 의견이 반영되지 않고 지역 균형 발전 추진단, 뉴타운 사업 본부, 균형 발전 본부와 같은 시 정부 추진 체계를 통해 획일적, 하향식으로 추진되어 생활권 정비라는 개념 자체가 무색해졌고, 원주민이 받았던 보상금으로는 전혀 입주할 수 없게끔 주거지가 고급화됐다.[62]

청계천 복원에서는 청계천 시민 위원회가 조직됐으나 위원회에 실제 시민의 참여가 제한됐고 시 정부 관계자, 서울시 의회, 시정 연구원이

일상도시 서울

위원회에 깊숙이 개입하는 바람에 위원회가 사실상 유명무실해졌다. 무엇보다 청계천 복원을 둘러싼 이해 조정 과정이 분열의 정치를 보여주는 전형이었다는 점이 문제였다. 청계천 상가의 상인, 시민 단체와 시민 위원회가 복원의 주요 당사자로 이들의 이해와 정책을 조율해야 했다. 그러나 민선 3기 시정 초기에는 환경과 역사 유적의 복원이라는 명분으로 시민 단체와 위원회를 포섭했다. 또 상인의 의견을 집단 이익 추구로 프레임화해 이들의 주장을 약화시켜 청계천 고가와 상가를 철거했다. 홍성태에 따르면, 당시 청계천 사업 추진에 점포상은 청계천 상권 수호 대책 위원회를 꾸려 대응했다. 이에 시는 노점상을 강경 진압하되 점포상은 송파구 문정동으로 이전하고 영업 피해를 최소화하겠다는 회유책을 제시했다. 이들은 이해 당사자라는 이유로 청계천 시민 위원회 구성에서 제외됐지만, 서울시와 서울시 의회, 시정 개발 연구원은 포함해 시민 조직에 시가 개입하는 형태로 구성됐다. 이를 통해 초기 갈등 국면에는 상인회를 배제하고 시민위를 포섭하는 형태로 사업을 추진했다.[63]

이후 복원 사업은 시민 단체의 저항을 받았지만 이미 이 시기에는 연대해 의견을 제시할 점포상 대부분이 문정 지구로 이전하는 서울시 요구를 수용한 상태였다. 이에 연대적 대응이 이루어지지 않았고, 시민위 대응이 분쇄되면서 사업이 추진됐다. 시민 사회가 비상 대책 위원회를 꾸려 시민 대토론회에 나선 시점에는 이미 착공이 시작되어 시민의 호응을 얻지 못했다. 서울시가 깊숙이 개입한 시민위는 위원회가 기본 계획에서 지적한 사항을 서울시가 수용한 경우에만 조건부로 승인할 것과 시민위가 청계천 복원에 대한 최상위 계획인 기본 계획을 심의

하므로 이하의 모든 세부 계획도 심의 대상이라고 주장했다. 그러나 시는 기본 계획에서 지적한 시민위 요구를 받아들이지 않았으며 위원회 승인 없이 기본 계획을 승인한 후 시민위를 소집하지 않았다.

이러한 양상은 대중교통 환승 체계 개편에서도 반복됐다. 대중교통 환승 체계 개편을 위해 버스 개혁 시민 위원회가 2004년 7월 출범했다. 사실 버스 체계 개편은 민선 1기 시정에서도 시도됐으나, 당시에도 많은 이해 당사자 간의 갈등과 민원으로 시행되지 못했다. 일반 시민의 이해뿐만 아니라 서울시와 자치구, 노선 개편 지역 주민, 버스 업계와 노조, 관계 기관, 시의회 등이 주요 이해 당사자였다. 김상철에 따르면 버스 개혁 시민 위원회는 중소 사업자와 노조를 주요 행위자로 포섭하고 전문가를 중심으로 포진하면서 이해 집단을 중소 사업자와 노조, 전문가 대 지역 주민으로 분리했다. 앞서 청계천 시민 위원회와 마찬가지로 버스 개혁 시민 위원회는 초기에는 정책 결정 권한의 많은 부분을 이양해 사업의 정당성을 확보하고 사업 추진에 대한 사회적 합의를 이끌어내는 데 중요한 역할을 했다. 그러나 사업 실행 계획이 구체적 단계에 들어서면서는 권한을 행사하지 못했다. 버스 개혁 시민 위원회가 버스 정책 시민 위원회로 변경되면서 정책 결정 권한이 축소됐기 때문이다.[64] 이 두 가지 사례의 공통점은 시가 추진하기로 결정한 사항을 시민 위원회가 결정한 것처럼 보이게 해 사업이 민주적 정당성을 가진 것처럼 착시 효과를 낸다는 것이다. 이는 이명박 시정이 사업을 시민에 열린 과정으로 여기거나 시민을 동반자로 보지 않고 도구로 인식했다는 점을 시사한다. 이는 일상도시에서 강조하는 개방성과 연대성을 거의 고려하지 않았다는 의미다.

그나마 서울 숲이 관리 과정에서 민관 파트너십을 구축한 긍정적인 사례로 볼 수 있다. 다만 서울 숲도 이전 시설에 대한 합의가 원만하지 않자 사업 계획을 축소했고, 이로 인해 공원 바로 옆에 정수장과 레미콘 공장이 남아 공간의 통일성과 주변 지역 간의 유기적 관계를 약화시켰다. 이후 시정에서는 민관 파트너십이 계약 관계로 변질됐으며, 시민이 가꾸는 공원이라는 초기 의도가 퇴색됐다.

실현된 시장의 꿈과 남겨진 서울

분명 이명박 시장은 결단력과 추진력을 갖춘 인물이었으며, 시장 재임 시절의 성과로 대통령이 됐다. 구체적인 성과와 실적을 강조해 대통령이 됐다는 점에서 그는 분명 이전의 대통령과 크게 달랐다. 이전의 역대 대통령이 군부 독재 타도, 민주화, 지역주의 타파 등 한국 사회의 거대 담론과 가치를 중심으로 자신을 이미지화하고 대통령이 됐다면, 그는 성과와 실적을 강조하며 선거에 뛰어들었다.

민선 3기 시정은 다양한 가치를 표방한 것으로 보이지만 실제 중점적으로 추진된 사업은 제한적이었다. 공약을 통해 할 일을 정해두고 밀어붙이다 보니 시민의 참여와 창의적인 실험이 들어설 공간은 없었다. 이 점에서 민선 3기 시정은 서울 시민의 일상에 기여한 바도 적지 않으나, 과연 서울의 정체성과 서울 고유의 문제, 시민의 일상에 대한 고민이 있었는지 의구심이 든다. 그의 추진력과 결단을 높이 평가할 수는 있어도, 일상도시의 시각에서 볼 때 이명박 시정은 역대 시정 중 일상과 가장 거리가 멀었다.

결과적으로 그가 공사 마감 기한으로 선언한 여러 사업은 실제로 공기 이후에도 계속 공사가 이루어졌다. 시민의 입장에서 볼 때 생활에 적지 않은 영향을 미치는 큰 사업의 끝낼 날을 못 박아두고 번갯불에 콩 구워 먹듯 추진하는 것은 아무런 득이 되지 않는다. 비록 시간이 들더라도 충분한 논의와 공론화를 거쳐, 향후 발생할 수 있는 문제를 다각적으로 검토해가며 단계적으로 추진하는 것이 바람직하다. 그렇다고 모든 부정적 효과의 책임을 시장 개인에게 돌릴 수는 없다. 애초에 그를 '시원시원하다', '결단력 있다'며 시장으로 뽑은 것은 시민이기 때문이다. 이명박 시장을 비판적으로 논의하지만 우리 대부분도 여전히 빨리빨리 일을 처리하길 바라고, 과정이 어떻든 결과가 좋으면 괜찮다고 생각하고 있는지 모른다. 이제 그 결과를 돌아볼 시간이다.

일상도시 서울

정책 모방을 통한
창조도시의 꿈

민선 4~5기 서울 시장 오세훈(제33~34대, 2006~2011년)[65]

1부에서 언급한 바와 같이 창조도시 정책의 목표에는 공통된 지점이 있다. 바로 문화·예술과 인재를 도시 개발의 콘텐츠로 활용한 점과 창의성 발현에 시민참여와 소통의 리더십을 강조한 점이다. 창조도시 정책을 적용한 도시는 기존의 하드웨어, 인프라 건설 중심의 도시 개발에서 소프트웨어, 인재 중심의 도시 개발로의 전환을 시도했다. 이러한 개발 방식의 전환은 탈산업화 이후 쇠락해가던 서구 몇몇 대도시의 경쟁력을 다시 한 번 강화하는 데 기여했다.

이를 목도하면서 2000년대 중반 이후 동아시아 주요 도시는 창조도시의 아이디어를 이전하고 정책화했다. 2006년 민선 4기로 취임한 오세훈 시장 역시 창조도시 정책 이전의 대열에 합류했다. 오 시장은 민관 합동 기구인 100일 창의 서울 추진 본부를 발족하면서 창의 시정을 준비했다. 이 조직은 창의 시정이라는 기치 아래 서울을 세계 10대 경쟁력 있는 도시로 만드는 것을 임기 4년간의 목표로 세웠다. 이를 위해 도시 경쟁력을 높이는 다양한 방안을 활발하게 모색했다.

창의 시정을 통해 서울시는 성장이라는 기존의 가치가 아닌 창의성이라는 새로운 가치의 중요성을 강조했다. 이에 따라 기존의 하향식 행정과 차별화되는 시정 추구를 선언하기에 이른다. 창의 시정은 천만 상상 오아시스와 120 다산 콜 센터를 통해 구체화됐다. 천만 상상 오아시스는 서울 시민의 상상과 제안을 정책으로 실현하기 위한 시민 제안 창구였다. 다산 콜 센터 역시 시민의 목소리를 듣기 위한 소통 창구 역할을 했는데 지금까지도 지속된다. 이는 공무원과 시민의 자율적이고 창의적인 아이디어를 정책화했다는 점에서 의미가 크다. 또 서울시 강북구 드림 랜드 자리에 북서울 꿈의 숲을 조성하면서 친환경 서울을 창의적으로 구현한 것도 의미 있는 행보였다.

당시 창의 시정이 세간의 주목을 받은 이유가 있었다. 서구 도시 정책을 서울시의 정책 환경에 그대로 적용하는 데에 머물지 않고, 창의 시정을 통해 얻은 성과를 아시아 주요 도시로 적극적으로 이전을 시도했기 때문이다. 서울시 창의 시정 모델은 2010년 미국 『공공 성과 관리 리뷰*Public Performance and Management Review*』라는 학술지에 '혁신에 시동을 건' 새로운 행정 모델로 소개됐다. 아울러 서울시 창의 시정의 노하우가 세계적으로 인정받은 사실이 서울시 보도 자료와 언론 매체를 통해 우리에게 광범위하게 보도됐다. 그렇다면 이 장에서는 다음 질문에 답하고자 한다. 과연 오세훈 시장의 창의 시정은 이식에 성공한 창조도시 모델이었고 이는 일상도시 시대에 어떤 의미를 가질까?

창의 시정을 향한 원대한 포부

창의 시정은 서구의 창조도시 모델을 서울에 모방·이전하는 대대적인 실험이었다. 서울시 조직을 창의 조직으로 개혁하기 위해 오 시장은 민관 합동 기구인 창의 서울 추진 본부를 설립했는데, 이 본부에는 민간 기업의 CEO와 임직원 및 간부, 컨설팅 대표와 임직원 그리고 분야별 교수가 참여했다. 이 추진 본부를 중심으로 서울시 시정을 혁신하는 작업이 가동됐다. 이 정책 설계를 기반으로 관광객 1,200만 명을 유치하고 서울시 공공 조직을 창의 조직으로 변화하는 원대한 목표를 설정하면서 기존과는 차별화되는 창의 시정을 선언했다. 이 선언은 서울을 창조도시라는 특정한 성격으로 규정하면서 창조도시 모방을 통해 서울을 세계 10대 도시 반열에 올려놓겠다는 오 시장의 강력한 의지의 표명이었다. 이는 도시 간 순위 경쟁에 오 시장이 매우 몰두했음을 보여주는 것이기도 하다. 그는 2006년 7월 3일 시장 취임식에서 창의 시정의 필요성을 다음과 같이 표현했다.

제가 꿈꾸고 희망하는 서울은, 뉴욕과 같이 경제가 활기찬 도시, 파리와 같은 문화의 도시, 런던과 같은 품격 있는 도시, 밀라노와 같은 패션의 도시, 시드니와 같은 상징적인 랜드마크가 있는 도시입니다. 이 모든 것이 한데 이루어져 세계적으로 손꼽히는 도시, 서울만의 고유한 것으로 세계 무대에서 승부하는 특별한 브랜드 가치가 있는 세계도시를 만들어내겠습니다. (제33대 오세훈 서울특별시장 취임사, 2006.7.3.)

표 6-1 서울시 창의 시정 예산 지출

단위: 백만 원

	2007년	2008년	2009년	2010년
신성장 핵심 동력 사업	403,559	703,885	1,046,953	925,342
창의 조직 문화 사업	21,086	25,791	29,729	40,125
합계	424,645	729,676	1,076,682	965,467

자료 | 서울특별시(2007, 2008, 2009, 2010), 『서울시 성과주의 예산』.

　창의 시정에 대한 오 시장의 원대한 포부는 그 후 매년 발표됐다. 2007년 새해 연설에서 2007년을 '서울 브랜드 마케팅의 원년'으로 삼았으며, 2008년 새해 연설에서 2008년을 '창의 문화 도시로 서울이 재탄생되는 해'로 선포했다.

　창의 시정 추진을 위해 『서울 시정 운영 4개년 계획(2006~2010년)』으로 5대 핵심 프로젝트가 제시됐다. 5대 프로젝트는 경제 문화 도시 마케팅 프로젝트, 도시 균형 발전 프로젝트, 한강 르네상스 프로젝트, 시민 행복 업그레이드 프로젝트, 맑고 푸른 서울 만들기 프로젝트 등이다. 이와 함께 15대 중점 사업도 제안됐다. 그러나 각 프로젝트와 각 사업의 예산 규모는 매우 달랐다. 새로운 시정 운영 계획에 포함됐다 하더라도 몇몇 사업은 예산에서 차지하는 비중이 크지 않았다. 이러한 사업은 정치적인 수사에 가까운 형태로 추진됐을 뿐 창의 시정과는 별 상관이 없어 보였다.

　따라서 당시 서울시 성과주의 예산 자료에 근거해 창의 시정과 관련된 주요 사업을 재구성하면, 창의 시정 관련 정책은 두 부문으로 구분된다. 바로 도시 경쟁력 강화를 위한 전략 산업 육성 방안과 창의 조직 문화 창조 방안이다. 서울시는 도시 경쟁력을 끌어올리려 신성장 핵심 동력 사업을 지정했다. 이를 통해 일자리와 경제·산업 부문의 부가 가치를 창출하고자 했다. 관광객 1,200만 명 유치 계획은 이러한 두 가지 커다란 창의 시정 정책에 따른 결과물로 제시된 수치였다. 또 도시 경쟁력을 향상하고자 서울시라는 거대한 조직의 문화와 구성원을 변화시키는 창의 조직 문화의 방안을 모색했다.

야심 찬 창의 산업 육성책

우선 오세훈 시장은 창의 산업 육성을 위해 1)관광, 2)패션·디자인, 3) 디지털 콘텐츠, 4)금융·유통·서비스, 5)IT·BT·NT 등의 R&D, 6)컨벤션 산업을 서울의 신성장 핵심 동력 사업으로 지정했다. 표 6-2에서 보듯 전략 사업 여섯 개를 통해 도시의 얼굴을 바꾸고 도시 경쟁력을 강화한다는 계획이었다. 서울시는 관광 산업 진작을 위해 문화 디지털 청계천 조성 사업에 나섰고 서울 관광 마케팅 주식회사 설립 운영에 박차를 가했다. 또 중저가 관광 숙박 시설 확충과 다양화, 서울 우수 관광 기념품 산업 육성 지원, 남산 공원 관광 자원화 사업, 북촌 마을 가꾸기, 한강변 관광 기반 조성 등을 추진했다. 도심 재창조인 광화문 관광 조성 사업, 북창동 관광특구 테마 가로 조성 사업도 이 시기에 추진된 사업이며, 관광 문화 거리 조성인 명동 관광특구 가로 환경 개선 사업 등도 함께 시도됐다.

패션 산업을 발전시키기 위해, 세계 디자인 수도 사업, 월드 디자인

표 6-2 서울시 창의 산업 육성 사업과 관련 부처

산업	주요 사업	참여 부처
관광 산업	• 문화 디지털 청계천 조성 사업 • 서울 관광 마케팅 주식회사 설립 운영 • 중저가 관광 숙박 시설 확충 및 다양화 • 서울 우수 관광 기념품 산업 육성 지원 • 남산 공원 관광 자원화 사업 • 북촌 마을 가꾸기, 한강변 관광 기반 조성 • 도심 재창조(광화문 관광 조성 사업, 북창동 관광 특구 테마 가로 조성 사업) • 관광 문화 거리 조성 등	경쟁력 강화 추진 본부/ 주택국/ 한강 사업 본부/ 균형 발전 추진 본부
패션&디자인	• 세계 디자인 수도 사업 • 월드 디자인 플라자 운영 주체 설립 • 디자인 인프라 구축, 패션 산업 활성화 지원 등	경쟁력 강화 추진 본부/ 산업국
	• 디자인 서울 거리 조성 • 공공 시설물 표준 디자인 개발 및 개선 • 야간 경관 개선 사업, 서울 디자인 올림픽 • 도시 갤러리 프로젝트 등	디자인 서울 총괄 본부
R&D (IT, BT, NT)	• 서울 지역 산학연 협력 지원 • 산·학·연 협력 기술 개발 및 지도 • DMC 첨단 산업 센터 사업 등	경쟁력 강화 추진 본부
컨벤션	• 컨벤션 활성화를 통한 서울 마케팅 등	경쟁력 강화 추진 본부
디지털 콘텐츠 산업	• DMC 단지 개발, 서울 디지털 상징 거리 조성 • 게임 산업 육성 지원, 영화 산업 육성 지원 • 만화 애니메이션 개발 제작 지원 등	경쟁력 강화 추진 본부/ 산업국
금융	• 서울 국제 금융 센터 건립 사업 • 서울 국제 금융 컨퍼런스 등	경쟁력 강화 추진 본부

자료 | 이용숙·황은정(2014), "정책 이동과 창조도시 정책: 서울과 싱가포르 창조도시 프로그램 비교", p.51.

플라자 운영 주체 설립, 디자인 인프라 구축, 패션 산업 활성화 지원 사업 등을 추진했다. 또 디자인 산업의 성장을 위해 디자인 서울 거리 조성, 공공 시설물 표준 디자인 개발과 개선, 야간 경관 개선 사업, 서울 디자인 올림픽, 도시 갤러리 프로젝트 등을 진행했다.

디지털 콘텐츠 산업 육성을 위해 경쟁력 강화 추진 본부와 산업국이 디지털 미디어 시티DMC, Digital Media City 단지 개발 사업, 서울 디지털 상징 거리 조성 사업, 게임 산업 육성 지원 사업, 만화 애니메이션 개발 제작 지원 사업, 영화 산업 육성 지원 사업 등을 주도했다. 이와 함께 금융 부문의 성장을 위해 경쟁력 강화 추진 본부는 서울 국제 금융 센터 건립 사업과 서울 국제 금융 컨퍼런스 사업 등을 추진했다. 또 R&D 부문을 육성하고자 서울 지역 산·학·연 협력 지원 사업, 산·학·연 협력 기술 개발과 지도 사업, DMC 첨단 산업 센터 사업 등을 실행했다. 컨벤션 산업의 육성을 위해 컨벤션 활성화를 통한 서울 마케팅 사업이 이루어졌다.

이러한 신성장 핵심 동력 사업은 사실 문화·예술 중심의 창조 산업이 창출된 서구의 창조도시 사례와 달랐다. 신성장 사업 육성 계획은 도시 정책의 콘텐츠로 문화·예술과 인재의 중요성을 강조하기보다 창조 산업 육성에 초점을 두었다. 그러나 강력한 중앙 집권 체제에서 산업 정책에 대한 마땅한 수단을 가지고 있지 않은 서울시 입장에서는 창조 산업을 적극적으로 육성하기에는 큰 한계를 지닐 수밖에 없었다. 따라서 창의 산업 정책은 도시 경관 향상과 거리 조성, 디자인 플라자와 같은 물리적 하부 시설 투자와 건설에 국한됐다. 창조 산업 정책이 디자인 사업으로 치환된 것이다.

물론 서울시도 컬처노믹스culturenomics 정책을 추진하면서 서울 드림 페스티벌 개최, 아시아 무대 예술제 개최, 문화 지구 육성, 어린이 대공원 야외 공연장 건립, 도시 유휴 공간의 아트 팩토리 조성 등 문화·예술 부문 활성화에 노력했다. 하지만 이러한 사업은 오세훈 시장 이전부터 서울시 문화국이 추진한 사업으로 컬처노믹스로 간판만 바꿔단 성향이 짙다. 또 서울시 예산에서 컬처노믹스 사업이 차지하는 비중도 작았다. 컬처노믹스 주요 사업도 기존의 세종 문화 회관이나 서울 문화 재단 등과 같은 곳에 출연금을 지원하거나 공연장 등과 같이 물리적 시설을 건설하는 데 주력했을 뿐이었다. 이는 콘텐츠 중심의 문화·예술 지원책과는 거리가 있다. 따라서 신성장 핵심 동력 사업을 통한 전략 산업 육성 방안은 콘텐츠로서 문화·예술과 인재의 중요성을 강조하는 혁신적이고 창의적인 도시 정책으로 보기에는 무리가 따랐다. 결국 문화·예술과 인재는 실종되고 디자인과 인프라 건설만이 남았는데, 이는 창의 시정의 역설이 아닐 수 없다.

창의 거버넌스와 제한된 시민 참여

오 시장은 창의 시정 거버넌스를 구축하고자 창의적인 요소를 시정 조직 내에 속속 반영하려 했다. 서울을 좀 더 혁신적인 도시로 탈바꿈하기 위해 크게 세 가지 정책 사업을 추진했다. 첫 번째는 창의 제안과 실행 시스템 구축을 통해 창의력을 증진하는 사업이었다. 이를 위해 창의 우수 사례 발표회와 창의 경진 대회를 개최했다. 창의적 아이디어를 발굴·시행하고자 2007년부터 천만 상상 오아시스 제도를 운영했다. 서울시가 추진한 두 번째 정책 사업은 신新인사 시스템 구축이었다. 이 사업은 서울시 조직을 경쟁력 있는 공조직으로 만들려는 시도였다.

표 6-3 **서울시 창의 시정 주요 정책 사업과 관련 부처**

		주요 사업	참여 부처
창의력 증진 제도		• 창의 우수 사례 발표회 및 창의 경진 대회, 창의 아 이디어 발굴 및 시행 • 천만 상상 오아시스 등	경영 기획실
신인사 시스템	신교육 제도	• 공로 연수자 국내외 연수, 장기/단기 국외 훈련 등	행정국
	신성과 평가 제도	• 인사 관리 위원회 운영 등	행정국
	신감사 제도	• 청렴 지수 조사, 청렴 시책 평가 시상 등	감사관
신대민 서비스 제도		• 120 다산 콜 센터 운영 • 민원 점검 서비스 품질 점검 및 개선 등	고객 만족 추진단

자료 | 이용숙·황은정(2014), "정책 이동과 창조도시 정책: 서울과 싱가포르 창조도시 프로그램 비교", p.56.

창의 조직 문화 창조의 세 번째 방안은 새로운 민원 서비스 제도 구축이었다. 이러한 시도는 어떤 성과를 올렸을까.

창의 경진 대회의 한계

천만 상상 오아시스는 시민, 전문가, 공무원으로 구성된 3자 토론회로, 이곳에서 제안된 우수한 아이디어가 평가 후 정책화됐다. 1,000만 서울 시민이 참여하는 창의 시정을 만들겠다는 의지였고 서울 시민으로부터 호평도 받았다. 시민의 창의적인 아이디어를 제안 받아 이를 정책에 반영했다는 점에서 기존의 하향식 정책과 구별됐다. 하지만 서울 시정 조직을 상향식 조직으로 탈바꿈할 정도로 혁신적인 제도는 아니었다. 시민의 아이디어가 정책화되는 비율이 매우 낮았기 때문이다. 천만 상상 오아시스 오프라인 행사도 정책에 대한 진지한 토론보다는 보여주기식의 행사로 그치는 경우가 많았다. 행사에 자발적으로 참여한 인력도 있었지만 수많은 인력이 동원되어 자리를 채우는 경우도 종종 있었다. 시장과 전문가의 매우 짧은 형식적인 평가 이후 진지한 토론 없이 시민이 제시한 아이디어가 정책으로 채택될지 여부가 그 자리에서 바로 결정됐다. 1,000만이 아닌 1,000명이 상상한 도시 정책에 그쳤단 얘기다.

천만 상상 오아시스에서 서울 시민의 제안으로 만들어진 것이 세빛둥둥섬(세빛섬)이다. 그런데 이 세빛섬은 정책화되는 과정에서 많은 사회적 논란의 중심이 됐다. 이는 시민의 창의적인 아이디어가 본인의 뜻과는 무관하게 정치적으로 이용될 가능성을 던진다. 세빛섬은 2006년 시민의 제안으로 초안을 잡은 후 서울시에서 수익형 민자 사업으로 공사를 시작해 2011년 완공됐다. 그런데 이명박 대통령의 사돈 집안인 효성 그룹의 계열사 (주)플로섬이 세빛섬의 지분 57퍼센트를 소유한 최대 주주여서 특혜 의혹이 일었다. 또 모피 쇼를 진행하면서 부유층을 위한 사치품 전용 공간으로 창조된 것이 아니냐는 비판도 제기됐다. 공사 과정에서 사업자 측에 특혜를 주었다는 감사원 결과가 드러났고 시설 운영 기관 대표의 사기 사건도 있었다. 다행히 2014년 10월 개장 후 영화 촬영 장소로 이용되면서 방문객이 증가했지만 아직 수익 모델로 성과를 내지는 못했다. 시설 투자가 진행되고 유동 인구가 늘자 입주 업체를 대상으로 과도한 임대료 상승을 요구해 또다시 논란의 대상이 됐고 여전히 매년 운영 수익보다 많은 돈을 비상장 계열사에 지급되는 구조도 의혹을 자아낸다.

창의 인재 양성, 신인사 시스템

신인사 시스템 구축은 크게 세 가지 내용으로 구성됐다. 그 첫째가 신교육 제도로, 창의적인 우수 인재를 육성하고 이러한 인재를 지원하고자 우수 인재에게 국내·외 연수와 장·단기 국외 훈련의 기회를 제공했다. 새로운 인사 시스템 구축을 위해 평가 제도도 새로 도입했다. 일 잘하고 능력 있는 직원이 빨리 승진하도록 성과 포인트 제도를 운영한 것이다. 이어 셋째로 청렴 지수 조사, 청렴 시책 평가와 시상을 통해 공무원의 청렴도를 향상하는 감사 제도를 운영했다.

그러나 창의 시정의 인사 시스템은 창의적인 우수 인재를 육성하는 인사 시스템이기보다는 효율성을 강조하는 신공공관리론적 인사 제도에 가깝다는 평가를 받았다. 이는 새로운 인사 시스템 아래에서 부서 통폐합과 인력 감축, 그리고 동사무소 통폐합이 추진됐기 때문이다. 2007년 12월, 1실 1본부 11국에서 1실 5본부 8국으로 대대적인 조직 개편이 있었다. 2010년 8월 서울시 인원 947명을 감축했고 이는 지방 자치 단체 중 가장 많은 인력 감축이었다. 서울시를 평가한 몇몇 교수도 창의성을 측정할 지표가 모호한 상황에서 주로 효율성의 지표로 인사의 업무를 평가했다고 전한다.[66] 인사 관리와 감사 모두 기존의 신공공관리론과 차별성이 없다는 얘기였다. 창의성은 수사로서만 언급될 뿐이다.

새로운 민원 제도와 창의 거버넌스

서울시는 민원 예약 시스템, 집단 민원 배심원제, 모바일 민원 서비스 등 다양한 행정 서비스 개선안을 모색했다. 이러한 행정 서비스 개선안은 서울 시민의 민원을 신속하고 공정하게 처리하려는 목표를 가졌고, 이는 시민들의 일상과 가장 밀접히 닿아 있었다. 특히 가장 성공했다고 평가 받는 120 다산 콜 센터는 현재까지 지속될 정도로 그 의미가 매우 크기 때문에 다음 절에서 더 구체적으로 살펴본다.

이렇듯 서울시는 상상력 증진 대회, 신인사 제도 도입과 다산 콜 센터 설립을 통해 시민 참여를 독려하는 열린 시정을 강조했다. 그럼에도 불구하고 창의 시정은 화합하고 소통하는 창의 거버넌스를 실현하기에는 큰 한계가 있었다. 창의 시정에서 역설적으로 서울 광장 집회가 허락되지 않았다. 이로 인해 야당과 진보 성향의 시민 사회 단체로부터 비민주적 시정이라는 비판을 받았으며, 민주당이 주도하던 서울시 의회와 끊임없이 갈등했다. 재선에 성공한 오 시장은 야당이 다수를 차지하는 서울시 의회의 협조를 구해야 하는 어려운 처지에 놓였다. 2010년 9월 서울시 의회 시 의원 79명이 발의, 의결한 『서울특별시 광화문 광장의 사용 및 관리에 관한 조례 개정안』의 공포를 오 시장이 거부했다. CNB뉴스 보도에 따르면 『서울 광장 사용 조례 개정안』은 단지 오세훈 시장에 반대하는 야당이 주도한 것이기보다는 2009년부터 10만 서울 시민이 직접 발의한 주민 발의안을 골자로 만든 것이었다. 따라서 이 안에 대한 거부는 시민의 참여를 보장하는 시정을 펼쳤다고 보기 어렵게 한다. 이는 시민 참여를 보장하는 열린 계획의 중요성을 강조하는 일상도시의 관점과는 배치되는 것이다.

오세훈 시정은 저소득층 30퍼센트에게 선별적으로 무상 급식을 시행하는 안을 강하게 주장하면서, 전면 무상 급식 정책을 시행해야 한다고 주장하는 민주당과도 심각한 갈등을 빚었다. 갈등 상황을 타개하기 위해 그는 자신의 선별적 무상 급식안을 주민투표에 부쳤다. 최종 투표율 25.7퍼센트로 투표함을 개봉할 수 있는 33.3퍼센트를 달성하지 못해 본인의 안을 사실상 폐기하고 2011년 8월 26일 서울 시장직을 사퇴한다. 이러한 갈등 사례는 다른 정치적 견해나 의견을 포용하거나 소통하지 못하는 창의 시정의 민낯을 드러냈다. 결국 포용과 소통은 부재하고 갈등하는 시정만이 남게 됐는데, 이 역시 창의 시정의 역설이 아닐 수 없다.

창의 시정의 주요 정책

디자인 서울이 남긴 질문[67]

서울시 창의 산업의 육성책 중 가장 중추적 사업은 디자인 사업이었고 디자인 사업의 핵심은 동대문 디자인 플라자DDP, Dongdaemun Design Plaza 사업이었다. 디자인 서울을 주창한 오세훈 시장은 2007년 8월 동대문 운동장 공원화 사업 기자 회견에서 다음과 같이 밝혔다.

저는 이미 서울을 고품격 디자인 중심 도시로 재탄생시키겠다는 포부를 밝힌 바가 있습니다. … 이를 위해서는 디자인 산업의 메카가 필요합니다. 저는 그 적지가 서울을 찾는 관광객의 약 50퍼센트가 들른다는 동대문 운동장 주변이라고 봅니다. (오세훈 당시 서울 시장, 2007.8.13.)

그림 6-1 창의 시정에서 디자인 메카로 지목한 동대문 디자인 플라자

자료 | 사진 제공(황선영), 한국 관광 공사 홈페이지.
URL | https://korean1.visitkorea.or.kr/kor/tt/pr_gallery/new_photo_gallery/main/main_ssot.jsp

이에 서울시는 DDP를 기념비적 공공 건축물로 짓겠다며 서울시 역사상 최대 건설비를 투입했다. 당초 건설을 시작할 때 서울시가 발표한 공사비는 약 2,300억 원이었으나 공사가 진행되면서 무려 2,700억 원이 급증해 총 5,000억 원의 공적 자금이 투입됐다.

서울의 랜드마크인 DDP를 설계하기 위해 서울시는 지명 초청 설계 공모 방식을 택했다. 이 방식은 국내외 최고 기량의 건축가를 선정해 이들이 내놓은 설계안 가운데 하나를 선택하는 방식으로 지명된 건축가는 외국인 건축가 네 명과 국내 건축가 네 명 등이었다. 설계안 심사도 영어로 진행됐고 심사 위원 일곱 명 중 네 명이 외국인으로 선정됐다. 이 때문에 동대문이라는 공간이 지닌 문화적 역사적 가치를 충분

히 이해해 그에 맞는 설계안을 선정할 수 있을지 우려하는 목소리가 컸다. 결국 서울시 심사 위원단은 비정형 외관 건축물로 유명한 이집트 출신 자하 하디드Zaha Hadid를 DDP 설계자로 선정했다. 이는 창의 시정이 서울의 고유성을 탐색하는 대신 유명한 건축가에 의한 또 하나의 모방을 선택했다는 사실을 보여준다.

자하 하디드가 설계를 본격적으로 시작하자 예상치 못한 문제가 발생했다. 계약을 할 시점이 되자 자하 하디드는 수정된 설계안을 내놓으면서 설계비 증액을 요구했다. 당초의 79억에서 약 137억 원으로 약 두 배 가까이 늘었지만 서울시는 자하 하디드와 계약을 체결했다. 그 결과 공사비가 3,400억 원 규모로 늘어났다. 그리고 계약 체결 10개월 후 또 설계가 변경되면서 자하 하디드는 19억 원의 추가 설계비를 요구하면서 총 공사비가 4,000억 원을 넘었다. 그리고 5개월 뒤 건설 현장에서 문화재가 발굴되면서 다시 설계 변경이 이루어져 결국 최종 공사비가 무려 5,000억 원으로 증가하기에 이른다. SBS〈현장21〉방송에 출연한 서울시 관계자는 시장 임기 내에 완공할 목적으로 공사를 서두르는 바람에 스타 설계자의 요구에 휘둘릴 수밖에 없었다고 고백했다. 같은 방송에 출연한 어느 건축학과 교수 역시 설계비가 두 배 이상 뛰는 것은 매우 이례적인 사례라고 지적했다. 그에 따르면 외국에서 설계비나 공사비가 두 배 이상 뛰는 경우를 본 적이 없다고 한다. 물론 공사비와 설계비가 늘 수도 있지만 합리적인 선 안에서 증가할 뿐 DDP 사례처럼 두 배로 뛰는 경우는 거의 없다는 것이다. 이는 정치적으로나 행정적으로 문제가 있었다는 것을 합리적으로 의심하게 하는 매우 안타까운 경우라고 토로했다.[68]

그림 6-2 이간수문 발굴 당시와 현재 복원 형태

주 | 위쪽 사진은 서울 역사 박물관 홈페이지 자료이며, 아래쪽 사진은 저자가 직접 촬영.
자료 | "서울 역사 박물관 아카이브 동대문(이간수문, 치성)(원 출처: 서울 역사 박물관(2011), 『도성 발굴의 기록 I: 아동 광장 발굴 조사 보고서』)", 서울 역사 박물관 홈페이지.
URL | https://museum.seoul.go.kr/archive/archiveView.do?type=D&arcvGroupNo=4254&arcvMeta
Seq=36890&arcvNo=100444

DDP 건설 과정에서 또 다른 문제가 발생한다. 중요 문화재인 '이간 수문'이 발굴된 것이다. 1396년 서울 성곽 일부로 조성됐고 조선 시대 남산과 청계천 물길을 원활하게 조절하는 역할을 했던 중요한 수문이었다. 1926년 일제가 동대문 전신인 경성 운동장을 건립하면서 운동장 아래에 묻혔다가 2008년 동대문 운동장 철거로 82년 만에 발굴된 것이었다. 문헌상에만 존재했던 서울 성곽의 가장 중요한 부분인 이간 수문이 모습을 드러내자 많은 전문가는 감탄을 금치 못했다. 서울 성곽 18킬로미터 중 수문은 동대문 딱 한 군데 있어 희소성과 역사성 측면에서 그 가치가 말할 나위 없이 높다고 평가했다. 이 보도에 따르면 2008년 이간수문 발굴 당시 DDP 설계 변경이 한창 진행 중이어서 유적을 배려한 공사는 얼마든지 가능했다. 그러나 서울시와 설계자 모두 이간수문을 고려하지 않았고 결국 이간수문은 DDP와 콘크리트 벽에 갇히고 말았다. 시장 임기 중 완성이라는 목표 때문에 장기적 관점에서 단계적 계획의 가능성을 차단한 것이다.

비정형의 실험적인 건축물인 DDP는 공공 건축의 심미화를 추구하면서 서울을 디자인 측면에서 한 단계 도약을 시도한 공공사업이었고, 동대문 일대의 경관을 바꾸면서 관광객 유치에 성공하긴 했다. 하지만 이러한 성공에도 불구하고 다음의 매우 의미심장한 질문을 피해갈 수는 없다. 과연 DDP 기획, 설계, 건설 과정에서 시민의 창의성 발현이 독려됐는가? DDP의 건설이 시민의 일상을 실질적으로 개선했는가? 문화·예술을 강조하는 창의 시정이 희소성과 역사성 높은 문화재를 외면한 결정을 어떻게 평가해야 할까? 스타 건축가에 매달리다 두 배로 뛴 설계비는 누가 보상해야 하나? 지어질 공간이 역사적·문화적으로 중요한 곳이고 지어질 건축이 공공 건축이라면 사회적 합의 과정을 거쳐 짓는 것이 순리 아닐까?

절반의 성공, 다산 콜 센터

창의 시정에서 새로운 민원 서비스 제도를 구축하는 방안 중 가장 성공적인 것이 120 다산 콜 센터의 운영이었다. 다산 콜 센터는 2007년 9월에 개설된 전화 라인으로 365일 24시간 상담이 가능한 전화 서비스 업무였다. 공공 기관에 민원을 넣을 때 시민이 겪는 불편을 해소하기 위해 다산 콜 센터가 기획·운영된 것이다. 다산 콜 센터를 벤치마킹하려고 많은 국내외 기관이 서울을 찾을 정도였다. 다산 콜 센터의 내부 자료에 의하면 2010년 벤치마킹을 위해 국내 260개 기관 1,427명과 23개 타국 36개 기관에서 외국인 331명이 다산 콜 센터를 찾았다. 또 다산 콜 센터는 서울시뿐만 아니라 구청 관련 민원과 서울 시민의 일상에서 접하는 모든 문제에 대한 상담을 제공하는 종합 민원 전화로 자리를 잡았다. 시민 고객 중심의 민원 행정 서비스를 구현했다는 점에서 평범한 시민의 일상을 개선한 혁신적인 정책이라고 볼 수 있지만 절반의 성공에 불과했다.

고객인 시민의 관점에서는 만족스러웠으나 노동적인 측면에서 실패한 정책이었다. 이는 당시 다산 콜 센터가 민간 위탁으로 운영되면서 콜 센터의 노동 환경이 매우 열악했으며 불안정한 단기 여성 일자리만을 제공했기 때문이다. 노동의 강도가 셀 수밖에 없었다. 업무의 범위가 민간 위탁의 범위인 민원 안내에 국한되지 않았다. 각종 상담 정보 관리, 생산성과 품질 관리, 운영 매뉴얼 관리, 인력 관리, 다산 콜 센터 운영, 구청 관련 민원, 서울 시민의 궁금증 해결, 사회적 약자와 외국인에 대한 상담까지 포괄할 정도로 너무 넓었다.

연구자 이종탁에 따르면 서울시가 전문적인 상담을 민간 업체에 위탁한 채 성과 지표를 중심으로 콜 센터를 관리했다고 한다.[69] 이로 인해 상담사에 대한 과도한 통제가 행해졌으며 상담사 개인 간 경쟁을 지나치게 부추겼다고 한다. 그 결과 연평균 4퍼센트에 이를 정도로 상담사의 이직·퇴사 비율이 매우 높았다. 서울 시정에 대해 모든 쓴소리를 뱉을 수 있는 열린 창구이다 보니 정작 그 소리를 듣는 상담사의 목소리는 듣지 못한 것이다. 오진호의 연구에 따르면 콜 센터 상담사의 우울 지수가 1.21로 일반 평균인 1.09에 비해 상당히 높다. 상담사의 정신적 고통이 심각한 수준일 뿐만 아니라 만성적인 신체 증상으로 이어지기까지 했다고 한다.[70] 이렇듯 시민 고객 중심의 민원 행정 서비스 제공으로 성공적이라고 평가 받았던 다산 콜 센터 역시 민간 위탁 관리와 열악한 노동 환경을 고려하면 창의적인 혁신 사례로 평가하기에는 한계점을 보인다. 노동자도 시민이라는 점을 간과한 채 그들의 노동 환경을 고려하지 못한 것은 도시 내 다양한 일원의 상호 존중을 강조하는 연대성과 형평성 측면에서 부족했다는 것을 보여준다.

시프트SHift, 중산층을 위한 임대 아파트의 등장

시프트는 오세훈 시장 시절 서울시와 서울 주택 도시 공사SH, Seoul Housing & Communities Corporation가 서민과 중산층의 주거 안정을 위해 2007년부터 공급한 장기 임대 주택이다. 전용 평형 59제곱미터, 84제곱미터, 114제곱미터로 고안된 시프트는 저소득층이 아닌 서민과 중산층을 위한 주택 정책이었다. 주변 전세 보증금 시세 80퍼센트 이하로 2년마다 계약을 갱신하며 최장 20년까지 거주할 수 있도록 기획됐다. 2006년 당시 기존 뉴타운 정책에 대한 근본적인 검토가 필요했기 때문에 시프트를 고안한 것이다. 『은평 뉴타운 분양 계획』이 분양 주택의 고분양가와 분양가 산정의 적정성에 대한 논란을 불러일으키며 많은 비판을 받았고, 서울시가 이에 대한 대안을 마련하고자 시프트를 기획한 것이다. 이는 평범한 시민의 삶 향상을 위해 도시의 일상성을 중시한 정책으로 볼 수 있다.

현재 상황과 유사하게 그 당시에도 주택 가격 안정을 위한 다양한 정책을 시행했지만 천정부지로 치솟는 집값을 잡을 수 없었다. 수요에 비해 부족한 공급량에다 투기 광풍마저 불어와 아무리 열심히 일해도 집 한 채를 구할 수 없는 현실이었다. 각종 규제 강화와 완화를 통해 투기 방지 대책을 시행했어도 일시적인 효과만을 거둘 뿐 집값을 안정시킬 수 없었다. 이에 서울시는 '소유에서 거주로' 주택 패러다임 전환을 주장하면서 장기 전세 공공 주택인 시프트를 도입했다. 따라서 시프트는 기존 주택 정책과는 다른 대상층인 소득 7분위 이상의 중산층 이상을 타깃으로 삼았다.

그렇다면 시프트는 소기의 목표를 달성한 성공한 주택 정책이었을까? 여전히 전세난과 부동산 투기 광풍을 경험하는 현시점에서 우리는 시프트를 어떻게 평가해야 할까? 우선 시프트는 한때 최고 156대 1의 경쟁률을 보였을 정도로 반응이 좋았고 오세훈 시장 역시 성공한 주택 정책이었다고 틈나는 대로 주장했다. 오정석의 연구에 따르면 시프트는 고급화·대형화 전략으로 공공 임대 주택에 대한 부정적인 인식을 완화했다는 평을 받는다.[71] 기존의 공공 임대 주택과는 달리 도시 외곽이 아닌 도심의 민간 분양 아파트 내, 도심 자투리 땅, 재건축 아파트 단지 내에 있어 경쟁률이 치열했다. 참여 정부에서 부동산 정책을 담당한 김수현 교수도 지방 정부가 독자 기준에 따라 재정을 확보하고 운영한 최초의 주택 정책 사례라는 점에서는 긍정적으로 평가했다.[72]

그러나 시프트가 과연 주택에 대한 생각을 '사는 것(재테크)'에서 '사는 곳(거주)'으로 바꾸는 주거 패러다임의 전환을 가져왔는지 묻지 않을 수 없다. 여전히 부동산 폭등과 투기 열풍을 마주하는 우리의 현실은 주거 패러다임 변화에 시프트의 영향력이 미미했음을 시사한다. 워낙 제한된 양의 시프트 주택이 공급돼 소수의 사람만이 그 혜택을 누렸을 뿐이다. 그렇다면 왜 서울시는 시프트를 대폭 확대할 수 없었을까? 그 이유는 시프트로 SH 공사의 손실과 서울시의 부채가 크게 늘었기 때문이다.

시프트는 지으면 지을수록 적자가 커질 수밖에 없는 구조였다. 오정석은 시프트 건설로 인해 30년간 연차별 부담액 1조 1,092억 원이 발생한다고 추정하면서 시프트가 서울시와 SH 공사의 재정 문제로 남게 될 거라고 예측했다. 오정석은 재원 조달의 문제가 시프트의 가장 큰 약점이기 때문에 시프트가 확대하려면 국고 지원을 늘리는 방안이 필요하다고 제안했다.

시프트의 대규모 공급을 위해 국고 지원이 필요하다는 주장은 서울시 차원에서 시프트 정책의 지속 가능성이 거의 없다는 방증이다. 그런데 국고 지원을 확보하려면 시프트의 긍정적인 효과에 대한 입증이 필요하다. 시프트가 주변 아파트 매매와 전세 가격을 하락해 주거 안

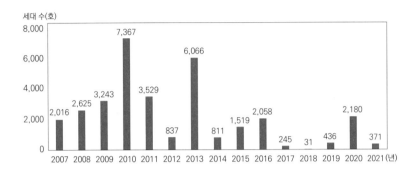

그림 6-3 SH 공사 장기 전세 주택 공급 현황

세대 수(호)

자료 | 서울시 주택 도시 공사(2022), 「장기 전세 주택 공급 현황」(내부 자료).

정에 기여했다는 실체적인 근거가 필요한 것이다. 오정석이나 임성은 외 등 몇몇 연구자는 시프트 건설로 인해 주변 집값이나 전세 가격이 하락했다고 주장하나, 양준석과 정유선 외의 연구는 시프트가 주택 가격 안정에 유의한 영향을 주었다고 판단할 근거가 충분하지 않다고 밝히고 있다.[73]

시프트가 국고 지원을 통해 보편적이고 대중적인 주거 유형으로 자리매김하려면 누가 시프트의 수혜를 누렸는지에 대한 검토가 필요하다. 앞서 밝힌 바와 같이 시프트는 중산층을 수혜 대상으로 포함시켰다. 따라서 저소득층에 대한 주거 안정도 이루지 못한 상황에서 공적 자금으로 중산층 이상의 주택 정책을 펴는 것이 과연 정당한지에 대한 비판 여론을 불러일으켰다. 더구나 그 당시 억대 연봉자도 시프트 신청이 가능했기 때문에 이런 논란은 더욱 커졌다. 그 당시 1차에서 10차까지 시프트 주택 6,333호가 공급됐고, 2018년까지 약 11만 2,000호

일상도시 서울

를 공급할 계획이었던 반면에, 2009년 3월 당시 영구 임대 주택을 기다리는 저소득층 대기자는 8만 명에 육박하는 것으로 조사됐다. 이렇듯 저소득층의 주택난이 심했어도 2009년까지 공급된 시프트 주택은 7,884호에 그쳤을 뿐이었다. 이는 시프트의 공급이 매우 제한적이었으며, 저소득층에 대한 주거 안정이 아직 실현되지 않았음을 보여준다.[74]

이렇듯 서울시는 시프트를 통해 주거 패러다임의 전환이라는 원대한 꿈을 실현하려 했으나 제시한 목표와 현실의 간극은 매우 컸다. 주택에 대한 인식을 투기 대상에서 거주 수단으로 변화시키기란 말처럼 쉽지는 않다. 누군가가 투기로 부를 창출하고 있는 한, 그 누구도 주택을 구매하고 싶은 유혹에서 자유로울 수 없기 때문이다.

거주 수단으로 주택을 인식하는 사람이 많아지고 질 좋은 임대 주택이 충분히 공급될 때 사회적 합의 가능성이 열릴 수 있을 것이다. 시프트처럼 사회적 합의 없이 서울시 주도로 특정 계층을 타깃으로 한 주택 정책을 추구한다면 그 시도는 실패할 가능성이 크다.

사회적 논란의 여지가 큰 정책일수록 사회적 합의를 이뤄나가는 과정이 필요하다. 부동산 투기와 주거 불안정으로 고통 받는 현재 시점에서 시프트의 경험은 중요한 시사점을 제공한다. 공공 임대 주택의 확산이 필요한지, 그 대상을 누구까지 확산해야 할지, 추진 주체가 누구여야 할지에 대한 사회적 합의가 있을 때 주거 패러다임 변화를 위한 움직임이 의미 있는 성과로 연결될 수 있다. 한마디로 시프트는 사회적 합의의 중요성을 깨닫는 계기를 마련해준 셈이다.

창의 시정 홍보와 순위 정치

오세훈 시장 시절 서울시는 보도 자료를 통해 틈틈이 서울시 창의 시정의 노하우가 세계적으로 인정받는다고 대대적으로 알렸다. 2009년 3월 25일 서울시 홈페이지에는 미국 행정학회에서 서울시 창의 시정 사례를 도시 경쟁력과 시민 삶의 질을 높이는 혁신적인 시책으로 소개했다고 강조했다. 같은 날 또 다른 서울시 보도 자료에 따르면 코넬, 델라웨어, 럿거스 등 미국 유수의 행정 대학원에서 서울시 창의 시정을 연구 중이라고 밝혔으며 아울러 '서울 시정 사례 연구'라는 교과목이 개설됐다고 소개했다. 2010년 8월 8일 서울시 홈페이지에는 서울시 창의 시정이 미국의 학술지 『공공 성과 관리 리뷰』에 새로운 행정 모델로 소개됐고 혁신적인 조직 운영의 모델로 인정받았다는 내용이 실렸다.

이러한 주장처럼 과연 창의 시정이 세계의 이목을 집중시킬 정도로 창의적인 도시 정책이었는지 평가하려면 창의 시정에 대한 서울시의 홍보 내용을 면밀히 살피는 것이 필요하다. 결론부터 말하면 서울시의 창의 시정은 공무원 교육과 학계의 채널로 외국에 알려졌는데, 이는 서울시 자금이 투입된 자체 홍보의 결과였다. 결국 서울시가 창의 시정을 적극적으로 홍보한 셈이다.

서울시는 외국인 공무원 교육을 통해 창의 시정을 다른 나라 도시에 알리려 했다. 이를 위해 서울시 인재 개발원을 주축으로 외국 공무원 교육이 활발히 이루어졌다. 서울시 인재 개발원은 2008년부터 2010년 8월까지 외국 공무원 연수 프로그램을 운영해왔다. 그동안 29개국 62개 도시의 공무원 347명이 서울의 시정 사례를 배우고 돌아갔

일상도시 서울

그림 6-4 서울시 인재 개발원 외국인 공무원 프로그램

자료 | "SHRDC Global Academy", 서울특별시 영문 홈페이지.
URL | https://english.seoul.go.kr/policy/international-exchange/shrdc-global-academy

다. 2012년의 이용숙·황은정의 연구에 따르면 당시 외국 공무원이 창의 시정을 미리 알고 배우려 찾는 게 아니었다.[75] 오히려 서울시의 적극적인 홍보로 외국 공무원이 연수 프로그램에 참여했다는 것이다.

연수 비용의 출처를 확인하면 이 홍보의 목적을 알 수 있다. 서울시가 대상 국가에 공문을 보내고 초청의 형태로 외국인 공무원이 연수 프로그램에 참여했는데, 외국 공무원이 자국의 기금으로 오는 게 아니라 이 연수 프로그램의 지원 기관인 서울시, 한국 국제 협력단, 아시아·태평양 지역 지방 자치 단체 협의체인 시티넷, 세계은행 등으로부터 지원을 받고 연수에 참여했다.

학계를 통한 정책 홍보도 이 시기에 적극적으로 이루어졌다. 2010년 서울시는 창의 시정 해외 홍보를 위해 학술적 방문 프로그램을 기

획하고 운영했으며, 국제 학술 대회를 상당수 개최했다. 서울시는 첫 번째 학술적 방문 프로그램으로 개발 도상국의 공무원을 선발해 '도시 행정 석사 학위 과정'을 개설했는데 비용 대부분을 서울시가 지원했다. 이어 서울시는 창의 시정 홍보를 위해 2009년 미국에 있는 여덟 개 대학과 MOU를 체결하고 2010년 '서울 시정 사례 연구' 과목을 개설했다. 이 교과 과정은 미국 현지에서 한 학기 동안 서울 시정에 관한 토론과 브리핑 등의 수업을 진행하고 일주일간 서울시에서 주관하는 현장 학습에 참여한 후 학점을 취득하는 것으로, 이 역시 서울시가 재정을 지원했다. 서울시 현장 학습 수강생에 숙식을 제공하고 인솔 교수 1인에게 항공료를 지원했다. 이 밖에도 서울시는 창의 시정 홍보를 위해 미국 명문 대학 학생의 방문을 지원했다. 2008년에는 컬럼비아 경영 대학원생과 교수 등 30여 명이 서울시를 방문했으며, 2009년에는 세계 디자인 수도와 관련해 보스턴 대학교 경영대 학생 21명과 교수 두 명이 서울시를 찾았다.

학문적 교류 이외에 국제 학술 대회를 통해서도 창의 시정에 대한 서울시의 적극적인 홍보는 지속됐다. 창의 시정 홍보를 위해 열 개 이상의 국제 학술 대회를 개최했으며, 서울시는 막대한 자금을 지원했다. 강연료가 매우 비싸다고 알려진 플로리다 교수 등 창조도시 관련 유명학자 대부분을 서울에 초청했는데, 이는 서울시가 창의 시정 홍보를 위해 얼마나 노력했는지 알 수 있는 대목이다.

이러한 노력의 덕분인지 오세훈 서울 시장 재임 시절 세계 도시 경쟁력이 28위에서 9위, 국제 금융이 51위에서 9위, 광역 자치 단체 청렴도가 15위에서 1위로 상승했다. 또 UN 공공 행정 대상 2회, 우수상 3회를 수상했고, 유네스코 2010 세계 디자인 수도로 선정됐다. 이러한 성과가 서울의 경쟁력 수치를 향상했다는 점에 대해서는 논란의 여지가 크지 않다. 순위의 정치politics of ranking를 통해 오 시장의 치적 쌓기와 이에 대한 홍보가 나름 세련되게 진행됐으리라 어렵지 않게 추정할 수 있다. 그런데 이러한 세계적 차원에서의 도시 경쟁력 관련 순위 향상이 평범한 시민의 일상을 개선하는 데 어떤 기여를 했는지 묻지 않을 수 없다. 이러한 순위 경쟁으로 과연 질 좋은 일자리가 창출됐는지, 도시민의 삶의 질이 향상됐는지에 대한 면밀한 분석이 필요하다. 도시 경쟁력 강화가 도시민의 삶의 질에 직접적인 영향을 미치지 않았다면 과연 누구를 위한 강화인지 되묻지 않을 수 없다. 언제까지 추격형 홍보와 순위 경쟁에 서울시의 공적 자금을 투여해야 할까.

창의 시정의 역설

창의 시정은 시민과 문화·예술인들의 창의성 발현을 도시 개발의 중심축으로 삼는 서구의 창조도시를 모방해 서울의 맥락에 적용한 행정 모델이었다. 창의 시정을 창조도시 관점에서 평가하자면 창의 시정이라는 아이디어와 시도 자체는 혁신적이었다. 천만 상상 오아시스와 다산 콜 센터를 통해 공무원과 시민의 자율적이고 창의적인 아이디어를 정책화했고, 다산 콜은 많은 국내외 기관이 벤치마킹했다는 점에서 주목할 만한 사례였다. 그러나 역설적이게도 그 구체적인 실상은 혁신과는 거리가 있었다. 천만 상상 오아시스는 보여주기식 행사라는 비판에서 자유롭지 않았다. 세빛섬 사례는 시민의 창의적 아이디어가 정책화 과정에서 정치적으로 왜곡됐고 특혜 논란까지 낳았으며, 부유층을 위한 사치품 전시 공간으로 전락하기도 했다.

다산 콜 센터도 열악한 노동 환경과 민간 위탁 관리로 노동계 측으로부터 비판을 받았다. 신인사 시스템 역시 무늬만 창의적이었을 뿐 효율성에 근거해 인력 감축을 목표로 하는 신공공관리론적인 인사 제도와 거의 차이가 없었다. 그리고 신성장 핵심 동력 사업을 통해 본 창의 시정의 실상은 콘텐츠로서 문화·예술과 인재의 창의성을 강조하기보다는, 도시 경관 향상 및 거리 조성과 디자인 플라자와 같은 물리적 하부 시설 투자와 건설에 주력했다. 창의 시정의 유명세도 서울시가 재정적으로 지원한 공무원 교육과 국제 학술 대회, 방문 프로그램의 결과로 서울시의 적극적인 홍보에 힘입은 바 크다.

일상도시의 관점에서 창의 시정을 바라보아도 그 평가는 긍정적이지 않다. 서울을 창조도시로 규정하면서 서구의 창조도시를 모방하는 데에 급급해 도시적 삶의 복잡성과 다양성을 지향했다고 볼 수 없다. 시프트 시도는 재원 부족의 현실 속에서 SH와 서울시 부채의 증가를 초래하며 좌절됐고 사회적 합의라는 숙제를 남겼다. 도시의 맥락에 맞는 창의적인 방안을 찾아 다양한 도시의 경험을 참조했다기보다는 뉴욕, 런던, 파리 등의 정책만을 모방하면서 발전 방식을 다각화하지도 않았다. 그리고 시민의 참여를 보장하는 열린 계획 역시 서울 광장 집회가 금지되면서 포기됐다. 오세훈 시장의 리더십도 시민 참여를 독려하면서 소통하기보다는 정치적으로 견해를 달리하는 야당과 서울시의회와 반목하고 갈등했다. 오세훈 시장 스펙 쌓기 수단으로 순위 경쟁을 적극 활용하면서 도시 간 경쟁을 부추겼고 도시 간 도시 내 상호 존중과 연대의 가치는 크게 존중되지 않았다. 그리고 도시 경관 향상과 거리 조성, 디자인 플라자와 같은 물리적 하부 시설 투자와 건설에 주력하면서 복지 예산을 삭감했기에 재분배 정책을 균형 있게 추진했다고 보기도 어렵다. 시프트를 중산층까지 확대한 것 역시 재분배 정책의 일환으로 보기 어렵다. DDP 개발 과정에서 보이듯 시장 임기 중 완성이라는 목표로 때문에 장기적 관점에서 단계적으로 계획하는 일이 무시되기도 했다.

결국 창의 시정은 무늬만 창의일 뿐 창의성 발현에 시민 참여를 독려하지 못했고 시민 중심의 상향식 도시 개발과 소통의 리더십에 많은 숙제를 남겼다. 창의 시정의 아이디어가 정책화하는 과정에서 정형화하고, 역설적이게도 가장 창조적이지 않은 정책을 추진한 것은 아닌지, 창의 시정의 아이디어가 평범한 시민의 일상을 개선하는 데 크게 기여하지 못한 것은 아닌지 되짚어봐야 한다. 보궐 선거를 통해 다시 한 번 38대 서울 시장이 된 오세훈은 여전히 시 의회와 갈등하고 있으며, 시민 사회와 소통의 어려움을 겪고 있다. 이러한 현실에서 과연 시민의 일상을 지키고 개선할 수 있을까?

참여 시정의 이상과 현실

민선 5~7기 서울 시장 박원순(제35~37대, 2011~2020년)[76]

서울시 무상 급식 정책으로 오세훈 시장이 사임하면서 치른 2011년 보궐 선거에서 범야권 단일화 후보였던 박원순 시장이 당선됐다. 박원순 시장은 첫 업무로 무상 급식 예산 지원을 결재하면서 제35대 서울 시장직을 시작했고, 그 이후 제36~37대 시장직을 연임했다. 9년 가까이 서울 시장직을 수행하면서 박원순 시장은 많은 정책을 추진했고 서울의 변화를 위해 노력했다. 도시 정책을 연구하는 다수의 전문가가 박원순 시정을 연구하는 것이 버거울 정도로 매우 다양하고 혁신적인 정책 실험을 시도했다.

박원순 시장을 반대하는 이들은 '일은 엄청나게 많이 하는데 박원순 하면 떠오르는 큰 것 하나가 없다'고 자주 폄하한다. 그런데 역설적이게도 이러한 평가는 박원순 시장이 다양한 정책적 노력을 기울였다는 사실을 그들조차 부정하지 않는다는 방증이다. 물론 그들은 '일은 열심히 했지만 치적이 없는 시장'으로 박원순을 평가하면서 이를 끊임없이 확대·재생산하고자 했다. 이에 영향을 받은 박원순 시장 지지자 일부도 박원순 하면 떠오르는 정책 한두 개를 만들라는 제안을 했다고 한다. 하지만 이러한 '선택과 집중'이 무엇을 위한 것인지 되묻지 않을 수 없다. 이미 5장에서 살펴보았듯 선택과 집중한 정책 한두 개는 서울 시장을 대통령 후보로 대중에게 강력하게 각인하는 홍보 효과를 극대화할 뿐 민생을 획기적으로 개선하지는 않았다.

지난 9년간 박원순 시정에서 시도된 다양한 정책 실험은 사실 도시 계획 전문가 사이에서 도시 발전에 대한 인식론적 변화의 계기를 마련해주었다는 평가를 받는다. 이에 많은 이가 박원순 시정을 개념화하려 했다. 누군가는 참여 시정으로, 다른 이는 포용도시로, 어떤 이는 메타시티로, 또 다른 이는 진보도시로 개념화하려 했지만, 그 어떤 명명도 모두가 수긍할 만족스러운 개념은 아니었다. 이들 모두 박원순 시정의 부분만을 설명했을 뿐, 박원순 시정이 지난 9년간 추구한 다양한 시도를 포괄적으로 다루지는 않았다. 어쩌면 박원순 시정에서 추진한 시민 참여 실험과 수많은 생활 밀착형 정책 실험을 한마디로 규정하는 것은 불가능할지도 모른다.

그럼에도 박원순 시정의 다양한 실험은 도시의 다양성과 복잡성을 주목하는 일상도시의 정책과 어딘가 닮았다. 박 시장은 서울시 시장직 이전에 인권 변호사이자 시민 활동가, 소셜 디자이너로 활동하면서 서울이 직면한 복잡하고 다양한 문제와 서울 시민의 고충을 접했다. 그래서 이를 큰 것 한두 가지로 해결할 수 없다는 사실을 직감했는지도 모

일상도시 서울

른다. 그가 2011년 취임사에서 "현장에서의 경청과 소통, 공감을 통해 시민 여러분의 삶을 응원하겠습니다"라고 밝히듯, 박원순 시정은 소통의 힘으로 서울을 인간다운 도시로 변화시키는 길을 선택했다. 소통을 통해 무언가를 이루는 길은 험난하고 단기일 내에 가시적인 성과를 내기란 거의 불가능하다. 많은 사람과 다양한 이해 집단이 얽혔기에 과정 자체를 효율적이고 투명하게 관리하기도 쉽지 않다. 인간적인 도시를 이루는 것 역시 쉽지 않은 길이다. 인간적인 도시의 기준이 애매할 수 있고 모든 측면에서 비판의 여지가 열려 있기 때문이다. 이렇듯 박원순 시정은 사람이 먼저고 사람이 우선이라는 소통 지향적인 자세로 참여 시정을 구현하고자 했다. 이러한 시도는 시민과 시민의 삶을 정책의 중심에 놓았다는 점에서 시장 중심이었던 이전의 시정과는 구별된다.

박원순 시장도 서울시도 일상도시라는 표현을 쓴 적이 단 한 번도 없다. 하지만 소통, 시민, 참여라는 키워드로 표현한 박원순 시정은 일상도시론과 맞닿아 있다. 2011년부터 2020년까지 박원순 시정의 주요 정책을 다룬 시정 백서 서문에서는 시민의 일상성을 강조한다.

서울 혁신 백서에는 서울 시민의 행복을 위해 달려온 지난 10년간 서울시의 노력이 담겨 있습니다. 서울을, 그리고 서울 시민의 삶을 바꾸기 위해 어떤 노력을 했는지, 그 과정에서 어떤 어려움이 있었는지를 솔직하게 담았습니다. 또 시민의 삶은 과연 어떻게 달라졌는지 직접 만나 이야기를 들어봤습니다. 시민이 사랑하고, 시민의 손으로 바꿔 나갈 서울의 미래를 준비하기 위해, 지금까지 달려온 길을 함께 되짚

어 보고자 합니다. (서울특별시, 2020, p.3)

이는 박원순 시정이 일부의 특수함이 아닌 모두의 다양성을 지향하는 시민 중심 도시를 꿈꿨음을 보여준다. 그래서 대통령이 되는 지름길인 가시적 정책 한두 방에 모든 것을 걸 수 없었을 것이다. 또 일상도시론의 정책적 방향성과 박원순 시정의 정책 방향성은 많은 부분 일치한다. 박원순 시정에서 시도한 서울 고유성에 대한 탐색, 참여 거버넌스 실험, 증대된 사회 복지 예산과 강화된 재분배 정책, 다양한 생활 밀착형 정책 실험, 시민을 위한 정보 구축과 공유 노력, 그리고 사회적 경제 추구는 2장에서 제시된 로빈슨의 네 가지 정책 방향과 맥을 같이한다.

서울 고유성 추구와 제도화

일상도시론은 모든 도시가 창의적이고 역동적일 수 있으며, 도시 발전을 위해서는 그 도시의 맥락을 먼저 고려해야 한다고 강조한다. 그 도시만이 안은 고유의 문제를 포착해야 그 도시의 맥락에 맞는 창의적이고 적실성 있는 해결책을 제시할 수 있기 때문이다. 이전의 시정이 서울 고유의 문화적 자산을 철거하고 전면 재개발하는 방식을 취했다면, 박원순 시정은 서울의 산과 강, 조선 정도의 문화 자원, 근현대 건축물을 활용하고자 했다. 서울의 고유성을 찾으려 한 사례로는 『서울 건축 선언』, 『역사 도심 기본 계획』의 도심 재생, 광화문 광장 재조성, 『청계천 2050 마스터 플랜』 수립[77] 등이 있다.

공공 건축의 원칙을 제시한「서울 건축 선언」

2013년의『서울 건축 선언』은 서울의 공공 건축의 원칙을 제시한 선언으로 서울의 고유한 모습에 대한 인식과 문제점을 잘 드러낸다.

풍부한 문화유산을 가진 역사도시이며, 천혜의 자연환경을 가진 생태도시, 천만 시민이 서로 존중받는 민주주의의 도시일 뿐 아니라 지정학적으로도 중요한 세계도시 … 성장의 명분과 개발의 프레임에 갇혀 빛나는 가치를 가렸으며, 대규모 개발과 급속한 건설로 많은 역사의 흔적들을 지웠고, 양적 공급에 몰두한 결과 획일화된 아파트들이 우리 삶을 규격화하고 고유한 도시 풍경마저 훼손했습니다. … 지역 공동체의 공공성 역시 약화됐으며, 사회적 약자와 소수에 대한 배려에 소홀했습니다. (서울특별시, 2013a, p.1)

이렇듯 선언의 전문에서 서울의 문제를 지적한 후 서울의 건축을 통해 시민의 행복과 지역 공동체의 발전을 추구할 필요가 있다고 밝힌다. 이러한 목적을 위해『서울 건축 선언』은 공공 건축의 열 가지 원칙으로 공공성, 공동성, 안전성, 지속성, 자생력, 역사성, 보편성, 창의성, 협력성, 거버넌스를 강조하면서 건축 정책을 수립할 것을 표방했다. 물론 이전의 민선 시정에서도 서울의 정체성, 서울 고유의 문제와 원인을 인식한 경우도 있었다. 예를 들어 민선 1기 조순 시정에서도 서울을 "600년간 우리 민족의 역사와 문화를 만들어낸 증인이자 민족적 자부심이 담긴 고향이지만 급격한 개발로 과거는 있으나 역사가 없는 도시"로 표현하면서 서울의 문제를 지적하고 정체성을 찾으려 했다.[78] 이러한 인식은 이후의 시정에서도 대체로 유사하게 이어졌다. 그러나 이전 시정의 인식이 표어에 머물며 내부 보고서의 서론에만 등장한 반면, 박원순 시정에서는 이러한 인식을 구체적인 선언으로 집약해 공표하고 총괄 건축가 임명과 연계했다. 제도화를 통해 건축 정책의 원칙과 기초로 삼았다는 점에서 이전 시정과 차이가 있다.

『서울 건축 선언』을 실현하고 서울의 공간 환경을 일관성 있고 통합적으로 관리하고자 박원순 시정은 2014년 총괄 건축가 제도를 도입했다. 총괄 건축가는 서울시의 공간 정책과 실행 전략 수립을 자문하며, 주요 사업의 기획과 설계, 시행 과정을 총괄하고 조정한다. 또 건축과 도시 디자인의 경쟁력 강화와 관련 업무를 수행한다. 이전까지 시 차원의 공간 계획이 수립되어도 도시 계획, 토목, 건축 디자인, 조경 등이 담당 부서마다 개별적으로 이루어져 통합적인 공간 환경 구축이 어려웠는데, 이를 조율하는 것이다. 사업을 수행하는 각각의 부서가 연주자라면 총괄 건축가는 오케스트라의 지휘자다. 서울시의 초대 총괄 건축가로 승효상 이로재 대표가 활동했으며, 그의 주도로 세운 상가 리모델링과 서울로 7017, 광화문 광장 재구조화 등 박원순 시정 2기의 주요 건축 사업을 추진했다. 그 후 2대 김영준, 3대 김승회로 이어졌고, 현재는 4대 강병근이 총괄 건축가의 역할을 맡았다.

『서울 건축 선언』과 총괄 건축가 제도는 그간 원칙과 방향 없이 단기적 계획과 사업성을 중심으로 추진되던 공간 계획을 통합적인 시각에서 관리하고 장기적인 계획으로 수립한다는 점에서 의미가 있다. 또 총괄 건축가는 공간 환경 사업의 기획안을 서울의 발전 방향에 비추어 검토하고 사업의 문화적, 역사적, 경관적 맥락에서 평가하기에, 이 제도는 서울의 고유성이라는 관점에서 공간 계획을 다룰 토대를 구축한 것으로 볼 수 있다. 다만 역할과 권한이 큰 총괄 건축가가 서울 시장의 위촉으로 임명됨에 따라 이를 둘러싼 잡음도 적지 않았다. 서울시 공간 계획의 총괄이라는 막중한 역할에도 시장의 의향에 따라 임명되는 총괄 건축가 제도는 장기적 계획 수립이라는 의미를 퇴색시킬 수 있고, 시장이 바뀌면 공간 계획의 방향성 역시 변할 수 있다. 2년 비상근이라는 근무 기간과 형태도 장기적 관점의 공간 계획 유지에 걸림돌이 될 수 있다. 이러한 점에서 총괄 건축가의 임명을 공모하고 시 의회나 자문 기구의 동의를 얻는 과정이 필요하며 임기와 근무 형태도 개선할 필요가 있다.

역사와 일상에 기반한 『역사 도심 기본 계획』

서울의 고유성을 찾으려는 시도는 『역사 도심 기본 계획』의 도심 재생 사업에서도 나타났다. 도성 복원이 박원순 시정에서 처음 이루어진 것은 아니지만, 한양 도성 개념을 서울 도심부 계획에 처음으로 적용했다. 박원순 시정기에는 이전에 비해 성곽 복원이나 환경 정비는 거의 없었으나, 도성을 구도심의 경계로 인식하고 구도심의 특색을 살린 도시 재생 사업으로 역사 도심 조성을 추진했다. 이에 따라 도성은 과거 한양의 도시 경계선이면서 서울 구도심의 기준선이 됐다. 서울시 1대 총괄 건축가인 승효상은 서울의 공간 계획과 건축을 성곽 내의 구도심과 바깥의 신도심으로 구분해 지역적 특색에 맞게 추진해야 한다고 주장했다. 그 이유는 성곽을 기준으로 생성된 공간의 지역적, 역사적 맥락이 다르기 때문이다. 이는 이전의 건축 계획과 비교하면 쉽게 이해할 수 있다.

  이전의 계획과 건축은 동대문 운동장, 세종 대로 등의 기존 역사 자원을 철거하고 DDP 같은 새로운 건축 랜드마크를 건설했기에 재생이 아닌 재개발에 가까웠다. 반면 박원순 시정기에는 거대한 랜드마크 구축보다 기존 자원을 활용하는 재생을 추구했다. 따라서 『역사 도심 계획』은 새로운 건축 계획보다는 기존 근현대 건축 자산 발굴과 목록화, 서울의 옛길과 물길 보전, 한옥 밀집 지역의 복원과 관광 자원화, 시민 참여 프로그램 개발 등이 주를 이룬다. 파리, 마드리드 등 유럽의 주요 도시가 지리적 특성상 광장과 가로를 내고 평지에 적합한 건축물을 세워 경관을 만든 반면, 서울은 도시를 둘러싼 산과 한강, 지천支川이라는 자연적 랜드마크가 있다. 이러한 자연적 랜드마크를 활용하지 못하고 다른 도시의 건축물을 모방하는 것은 서울의 정체성과 동떨어진 건축이고, 정체성과 관련 없는 건축은 일상과 괴리된다는 문제의식에서 계획의 틀을 짠 것이다.

  서울 도심에 대한 기본 계획은 2000년 『서울 도심부 관리 기본 계획』으로 처음 수립됐으나, 2004년 청계천 복원에 따라 발전 계획이 대폭 수정됐다. 앞서 5장에서 살펴보았지만 청계천 복원 당시의 계획은 재개발 활성화를 위해 건물의 높이와 용적률을 완화하고 청계천 주변 상권의 활성화를 도모하는 성격이 강했다.

  반면 2015년의 『역사 도심 기본 계획』은 "일상적이고 낡은 건물이 유지되는 도심이 공동의 기억을 통해 서울 시민을 묶어줄 수 있는 공간"이라고 강조하면서, 역사적 장소의 도시 재생에 중점을 두었다. 바람직한 선례로 1990년대 남산 제 모습 찾기와 북촌, 인사동 보전과 같은 역사적 장소를 활용한 재생 경험을 제시하면서 도심 재생을 추진했다. 따라서 철거 재개발을 통한 경제적 활력보다 역사성과 장소성의 회복을 통한 도심 재생을 기본 방향으로 설정하고 도심을 경복궁 서측, 북촌·인사동·돈화문로 구역, 대학로 인근, 세종 대로 인근, 세운 상가 인근, 동대문 주변, 남산 주변의 일곱 개 권역, 18개 세부 권역으로 나누어 권역별 역사·문화 자산에 부합하는 세부 전략을 제시했다.

명동 국립 극장이나 배재 학당처럼 기존에 알려진 근현대 건축물 외에도 이화동 마을 박물관, 미화 이발관, 서촌의 대오 서점 등 크고 작은 생활 유산을 목록화하고 관리 지침을 정했다. 동시에 해당 공간에 전시와 아카이브 센터 조성을 유도해 무형의 생활 자산이 보전되도록 했다. 옛길과 물길 복원의 일환으로 피맛골과 백운동천, 남소문동천, 삼청동천 등의 원형을 복원하거나 단기 복원이 어려운 경우 옛 물길이라고 표시해 이전의 청계천 복원이 간과한 역사적 원형과 장소성을 회복하려 했다. 이는 『청계천 2050 마스터 플랜』에도 연계해 추진했다. 또 『역사 도심 기본 계획』에서는 2004년에 완화된 건물 높이 규정을 다시 손보았는데, 이 역시 서울의 고유성을 보존하려는 조치로 이해할 수 있다. 건물의 높이를 내사산 중 가장 낮은 낙산의 높이인 90미터를 넘지 않도록 다시 제한하고 권역별 높이 제한을 검토했다. 이는 도성에서의 조망성을 확보하고 저층 주거지 경관을 개선하는 조치였다.

다만 최원우·신중호·김도년은 도시 재생 사업의 일환인 『역사 도심 기본 계획』이 역사·문화유산 발굴과 관리, 역사성 복원에 초점을 두면서 주거 기능 회복과 정주 인구의 경제 활동을 크게 고려하지 않았다고 비판했다.[79] 역사 도심의 인구 밀도는 서울시 평균 밀도의 3분의 1

수준이며 대체로 역사 도심 외곽인 세종로 인근과 회현을 중심으로 분포한다. 도심의 높은 접근성과 여가·문화 시설을 고려하면 도심은 젊은 1인 가구와 고령 가구에게 매력적인 주거 공간이 될 수 있다. 그러나 이러한 장점을 살리지 못하면서 역사 도심은 거의 관광과 상업 용도 지구로 한정됐다.

한편 유지원·김영재는 복원의 대상이 대체로 역사상의 특정 시점인 조선의 유적에 한정되어, 역사를 문화의 영역에 포함시켜 체험하는 데 그쳤다고 비판했다.[80] 비록 생활 유산과 근현대 건축물을 발굴하고 목록화하려는 노력이 제시되고는 있으나 여전히 역사 도심의 주요 유적은 조선 시대의 왕조 관련 문화재가 주를 이룬다는 것이다. 이러한 비판은 결국 역사 도심이 또 다른 만들어진 전통invented tradition이 되고, 도심에 현대적인 민속촌을 만드는 관광과 장소 마케팅에 불과하다는 지적이다.

이상에서 살펴보았듯 일상도시의 관점에서 『역사 도심 기본 계획』은 서울의 고유성과 장소성 회복에 초점을 둔 의미 있는 사업이었지만, 한계도 지닌다. 일상성의 의미를 더 살리려면 주거 기능을 회복하고 정주 인구를 늘릴 수 있는 과제를 적극적으로 추진하는 것이 필요해 보인다. 그리고 어떠한 유산을 보전하고 기억할 것인지, 이러한 유산을 현대의 풍경과 정취에 어떻게 조화시킬지 시민과 함께 더 숙의하는 것 역시 필요하다.

시민 중심의 광화문 광장 재구조화 사업

광화문 광장 재구조화 사업은 세종로 중앙의 광장을 세종 문화 회관 측 인도와 연결해 시민 광장으로 조성하는 도시 재생 사업이다. 민선 4기 오세훈 시정기에 세종 대로를 광장으로 조성하는 사업을 추진했다. 세종로 중앙 길이 740미터 폭 34미터 규모로, 네 개 테마 존과 여섯 개 주제 광장으로 조성됐다. 문제는 이렇게 조성된 광장이 역사적 원형과 다르며 '세계에서 가장 큰 중앙 분리대'라는 경향 신문의 표현처럼 차도 사이에 고립되어 활용성이 떨어지고 안전하지 않다는 점이다. 이로 인해 접근성이 떨어져 사람이 모이는 광장 기능을 수행하기 어려운 구조다.

이러한 문제점을 개선하고자 박원순 시장은 재선 당시 지방 선거 공약으로 새로운 광화문 광장 조성을 제시했다. 광화문 광장 재조성 사업안은 1)'백악-청와대-경복궁-광화문-숭례문'으로 이어지는 국가 중심축 조성, 2)광화문 월대 및 궁성 원형 복원, 3)해태상 원위치 이전, 4)사직·율곡로 보행 기능 확대, 5)약 3만 6,000제곱미터의 역사 광장 조성, 6)세종로 도로 공간을 재편해 2만 5,000제곱미터 시민 광장으로 조성하는 내용을 포함한다.

2018년 7월에는 『광화문 광장 개선 종합 기본 계획』을 발표했고 2019년 1월 광화문 포럼 정기 총회에서 국제 공모 당선작을 발표했다.[81] 공모작 발표 직후 행정 안전부와 시민 단체 등 광장 조성을 둘러싼 갈등이 발생했다. 당시의 종합 계획에서는 역사 광장과 시민 광장을 연결해 사직로가 끊기는 대신 정부 청사 건물과 외교부 건물 사이로 우회 도로를 내는 안이 제시됐다. 이를 위해 서울시는 청사 건물 일부를 철거해 도로를 내겠다고 했으나 행안부는 합의된 적이 없다고 주장했다.

시민 단체의 반발도 이어졌다. 시민 단체는 1)도심 복합 역사를 신설하는 계획을 추진해 도심의 교통 혼잡과 과밀화가 우려된다는 점, 2)광장 활성화를 위한 역사 건립과 주변 개발이 투기와 예산 낭비로 이어질 수 있다는 점, 3)광화문 포럼과 광화문 시민 위원회가 실질적 활동 없이 형식적, 폐쇄적으로 운영됐다는 점, 4)공모안에서도 역사 광장과 시민 광장 사이를 도로가 통과해 단절성이 개선되지 않고, 대중교통 연계와 이용 활성화 방안이 없는 점, 5)현재는 형태만 남은 광화문 월대를 복원하면 사직로가 단절되고 우회도로를 놓아야 해서 도심부 교통 혼잡이 우려된다는 점 등을 반대 의견으로 제시했다.

이러한 우려로 광화문 광장 재구조화 사업은 2020년까지 잠정 중단됐다가 오세훈 시장 당선 이후 수정과 보완을 거쳐 다시 착수됐다. 복원을 위한 문화재 조사와 설계 변경이 없는 광장부 포장 공사, 해치 마당 리모델링 등이 진행 중이다. 당시 복원안과 다르게 GTX 역사 건설이 취소됐고 사직로 역시 단절되지 않고 도로의 곡률을 변경하는 것으로 바뀌어, 복합 역사 개발로 인한 젠트리피케이션 문제와 교통 과밀화, 교통 혼잡 등의 우려는 해결될 것으로 보인다.[82]

비록 많은 논란을 낳긴 했지만 광화문 광장 재조성 계획은 수정을 거쳐 보완됐으며, 재조성되는 광장은 현재 형태에 비해 역사적 원형에 충실한 동시에 이용이 제한되는 광장의 형태를 활용성 높게 바꾸는 계획이다. 물론 재구조화 계획이 조선 왕도의 정치적 유산만을 선택적으로 복원해 또 다른 영역 자산을 만드는 것이라는 문제 제기도 있다. 다만 이 복원안은 의정부와 사헌부 등을 건물로 복원하는 것이 아니라 터를 발굴해 장소의 형태만을 남기고 이순신 장군상 역시 원위치

그림 7-1 광화문 광장 종합 구상안의 사직로 변경안

자료 | "변화되는 광화문 광장 사업 안내", 서울특별시 광화문 광장 홈페이지. 서울특별시 보도 자료 (2021.6.23.), 「서울시 '광화문 광장 보완·발전 계획 발표' … 내년 4월 정식 개장」. URL | https://gwanghwamun.seoul.go.kr/main.do

에 둔다는 점에서 영역 자산화와는 다소 거리가 있다. 장소를 옛 모습처럼 재현해 관광 상품화하기보다 장소의 흔적만을 두어 장소의 역사적 성격을 강조하는 형태로 추진 중이기 때문이다.

박원순 시정의 고유성 인식은 주요 공간 계획과 공간 환경 조성 사업에서 전방위적으로 드러난다. 서울의 공간 계획과 건축 정책의 방향성을 『서울 건축 선언』으로 나타냈고 총괄 건축가 제도로 이를 유지하고자 했다. 서울의 고유성에 대한 인식에 따라 『역사 도심 기본 계획』

과 청계천 복원, 광화문 광장 재구조화 같은 주요 사업이 추진됐다. 이 책에서는 다루지 않았지만 세운 상가 재생과 서울로 7017과 같은 사업도 이러한 독특한 고유성 인식을 전제로 했다. 이전 시정의 서울 인식과 실제 공간 계획이 동떨어져 있었다면, 박원순 시정은 인식과 계획, 실행의 통합을 시도했다는 점에서 이전의 시정과 차이가 있다. 이러한 점에서 승효상은 박원순 시정을 메타시티로 정의하기도 했지만 이러한 고유성에 대한 강조는 일상도시의 맥락에서도 이해할 수 있다. 공간과 건축은 지속적으로 만들고 가꾸어나가는 것이라는 점에서 소모적 논쟁과 사업의 성급한 폐기보다는 앞으로도 장기적 관점에서 계획과 사업을 다듬고 보완해나가는 자세가 필요하다.

참여 거버넌스 실험

박원순 시정은 '소통'과 '참여 시정'을 처음부터 강조했다. 이는 연대와 협력의 거버넌스 구축과 제도화를 강조한 일상도시론과 그 맥을 같이한다고 볼 수 있다. 이전 서울시의 목표가 '세계 일류 도시 서울', '창의 시정', '디자인 서울' 등 서울이라는 대도시의 경제적 성장에 중점을 두었다면, 박원순 시정은 '시민'과 '시민의 삶'을 정책의 중심으로 바꿨다. 시민 중심 시정 운영은 시민과의 적극적 소통을 위해 다양한 참여적 거버넌스 기제를 도입하고 정책 형성 과정에 시민 참여를 독려해 이를 제도화하려 했다는 특징을 지닌다. 따라서 서울시가 시민이 참여하는 거버넌스를 운영하고자 어떤 기제를 개발했는지 살펴보면 서울시의 참여 거버넌스 실험을 더 잘 이해할 수 있다.

시민과의 직접 소통

박원순 시정에서는 페이스북, 트위터 등 SNS를 통한 시민과의 비대면 직접 소통과 청책聽策 토론회, 시민청, 현장 시장실 등을 통한 시민과의 대면 직접 소통이 적극적으로 시행됐다. 특히 청책 토론회, 서울 시민청, 현장 시장실 등은 참여적 거버넌스를 구현하려는 서울시 고유의 정책적 노력으로 볼 수 있다.

청책이란 '시민이 시장'이라는 새로운 시정 철학에서 출발한 것으로 천만 시민의 목소리를 직접 듣는 것부터 시작해, 시민이 직접 정책 아이디어를 개발하고, 그 정책의 이행 여부를 꼼꼼하게 따지는 시민 참여 시스템이다. 2011년 11월 16일 희망 온돌 프로젝트 발전 방안을 주제로 청책 토론회가 처음 시작됐으며 이후 시민 대토론회, 정책 토론회 등 다양한 방식으로 청책을 운영했다. 2011년부터 2018년까지 청책 토론회를 총 118회 개최했고, 이 토론회에서 경제, 문화·예술, 복지, 교통, 여성·가족, 주거, 환경, 교육 등의 다양한 주제를 다루었다. 청책 토론회를 통해 시민의 아이디어와 의견 1,708건이 제안됐고 이렇게 제안된 의견이 실제 정책에 반영된 비율은 76퍼센트 정도로 나타났다. 청책 토론회 도입 초기인 2011년과 2012년에는 서울시가 토론회 주제를 정해 관련 시민과 전문가 등을 초청하는 방식을 취했다. 그러나 2013년 이후부터는 큰 틀의 주제는 서울시가 제시하되 세부 주제와 토론 방식을 시민이 직접 기획하는 방식으로 전환했다.

서울시 신청사 지하 1~2층에 있는 서울 시민청은 서울시와 시민과의 쌍방향 소통과 경청의 공간이자, 시민이 스스로 만들고 채우는 시민 생활·문화·소통의 공간이다. 시민청 입구의 귀 모양의 상징 모형물은 시민의 목소리에 귀 기울이고 소통하겠다는 서울시의 의지를 표현한다. 지하 1층에는 시민 발언대, 공정 무역 가게 지구 마을, 청년 창업 기업과 사회적 기업 등 공동 전시 판매장인 다누리, 시민청 갤러리, 서울을 주제로 한 영상이 상시 상영되는 담벼락 미디어, 기획 전시 공간 뜬구름 갤러리, 시티 갤러리, 소리 갤러리, 시청 건립 공사 중 발견된 군기시軍器寺의 발굴 현장을 그대로 복원한 서울 시민청 군기시 유적실, 휴식과 만남의 장소인 활짝 라운지, 시민청에서 가장 넓은 다목적 공간인 시민 플라자, 시민청 안내 센터, 서울시 관광 안내 센터, 서울 책방이 들어섰다. 지하 2층에는 시민청 결혼식, 시민 대학 등 다양한 시민 참여 활동이 이루어지는 태평 홀, 소규모 시민 참여 활동을 위한 동그라미방, 세미나·공연·전시 등이 열리는 다목적 공간인 이벤트 홀, 워크숍 룸, 100명 규모의 미니 공연장인 바스락 홀이 있다. 시민청은 수시 대관 원칙으로 시민에 열린 공간이며, 풀뿌리 지역 단체 활동이나 지역 사회 모임이 활성화되도록 공간을 지원하는 기능도 수행한다.

현장 시장실은 서울시 자치구의 주요 현안이나 시책과 관련해 직접 현장을 살펴보고, 주민·단체와 직접 소통해 함께 해법을 모색하는 새로운 방식의 현장 행정이다. 현장 시장실은 '문제의 본질과 해답은 현장에서 찾을 수 있다'는 박원순 시장의 시정 철학을 반영한 행정 실험으로, 주로 지역 내 집단 민원과 주민 갈등, 지지부진한 사업 등 지역 문제 해결과 새로운 사업 발굴을 위해 활용됐다.

2012년 11월 8일 서울시는 은평구 뉴타운의 미분양 아파트 문제를 해결하려 현장 시장실을 처음으로 마련했다. 시장이 9일 동안 은평구 주요 시설을 방문해 현황을 점검하고 주민과 현장 관계자 등을 만나 미분양 아파트 해결 방안을 모색했다. 현장 시장실을 통해 시장이 직접 문제 해결에 나서자 오랫동안 미분양된 615가구는 세 달 만에 계약이 완료됐다.

2012년 은평구를 시작으로 2017년까지 서울시 25개 전 자치구의 현장을 방문해 지역 현안과 민원 현장을 점검하고 주민의 목소리를 듣는 데 현장 시장실을 활용했다. 2018년 여름에는 강남·북의 균형 발전 의지를 표명하고자 강북구 삼양동에 한 달간 현장 시장실을 설치해 운영하기도 했다. 서울시 현장 시장실은 150개가 넘는 현장을 다니면서 현안 사업 400여 개에 답을 하는 소통 행정의 새로운 모델을 제시했고 이후 다른 지자체에서도 '현장 시장실', '찾아가는 시장실', '열린 시장실' 등의 이름으로 서울시 현장 시장실이 확산·운영되고 있다.

이상에서 청책, 시민청, 현장 시장실을 간단히 살펴보았는데, 이는 박원순 시정의 철학과 정책 방향이 잘 드러나는 참여적 거버넌스 장치다. 이러한 정책은 시민의 참여를 보장하는 열린 계획을 추진하고, 도시 내 상호 존중과 연대, 협력의 가치를 추구하며, 평범한 시민의 일상 향상을 중시하는 것으로 일상도시의 관점과 밀접하게 연결된다.

시민 참여로 만든 『2030 서울 플랜』

시민이 직접 참여해서 도출한 『2030 서울 플랜(2030 서울 도시 기본 계획)』 역시 매우 중요한 참여적 거버넌스 실험이다. 2016년 10월 발표된 서울시의 『2030 서울 플랜』은 서울시 법정 최상위 도시 계획으로 서울시 모든 계획과 정책 수립의 기본 방향을 제시했다. 그 이전 수립된 『서울시 도시 기본 계획』과 달리 협력적 계획 프로젝트로서, 시민이 주체적으로 참여해 도시의 미래 방향을 도출했다는 특징이 있다. 『2030 서울 플랜』은 두 차례에 걸쳐 수립됐는데, 1차 계획은 오세훈 창의 시정에서 2009년부터 2011년까지 『2030 도시 기본 계획(안)』이라는 이름으로 진행됐다.

그러나 박원순 시정이 새롭게 출범하면서 새로운 시대적 가치와 시민 참여 절차를 보완하고자 1차 계획안을 전면 재검토했다. 1차 계획안이 사람과 공동체와 같은 인문학적 가치를 반영하지 않고 지나치게 물리적 공간 계획 위주로 짜였으며, 계획 과정에서 시민의 참여가 이루어지지 못한 채 관료나 전문가 중심으로 수립됐기 때문이다. 따라서 2차 계획안은 공동체 등 새로운 가치를 고려하면서 계획 과정에 시민이 주체적으로 참여하는 방향으로 전환됐다.

2차 계획안은 2012년부터 2015년까지 『2030 서울 플랜』이라는 이름으로 새롭게 수립됐다. 『2030 서울 플랜』은 시민의 관점과 시민의 눈높이에 맞춘 계획 수립으로 구조를 전환했다. 이를 위해 서울시는 시민이 직접 계획의 수립 과정에 참여하는 방식을 취했다. 가장 먼저 시민이 직접 서울의 미래상을 설정하도록 100인의 시민 참여단을 구성했다. 시민 참여단은 숙의를 거쳐 서울시 미래상과 일곱 개 분야에서 계획 과제를 도출했으며, 서울 시장은 시민 참여단이 제안한 미래상을 수용했다.

미래상 설정을 위해 천만 서울 시민을 대표하는 시민 참여단이 세 차례 워크숍을 통해 미래상 도출의 숙의 과정을 거쳤으며, 최종적으로

'소통과 배려가 있는 행복한 시민도시'를 『2030 서울 플랜』의 미래상으로 제시했다. 서울시 미래상과 이를 실현할 일곱 개 분야의 계획 과제도 선정했다. 교육, 복지, 일자리, 소통, 역사·문화 경관, 기후 변화·환경, 도시 개발과 정비 등을 중요한 과제로 다뤘다. 오세훈 시장 시절 『2030 도시 기본 계획』은 주로 도시 개발이나 중심지, 교통 계획 등을 가장 중시했다면, 박원순 시정의 『2030 서울 플랜』에서는 시민이 직접 선정한 과제인 교육, 복지, 일자리 등 주로 시민이 체감할 수 있는 일상생활 이슈를 중요하게 다루었다는 점에서 차이가 있다. 시민 참여단이 도출한 미래상과 계획 과제가 박원순 시장의 기대와는 차이가 있었지만, 시민의 눈높이에 맞춘 계획을 수립하기 위해 시민 참여단의 제안을 수정 없이 공식적으로 채택했다는 일화가 전해진다.[83] 이는 서울시 도시 기본 계획 사상 최초로 시민이 제안한 미래상이 반영된 것이다.

이상에서 살펴본 참여적 거버넌스 정책 실험은 서울에서 삶을 살아가는 평범한 시민을 존중했다는 점, 시민과 소통하는 행정을 구현하려는 다양한 정책을 펼쳤다는 점, 시민이 직접 정책 과정에 참여하는 일련의 과정을 도입했다는 점에서 일상도시 구현을 위한 첫 단계라 볼 수 있다. 그러나 참여적 거버넌스 실험이 참여 행정 구현의 구체적인 로드맵을 제시하고 있으나 한계도 있다. 가장 큰 문제점은 관 주도의 거버넌스로, 여전히 공공의 역할이 크고 시민 참여가 형식적 수준에 그친다는 점이다. 특히 대규모의 전문성을 요구하는 사업일수록 대부분 관에서 사업에 대한 설계와 결정이 이루어진 이후에 공모를 통해 사후적으로 주민이 참여하는 방식을 따르고 있다. 박세훈·김주은의 연구에 따르면 시민과의 원활한 소통 및 협력을 위해 다양한 중간 지원 조직이 형성됐으나, 중간 지원 조직이 시민 편에서 시민의 처지를 대변하기보다는 행정을 대변하는 데 그쳤다고 한다.[84] 시민 기구의 낮은 권한 문제도 꾸준히 지적됐다. 형식적 수준에서의 참여를 위한 제도적 개선은 이루어졌지만, 공식적 의사 결정 과정에서 시민에게 권한을 부여하는 실질적 참여의 수준은 여전히 낮다는 것이다.[85]

이러한 문제는 거버넌스의 낮은 대표성 문제와도 연결된다. 참여적 거버넌스에 직접 참여할 시민의 수가 제한되어 과연 이들이 서울 시민을 대표할 수 있느냐는 논란을 초래한 것도 사실이다. 시민 참여를 더욱 내실화하고 대표성을 키우는 다양한 방안이 모색되어야 한다. 참여적 거버넌스에 시민 모두가 직접 참여하는 것은 가능하지 않기에, 간접 참여의 규칙을 보완하고 정교화하는 작업 역시 필요하다. 그러면 참여하고 싶어도 직접 참여할 수 없는 경제적 빈곤층, 사회·문화적 한계 계층, 장애인 등과 같은 더 다양한 시민을 포용할 수 있다.

강화된 재분배 정책과 한계

일상도시론은 성장과 재분배의 양립 가능성을 인정하면서, 대도시권 차원에서의 성장과 재분배 정책의 선순환적 시스템 구축이 필요하다고 제시한다. 대부분의 시 정부가 경제 성장에 초점을 맞춰 재분배 정책을 등한시해왔던 현실을 비판하면서, 일상도시론은 사회 통합뿐만 아니라 경제 성장을 위해서 재분배 정책을 강조한다. 도시 내 불평등 해소와 사회 통합, 도시민의 삶의 질 향상은 현대 도시가 해결할 가장 큰 문제고, 일상도시는 재분배 정책 강화를 그 해결책으로 제시한다. 도시 내 모든 주민의 삶의 질을 높이려 시도하는 재분배 정책이 불평등 해소와 사회 통합에 이바지할 뿐만 아니라 오히려 경제적 성장으로 이어진다는 것이다. 박원순 시정에서 재분배 이슈는 매우 중요했고, 성장과 분배의 선순환적 복지 투자라는 일상도시 관점에서 박원순 시정은 다양한 노력을 했다고 평가할 수 있다.

이전 시정과 비교해 박원순 시정은 특히 시민의 삶과 복지를 강조했다. 2011년 초등학생 무상 급식 논쟁으로 촉발된 서울 시장 보궐 선거에서 무상 급식, 반값 등록금, 서울 시민 복지 기준선 도입 등을 공약으로 내걸고 당선됐기에, 복지에 대한 강조는 당연한 조치였다. 취임사에서도 "무엇보다도 복지 시장이 되겠습니다"라고 밝혔다. 그는 취임 후 공약 내용대로 친환경 무상 급식, 서울 시민 복지 기준선 도입, 서울 시립대 반값 등록금 등을 추진했고 사회 복지 예산을 크게 끌어올렸다.

표 7-1을 살펴보면 박원순 시장이 취임한 2011년도 서울시 사회 복지 예산은 전체 예산의 23.7퍼센트였지만, 취임 2년 만에 사회 복지 예산이 전체 예산의 30.5퍼센트를 차지해 큰 폭으로 확대된 것을 확인할 수 있다. 사회 복지 예산은 2019년에 전체 예산의 34.6퍼센트까지 증가했다. 물론 서울시 복지 예산이 오롯이 서울시 예산만은 아니며 중앙 정부의 국고 보조금이 대부분을 차지하기 때문에, 서울시 예산이 큰 폭으로 확대된 것을 서울 시장의 정책 의지의 결과로만 해석할 수는 없다. 중앙 정부 복지 정책의 예산 증가와 함께 서울시 복지 예산이 증대된 결과일 수도 있다. 하지만 역대 시장과 비교했을 때 박원순 시장이 복지 시장으로서 복지 예산 증대에 확고한 의지가 있었다는 사

표 7-1 **서울시 예산 및 사회 복지 예산**

단위: 백만 원

연도	서울시 예산	사회 복지 예산액	사회 복지 예산 비율	연도	서울시 예산	사회 복지 예산액	사회 복지 예산 비율
2008	14,489,716	2,746,567	19.0%	2014	17,342,767	5,487,816	31.6%
2009	17,045,196	3,566,128	20.9%	2015	19,014,868	6,258,142	32.9%
2010	15,614,118	3,407,295	21.8%	2016	20,984,104	6,713,780	32.0%
2011	14,631,361	3,474,826	23.7%	2017	22,572,455	7,120,941	31.5%
2012	15,454,654	4,034,582	26.1%	2018	25,269,572	7,792,151	30.8%
2013	15,883,886	4,844,318	30.5%	2019	26,918,602	9,315,412	34.6%

주 | 서울시 열린 데이터 광장 홈페이지 자료를 바탕으로 저자 재작성.
자료 | "서울시 일반 회계 세출 예산 개요(2008년 이후) 통계", 서울시 열린 데이터 광장 홈페이지.
URL | http://data.seoul.go.kr/dataList/10183/S/2/datasetView.do

실은 부인할 수 없다.

박원순 시정의 복지 정책은 보육 복지(국공립 어린이집), 교육 복지(반값 등록금), 청년 복지(청년 수당), 중·장년층 복지(50+사업), 일자리 복지(서울형 생활 임금제) 등 거의 모든 분야에 걸쳐 다양하게 전개됐다. 이러한 복지 정책의 확대는 박원순 시정에서 재분배 이슈가 중요하게 고려됐다는 의미다.

박원순 시정이 적극적으로 재분배 정책을 도입했다는 것은 서울 시민 복지 기준선 수립·실현을 통해 확인할 수 있다. 2012년 서울시는 전국 최초로 서울 시민의 삶의 질을 보장하기 위한 서울 시민 복지 기준선을 마련했다. 서울형 복지 기준선을 서울시가 독자적으로 설정한 것은 아니었다. 이 기준선을 설정하기 위해 서울시는 시민 대표와 전문가 등이 참여하는 시민 복지 기준선 추진 위원회를 구성했다. 2012년

일상도시 서울

2월부터 10월까지 약 9개월 동안 총 162회에 걸쳐 회의를 진행했고, 시민 욕구 조사 등을 통해 복지선 기준을 설정했다. 서울형 복지 기준은 일상생활과 밀접한 소득, 주거, 돌봄, 건강, 교육 등 5대 분야에서 복지의 기본 수준을 규정한다. 시민 복지 기준을 최저선과 적정선으로 구분하는데, 시민 복지 최저선은 대상·소득·거주지 등 개인이 처한 환경과 관계없이 서울 시민이라면 누구든지 권리로서 누려야 하는 최소한의 복지 수준을 말한다. 시민 복지 적정선은 서울시의 사회·경제적 발전 수준을 고려해 서울 시민이 누려야 할 적절한 삶의 질을 보장하는 복지 수준을 말한다. 서울형 복지 기준은 도시 내 취약 계층뿐만 아니라 도시 내 모든 거주자의 삶의 질 향상을 위한 최저 기준 마련을 강조한 일상도시의 재분배 정책과도 일치한다. 따라서 이러한 복지 기준 설정의 의미는 서울시의 복지 정책이 좀 더 보편적 복지로 방향을 전환하기 위한 시도다.

일상도시에서 제시하는 도시 재분배 정책은 빈곤 완화를 위한 생계 유지 지원책과 보육과 같은 사회적 서비스 제공으로 구분할 수 있다. 사실 박원순 시정은 일상도시론에서 제시된 것보다 더 다양한 빈곤 완화 정책을 추진했다. 서울형 기초 보장 제도, 서울형 좋은 일자리 제도, 서울 희망 근로 사업, 서울형 생활 임금제 등을 최저 생계비 이하의 빈곤층에 대한 소득 최저선 보장·지원, 노동 생산성과 노동 소득 연계를 강화하는 정책을 펼쳐왔다. 특히 2015년 전국 광역 지자체 중 최초로 도입된 서울형 생활 임금제는 소득 불평등 심화로 고통 받는 서울시 저임금 노동자의 생활 안정과 삶의 질 향상에 이바지한 대표 정책이다. 서울형 생활 임금제는 서울시의 물가 수준, 주거비, 교육비 등 서울의 지역적 특성을 반영해 서울에 사는 근로자가 실제 생활이 가능한 최소한의 임금 수준으로 서울시 본청과 산하 기관을 중심으로 적용하고 있다. 빈곤 완화 정책 외에 무상 보육, 무상 급식, 반값 등록금 등을 추진했는데 이는 서울 시민의 가계 부담을 줄여 생활 소득을 높여준 정책으로 평가할 수 있다.

국공립 어린이집 확충 사업은 박원순 시정의 대표적 보육 복지 사업인데 서울 시민의 실질적 삶의 질 향상에 기여한 것으로 평가 받는다. 빈부 격차의 심화, 맞벌이 가계 증가, 출산율 저하, 기혼 여성의 경력 단절 등으로 돌봄과 양육에 대한 사회적 지원 요구가 크게 확대되자 박원순 시정이 적극적으로 대응한 것이다. 물론 이 사업은 박원순 시정에서 처음 시작된 것은 아니지만, 박원순 시정에서는 서울시가 2012년 이후부터 이 사업을 지속적이고 적극적으로 추진했다. 서울시 보도 자료에 따르면 2011년 658개소에 불과하던 국공립 어린이집이 2020년 12월 기준 1,749개소로 늘어났으며, 전국 시도 가운데 서울시가 가장 많은 국공립 어린이집을 보유한 것으로 나타났다.[86] 이러한 노력의 결과로 어린이집 입소 대기 기간이 단축됐고, 보육 교직원 증가로 일자리가 창출됐다. 또 보육 품질도 향상됐고 영·유아모의 노동 공급이 증가됐다고 한다.[87]

청년 수당은 2015년 7월 서울 청년 의회에서 청년이 직접 제안해 만든 정책으로 서울시가 전국 최초로 지원했다. 2016년 7월 서울 청년 수당 참여자를 선발했으나, 같은 해 8월 박근혜 정부 보건 복지부가 직권 취소했고 수당 지급도 따라서 중단됐다. 그러나 박근혜 정부 퇴진 후인 2017년 4월 보건 복지부의 동의를 얻어 사업이 다시 추진됐으며,

2017년 6월 서울 청년 수당 참여자를 선발했다. 같은 해 9월 서울시와 복건 복지부 간 협약을 통해 2016년 청년 수당 참여자의 복권이 이루어졌다. 이러한 우여곡절 끝에 서울시 청년 수당이 실시됐다. 이는 중앙 정부의 허락 없이는 광역 지방 자치 단체가 주도적으로 복지 정책을 추진하기 어려운 현실을 보여준다.

청년 수당 대상자는 서울시에 거주하는 만 19세부터 34세의 청년으로 소득 요건은 중위 소득 150퍼센트 이하, 고용 보험에 가입되지 않은 미취업자만 참여가 가능하다. 또 최종 학력 졸업(중퇴·제적·수료) 후 2년이 지났다는 사실을 증명해야 한다. 청년 수당에 선정되면 연계된 통장으로 최대 6개월, 월 50만 원의 청년 수당이 지급된다. 청년 수당을 받던 청년이 취업에 성공하면 취업 성공금 취지로 다음 회차의 청년 수당을 1회 더 지급 받도록 기획했다. 이 청년 수당은 각종 기술 학원, 스터디 비용, 독서실 이용료뿐 아니라 식비, 통신비, 교통비 등 구직 활동으로 소요되는 다양한 항목에 사용할 수 있어 청년의 취업 의지를 북돋우는 데 기여했다. 서울시 청년 수당은 거주 조건, 소득, 취업 여부 등을 고려해 대상을 선발한 터에, 전 청년층을 대상으로 한 보편적 복지 서비스로 확대되지는 못했다. 청년 수당은 오세훈 시장이 취임하면서 사업의 축소나 전환 가능성이 제기되기도 했지만, 코로나 19의 장기화와 취업난 등 청년 지원에 대한 수요가 더욱 증가하면서 기존 제도를 유지하는 방향으로 지원이 계속되고 있다.[88]

중·장년층의 은퇴 전후 새로운 인생 설계와 행복한 노후를 위한 다양한 사회 참여 활동을 지원하는 50+ 사업은 전국 지자체 중 서울시가 최초로 도입한 사업이다. 50+ 사업은 100세 시대를 살고 있지만 나이가 많다는 이유로 조기 은퇴의 길로 들어선 세대, 그렇지만 어르신으로 우대받지 못하고 자식 세대와 일자리 경쟁을 해야 하는 이른바 '긴 세대'인 50대에 초점을 맞춘 정책이다. 2010년, 한국에서 1955~1963년 태어난 베이비부머 세대가 본격적으로 은퇴하면서 이들의 은퇴 이후의 삶을 보장하기 위한 정책 수요가 높아졌다. 그러나 그 이전까지는 중·장년층을 위한 기본적인 사회 안전망도 구축되지 않았다. 박원순 시정의 서울시는 2012년『행복한 노년 인생 이모작 도시, 서울 어르신 종합 계획』을 발표하면서 국내 최초로 중·장년층 지원을 위한 인프라를 세웠고 인생 이모작 지원 사업을 본격화했다.

박원순 시정 2기가 출범한 2014년부터는 좀 더 체계적이고 지속 가능한 정책을 추진하고자 서울시 행정 조직을 개편해 인생 이모작 지원단을 발족했다. 2016년 4월 서울시 50+ 재단이 출범하면서 50+ 세대를 위한 상담과 정보 제공, 교육 과정 지원, 50+ 캠퍼스·센터 운영, 50+ 맞춤형 정책 개발 등의 사업을 시행했다. 2021년 현재 서울시 50+ 재단을 중심으로 북부·서부·중부·남부·동남·동부 등 총 여섯 개 권역별 50+ 캠퍼스와, 자치구별 50+ 지원 플랫폼인 50+ 센터 11개가 운영 중이다.

서울시 50+ 사업은 사회 보장의 새로운 사각지대로 부상한 50+ 세대를 위한 복지 정책이라는 점에서 그 의의가 있다. 한국의 50+ 세대의 평균 수명은 늘어난 반면, 노동 시장 유연화로 퇴직 연령은 낮아지는 역설적 상황에 놓였다. 50+ 세대는 자녀 부양을 위한 지출이 가장 많은 시기이자, 은퇴 이후를 준비할 마지막 시기로 노년기 삶의 질을 좌우하는 중요한 전환기이기도 하다. 결국 50+ 정책은 50~60대에 국한된 정책이라기보다는 고령 사회 대비책이자 노년기 서울 시민의 삶의 질을 보장하려 디자인한 정책인 것이다. 서울시 50+ 정책은 이후 부산, 울산, 대전 등 다른 지방 정부로도 정책이 확산되면서 현재는 거의 모든 지방 정부에서 관련 정책을 지원하고 있다.

박원순 시정이 야심 차게 준비한 복지 사업이 찾아가는 동 주민 센터(찾동) 사업이다. 이는 서울시가 사업비 대부분을 부담해 추진한 역점 사업이다. 찾동은 서울시 전역에 새로운 복지 안전망을 구축하고 찾아가는 복지를 실현하고자 2015년부터 도입됐다. 찾동은 복지뿐만 아니라 건강, 공공 행정, 주민 자치, 마을 만들기 등 여러 영역에 걸친 광범위한 사업으로 서울시가 의욕적으로 기획한 것이었다.

찾아가는 복지의 실현을 위해 서울시는 기존 동 주민 센터의 공공 복지 인력을 두 배 이상으로 크게 확충해 동 중심으로 공공 복지 전달 체계를 보강하고자 했다. 여기에 더해 주민 스스로 지역 문제를 직접 발굴하고 해결하도록 마을 만들기 사업도 찾동의 하위 사업으로 추진했다. 찾동의 한 축은 찾아가는 복지·건강 서비스 구축을, 또 다른 한 축은 마을 공동체 구축을 목표로 한다. 이러한 방향 자체는 적절했고 이상적이었다. 두 축의 목표가 달성된다면 주민의 삶의 질은 더할 나위 없이 좋아질 수 있었다.

박원순 시정은 복지 정책에서 세 가지 의미 있는 변화를 시도했다. 우선 큰 변화는 복지 정책을 추진하는 데 상향식 방식을 취했다는 점이다. 서울시가 전문가와 상의해 일방적으로 복지 정책을 추진한 것이 아니라, 늘 시민과 함께하고자 했다. 시민의 수요를 파악하려 했고 직접 시민이 정책에 참여하도록 시민 위원회를 구성했다. 관과 전문가 중심의 복지 정책에서 시민 참여가 강조되는 복지 정책으로 전환한 것이다. 둘째, 기존의 시정에서는 저소득 취약 계층을 대상으로 한 선별적 복지 서비스 공급에 주력했는데, 박원순 시정에서는 보편적 복지 서비스로의 확대를 시도했다. 서울 시민 복지 기준선, 반값 등록금, 중·장년층 복지인 50+ 사업, 찾동 등을 통해 보편적 복지 서비스를 제공하려 했다. 세 번째 변화는 박원순 시정에서 복지 서비스 공급에 지방 자치 단체와 중앙 정부의 경계를 허물고자 시도한 것이다. 본래 복지, 주거, 경제 및 일자리와 같은 영역은 사실상 중앙 정부가 주도해왔다. 제한적인 권한과 재원을 지닌 광역 자치 단체가 주도할 영역은 아니었다. 하지만 박원순 시정은 추진할 수 있는 복지 사업과 정책을 적극적으로 찾았고 매우 다양한 복지 정책을 시도해왔다. 앞서 언급한 사업들은 서울시의 주도성이 확인되는 복지 사업이다.

이러한 의의에도 불구하고 박원순 시정의 복지 정책은 권한과 예산 등의 구조적 제약으로 선별적 복지 제도에서 벗어나지 못했다. 새로운 문제에 대응하고자 보편적 형태의 다양한 복지 사업을 추진했지만, 예산 부족으로 여전히 취약 계층에 집중됐기 때문이다. 청년 수당, 공공 임대 주택, 서울형 돌봄, 국공립 어린이집, 서울형 생활 임금제 등은 보편적 복지 형태로 확대되지 못했다. 서울시를 포함한 지방 자치 단체 사회 복지 예산의 가장 큰 한계는 중앙 정부의 국고 보조 사업 예산 규모가 전체 사회 복지 예산의 대부분을 차지하고 있다는 점이다. 사실상 사회 복지 예산 중 대부분이 기초 연금, 장애인 연금, 보육료 지원과 같은 중앙 정부의 국고 보조 사업이었다. 2021년도 국회 예산 정책처 보고서에 따르면, 2020년 기준 전체 지자체 사회 복지 분야의 국고 보조 사업 예산 비중은 사회 복지 정책 사업 예산의 77.5퍼센트를 차지하며, 자체 사업 예산 비중은 6.9퍼센트에 불과하다.[89] 향후 기초 연금, 장애인 연금, 아동 수당 등 취약 계층의 소득 보전을 위한 중앙 정부의 국고 보조 사업은 더욱 확대될 것으로 보인다.

김승연의 연구에 따르면 한정된 재정 여건상 이러한 국고 보조 사업의 급격한 증가는 서울시의 생활 수준과 시민들의 욕구를 반영하는 서울시 자체 사회 복지 사업 확대에 부담으로 작용할 수 있다.[90] 복지 정책에서 광역 자치 단체의 한도와 범위를 오히려 줄일 수 있다는 우려를 제기한 것이다. 국고 보조 사업이 증가하면 지자체는 이에 조응하는 예산을 마련해야 하기 때문에 독자적으로 다른 복지 사업을 기획할 여력과 예산이 줄어들기 마련이다.

박원순 시정의 복지 정책이 직면한 또 다른 한계는 많은 인력과 예산의 투입에도 시민 복지 체감도가 높지 않은 사업이 존재한다는 점이다. 찾동이 그 대표적 사례다. 찾동은 방문 상담 인력이 직접 현장에 방문하더라도, 방문 이후 직접적으로 제공할 수 있는 서비스와 급여가 없다는 점이 가장 큰 문제로 꼽힌다. 이런 이유로 '찾아가지만 줄 것 없는 찾동'이라는 비아냥거림의 대상이 됐다. 광역 자치 단체 자체 복지 예산이 부족한 상황에서 추진된 사업이라 줄 수 있는 급여와 서비스가 없었던 것이다. 좋은 취지에서 시작했지만 결과는 긍정적이지 않았다. 남기철은 찾동을 또 다른 측면에서 비판한다.[91] 단일 사업 내 이질적 목표를 가진 하위 사업이 존재해 사업 간 충돌이 발생하고 목표 달성이 어렵다는 점이다. 찾동의 한 축은 주민을 찾아가는 복지·건강 서비스 구축에 그 목표를 두고, 또 다른 축은 마을 공동체와 지역 사회 조직 활동 지원을 목표로 하는데, 두 세부 사업 간 충돌이 자주 발생한다는 것이다. 단일 사업 내 상이한 목표를 가진 사업 체계가 동시에 강조되면 성과를 내기란 거의 불가능하다. 이와 더불어 김정현·김보영은 찾동 방문 노동자의 과도한 업무 강도와 안전 문제 역시 찾동의 한계로 지적한다.[92]

다양한 생활 밀착형 정책 실험

도시가 일상성을 지향하면 세계도시 정책을 모방하는 것에서 벗어나 다양한 도시의 정책 실험을 참고해 정책을 세운다. 뉴욕, 도쿄, 런던 등 세계도시의 정형을 일방적으로 수용하는 것이 아니라 더 다양한 국내외 사례에 주목하면서 서울의 특성, 정체성에 부합하는 실험을 실행하고 이를 창의적인 정책으로 재창조한다. 이러한 정책 실험은 서울 고유의 문제를 창의적으로 해결하는 실마리로 작용한다.

　박원순 시정에서는 서울의 고유성과 세계주의적 영감에 근거해 다양한 정책 실험을 추진했고 이는 표 7-2에서 확인할 수 있다. 여기서는 이 중 대표 사례인 공유 자전거 따릉이와 서울시 심야 버스인 올빼미 버스, 『서울시 생활권 계획』, 주민 참여 예산제를 소개하고자 한다. 사회적 경제는 논의할 내용이 적지 않아 별도로 다룬다. 여기에서는 지면상 한계로 생략했지만 샌프란시스코, 밴쿠버, 바르셀로나의 사례를 참고한 공유도시 계획이나 일본의 지자체 경험을 참고해 추진한 마을 만들기도 박원순 시정의 생활 밀착형 실험이다.

표 7-2 참여 시정에서 추진한 주요 정책 실험

분야	정책·사업	주요 사례	주요 내용
교통	올빼미 버스		• 심야·새벽 시간대 버스 운행을 통한 이동 편의 제공과 시민 불편 해소
교통	따릉이	파리 (프랑스)	• 공공 자전거 공유를 통한 도로 교통량 감소와 보행 친화적 교통 환경 조성 • 친환경적 교통수단 확대를 통한 지속 가능성 확보
공간 계획	생활권 계획		• 대도시 서울의 특성상 포괄적 계획인 '도시 기본 계획'과 개별 필지 단위의 '도시 관리 계획' 사이의 괴리가 발생 • 이원화된 도시 계획을 보완하기 위하여 중간 단계 계획으로 생활권 계획을 도입
참여	주민 참여 예산제	포르투알레그리 (브라질)	• 예산 수립 과정에 주민 참여 및 주민이 건의하는 사업의 예산 편성 • 정책 결정에 대한 주민 참여 확대와 이를 통한 풀뿌리 민주주의 확산
경제	사회적 경제	영국	• 대기업 중심 경제에 대한 대안으로 협동조합과 같은 형태로 이웃 간 자발적 참여와 협동, 연대 원리로 운영되는 경제 공동체 추구 • 공동체의 보편 이익 추구, 민주적 의사 결정, 노동 중심 수익 배분, 사회 및 생태 환경의 지속 가능성 추구

공공 자전거 사업, 따릉이

공공 자전거 서비스인 따릉이는 서울 시민이 뽑은 가장 우수한 정책으로 선정되기도 했다. 사업이 시작된 2015년 9월 하루 평균 1,200건가량 이용된 따릉이는 2020년 하반기에 하루 평균 6만 5,202건이 이용되어 서울시의 친환경 이동 수단으로 자리 잡았다. 공공 자전거는 2007년경 프랑스 파리의 벨리브에서 성공적으로 안착한 이후 세계 여러 도시에 도입됐다. 서울에서는 오세훈 시정기에 도입이 추진됐으나 사전 단계로 자전거 도로의 설치만이 이루어졌다. 2008년 728.8킬로미터였던 서울 시내 자전거 도로 길이는 2010년 844.6킬로미터까지 30.2퍼센트 증가한다. 김민재 외의 연구에 따르면 도로 교통 상황이나 지형, 자전거 안전 등을 고려하지 않고 마구잡이로 늘리면서 실제 활용할 도로가 거의 없었고, 박원순 시정 초반에는 이미 설치된 도로 중 이용 부적합 구간을 다시 뜯어내면서 도로 연장이 오히려 감소했다고 한다.[93] 박원순 시정 초기 자전거 도로 활용에 어려움이 있어 공공 자전거 사업 자체가 폐기될 위기도 있었다. 그러나 자전거 정책 시민 숙의 과정을 거친 결과 벨리브의 공공 자전거 모델을 도입하기로 했고 그 결과 따릉이 사업이 시작됐다.

따릉이는 다양한 맥락의 고민이 결합된 산물이다. 도시가 자동차 중심 교통 환경에서 벗어나야 한다는 문제의식과 지구를 살리기 위한 탈탄소·지속 가능 성장의 필요성과도 연관이 깊다. 또 대안적 경제 체제로서 공유 경제와 공유도시로 나아가기 위한 새로운 친환경 교통수단의 필요성에 대한 고민과도 연계된다. 이와 더불어 근래에 증가한 미세먼지와 대기 오염 등 서울의 특수한 문제와도 관련이 있다. 이러한 다양한 고민은 시민 일상의 문제이기에 따릉이는 시민 일상에 관련된 정책 실험으로서의 의미가 크다.

따릉이는 2015년 10월 2,000대가량을 성수, 상암, 여의도, 사대문 안, 신촌 등 다섯 시범 지역에 비치해 운영했는데 시행 초기에는 비판이 적지 않았다. 부족한 대여소와 대여소 전력 공급과 같은 운영상의 난점, 애플리케이션의 불편함, 자전거 도난과 분실, 고장 등의 문제로 따릉이 사업에 대한 비판이 끊이지 않았다. 그러나 박원순 시정에서 지속적으로 따릉이와 대여소가 확충됐고, 지적된 문제도 점진적 개선

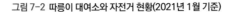

그림 7-2 따릉이 대여소와 자전거 현황(2021년 1월 기준)

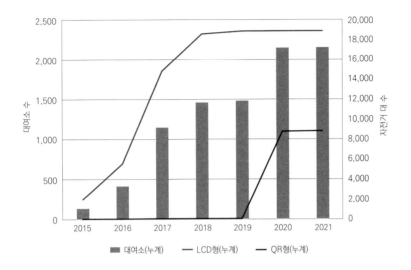

그림 7-2 따릉이 대여소와 자전거 현황(2021년 1월 기준)

주 | 서울시 열린 데이터 광장 홈페이지 자료를 바탕으로 저자 재작성.
자료 | "서울특별시 공공 자전거 대여소 정보", 서울시 열린 데이터 광장 홈페이지.
URL | http://data.seoul.go.kr/dataList/OA-13252/F/1/datasetView.do

이 이루어졌다. 대여소는 2015년 132개소에 그쳤으나 지속적으로 확
충돼 2021년 1월 기준 2,152개소로 증가됐다. 사업 초기에는 구형인
LCD형 자전거 위주로 도입됐으나 관리상 어려움이 드러나면서 2018
년부터 도입되지 않았고 2019년부터 신형인 QR형 자전거 위주로 대
체됐다. 이는 그림 7-2에서 확인할 수 있다.

　서울시에 따르면 구형 자전거를 신형으로 대체하는 작업도 이루어
져 추후 관리 비용이 절감될 것으로 보인다. 물론 현재도 산지가 많은
강북은 일부 지역에 운영이 한정된다는 점과 획일적인 자전거 설계로
이용자의 다양한 신체적 특성을 고려하지 않은 점 등이 문제로 지적된

다. 이러한 사항도 청소년, 고령층이 이용하는 새싹 따릉이나 전기 자전거인 e-따릉이 도입이 추진되는 등 점진적인 개선이 이루어졌고 비교적 성공적으로 안착됐다고 볼 수 있다.

서울시 심야 버스, 올빼미 버스

올빼미 버스는 빅데이터를 활용해 공공 서비스를 개선한 국내 최초의 사례로 평가 받았다. 유럽의 주요 도시나 개발 도상국의 일반적인 도시와 달리 야간에도 경제 활동이 활발한 '잠자지 않는 도시'라는 서울 특성이 심야 버스 도입의 배경이었다. 외국은 일반적으로 야간 통행이 많지 않아 택시가 이를 전담한다. 하지만 한국, 특히 서울의 야간 교통 이용자는 요식과 엔터테인먼트 서비스 소비자는 물론 저소득 근로자나 영세 자영업자, 회사원도 적지 않다. 이들은 택시 이용에 부담을 느낀다. 서울의 또 다른 문제는 야간 교통사고 빈도와 사망자가 OECD의 주요 국가에 비해 크게 높다는 점이다. 다시 말해 서울의 24시간 경제는 세계 다른 도시와 비교하기 힘든 서울만의 특성이며, 세계도시의 정책을 모방하기 어려운 분야다.

서울시는 2013년 다산 콜 센터의 민원 60만 건을 분석한 결과 이 중 25퍼센트 가량이 교통 관련 사항이라는 점을 포착하고 시민의 야간 이동을 지원하기 위한 분석에 착수했다. 먼저 심야 시간 통화량 데이터 30억 건과 교통 카드 데이터를 분석해 심야 시간 유동 인구 밀도를 시각화하고 권역별 분포를 분석했다. 이러한 분석을 토대로 노선을 정했고, 정류소별 구역 설정과 실수요를 근거로 가중치를 부여했다. 그 후 시뮬레이션 과정을 거쳐 노선을 확정했는데, 이는 그림 7-3에서 확인

일상도시 서울

그림 7-3 **심야 버스 노선도 결정 과정**

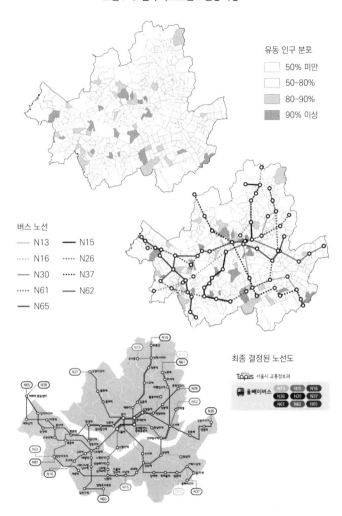

주 | 서울특별시(2013b)의 자료를 바탕으로 저자 재작성. 최종 결정된 노선도는 서울시 교통 정보
과와 서울 대중교통 사이트에서 제공.
자료 | "서울 생활 인구(행정동 단위, 내국인, 2021. 12. 자료)", 서울시 열린 데이터 광장 홈페이지.
"서울특별시 정류소 정보", 공공 데이터 포털 홈페이지.
URL | https://data.seoul.go.kr/dataList/OA-14991/S/1/datasetView.do
https://www.data.go.kr/data/15000303/openapi.do
https://bus.go.kr/nBusMain.jsp

할 수 있다. 서울 정책 아카이브의 2015년 자료에 따르면 이러한 예측 결과가 실제 노선 수요와 거의 일치한 것으로 나타났다.

심야 버스는 일차적으로 저소득자의 야간 통행 부담을 경감하고 경제 활동을 증대했다는 긍정적인 효과를 가져왔다. 이 외에도 다양한 긍정적 파급 효과를 만들었다. 서울시 분석에 따르면 도입 후 50일간 버스 한 대당 약 138명이 이용해 주간 시내버스 한 대 평균 이용객인 110명에 비해 25퍼센트 이상의 수송량을 보였다. 또 노선 근처 야간 업소의 매출량을 분석한 결과 야간 활동 인구가 증가한 것으로 나타났다. 여성 경제 활동 인구 역시 11퍼센트 증가했으며, 저렴하고 유용한 야간 귀가 수단 덕에 야간 범죄 예방 효과도 있을 것으로 추정된다. 부수적 효과로 택시의 승차 거부가 8.9퍼센트 감소한 것으로 나타났다. 올빼미 버스는 서울의 문제를 빅데이터 분석이라는 도구를 활용, 창의적으로 해결한 사례로 볼 수 있다. 이는 단순한 정책 이전이 아닌 창조적 학습의 결과로, 영국, 대만, 인도네시아 등 해외에서 관심을 보여 시찰하기도 했다.

물론 따릉이와 올빼미 버스도 한계는 있다. 가장 큰 문제는 사업의 지속 가능성이다. 서울시가 국회에 제출한 자료에 따르면 따릉이 사업은 2020년 99억 원의 적자를 기록했다. 이러한 운영비 적자 문제를 해결하려면 민영화를 해야 한다는 주장도 있다. 적자 대부분이 지속적인 대여소와 자전거 확충 등 초기 시설 투자 비용이고, 건당 운영비는 오히려 감소했다는 주장도 있다. 다만 따릉이는 시민에게 대안적 교통수단을 저렴하게 제공한다는 점에서 일종의 교통 복지이고 건강 증진과 교통 혼잡 감소, 온실가스 배출 감소와 같은 긍정적 외부 효과도 있다.

일상도시 서울

따라서 운영 비용만이 아니라 사회적 편익도 평가해 사업의 타당성을 따져볼 필요가 있다.

올빼미 버스 운행 요금은 2,150원으로 따릉이에 비해 수익에 관한 쟁점이 거의 제기되지 않았다. 반면 긴 배차 간격으로 인한 불편과 높은 혼잡도, 승객 안전이 주요 문제로 지적된다. 야간에 운영된다는 점에서 주간 버스만큼 배차 간격을 확보하고 노선을 신설하기는 어렵다. 그러나 긴 배차 간격으로 '이용 기피→수요 감소→수익 악화'의 악순환이 발생할 수 있다. 이 점에서 적절한 배차 간격 단축과 노선 신설이 필요하지만 과도한 증차와 노선 신설이 운영 비용과 운임 상승으로 이어지기 때문에 주기적인 야간 통행 수요 분석을 통한 노선과 운임의 섬세한 결정이 요구된다.

주민이 실행하는 『서울시 생활권 계획』

『서울시 생활권 계획』 수립 역시 1,000만 메가시티라는 서울의 특성이 반영된 정책이다. 서울만이 아니라 모든 지자체의 도시 계획 체계는 도시 전반의 발전 방향과 계획을 제시하는 포괄적인 '도시 기본 계획'과 개별 필지 단위로 수립되는 구체적인 '도시 관리 계획'으로 이원화한다. 그러나 서울은 사는 사람도 너무 많고 크기도 너무 크다. 같은 서울 시민이지만 강남에 사는 사람과 강북에 사는 사람은 생활 반경과 양식이 다르다. 이 때문에 각 자치구의 특성을 살린 도시 계획이 수립되기 어려웠다. 앞서 살펴본 총괄 건축가 제도의 도입이 서울 전반의 통합적인 공간 계획 관리를 위한 시도라면, 『생활권 계획』은 자치구 특색과 구민 수요를 반영하려는 시도다.

『생활권 계획』이 기본으로 깔려 있어야 주민 자치가 비로소 실현될 수 있고 시의 일방적인 하향식 계획이 아닌 밑에서의 상향식 계획이 가능하다. 이전의 도시 기본 계획은 계획의 범위를 서울 전체의 광역으로 설정했기에 행정과 전문가 중심의 하향식 계획이 될 수밖에 없었다. 넓은 범위와 다양한 이해관계를 고려한 전략 수립은 일반 시민이 접근하기 어렵기 때문이다. 그러나 『생활권 계획』은 계획의 범위를 세 네 개 자치구 범위 정도로 설정해 생활 반경 내의 문제에 주민이 관심을 가지도록 유도했고, 이를 통해 상향식 계획이 되도록 설계했다. 주민이 직접 계획을 세워 진정한 의미의 주민 자치에 한 발 가까워지는 동시에, 대규모 개발이나 공공사업보다 생활에 필요한 사업을 중심으로 계획이 구성될 조건을 만든 것이다. 재난 혹은 감염병이 발생했을 때 효과적으로 대응하기 위해서도 이는 필수적이다.

『생활권 계획』은 도시 기본 계획과 도시 관리 계획의 중간 단계로, 이는 다시 '권역 생활권 계획'과 '지역 생활권 계획'으로 나누어진다. 권역 생활권은 경제 활동이 이루어지는 범위이고, 지역 생활권은 통근과 통학, 쇼핑, 여가 등 일상생활과 활동이 이루어지는 범위다. 지역의 경제 활동이 인접한 네다섯 개 자치구별로 이루어지는 반면, 일상생활은 대체로 한두 개 구를 오가거나 몇 개 동을 오가며 이루어진다. 서울 전체를 다루는 도시 기본 계획, 경제 활동이 주로 이루어지는 권역 생활권 계획, 시민의 일상생활이 이루어지는 지역 생활권 계획, 개별 건축과 용지 활용을 위해 필지 단위로 이루어지는 도시 관리 계획으로 도시 계획이 세분화되어 각 범위에 부합하는 촘촘한 계획 수립이 이루어지는 것이다. 이러한 『생활권 계획』은 서울을 크게 서북권, 도심권, 동

일상도시 서울

그림 7-4 『생활권 계획』의 체계

서울 전역   권역 생활권(5개)   지역 생활권(116개)

주 | 서울 생활권 계획 홈페이지 자료를 바탕으로 저자 재작성.
자료 | "서울 생활권 계획의 구성", 서울 생활권 계획 홈페이지.
URL | https://planning.seoul.go.kr/plan/main/intro/intro02.do

북권, 서남권, 동남권 등 다섯 개 대권역으로 구분한다. 서북권은 은평, 마포, 서대문구가, 도심권은 종로구, 중구, 용산구가 포함되는 식이다. 각각의 대권역은 다시 116개 지역 생활권으로 구분된다.

『생활권 계획』은 다른 생활 밀착형 실험과 마찬가지로 지역 주민의 참여와 주도로 세웠다. 생활권 계획 주민 참여단은 총 4,500여 명으로 구성되어 지역별로 수립 과정에 참여했다. 주민 참여단은 지역 생활권마다 한 개 참여단을 구성하고, 행정동별 열 명을 모집하되 인터넷 공모로 일반 주민 다섯 명, 자치구와 행정동에서 추천하는 주민 자치 위원 다섯 명으로 구성했다. 주민 참여단은 2014~2016년 동안 약 230회 워크숍에 참가해 조력자의 안내에 따라 지역 자원 발굴과 현안 문제 도출, 미래상 등에 의견을 제시했다. 이를 통해 지역권 계획의 초안을 마련했고, 주민 설명회와 공청회 등을 거쳐 2016년 『생활권 계획』을 수립했다.

『생활권 계획』은 거대도시 서울의 특성을 반영한 도시 계획 체계의 세분화, 지역 특성을 살릴 촘촘한 제도 설계, 경제 활동과 일상생활에 근거한 반경 설정과 계획 구조의 일치, 계획 수립 과정의 주민 참여 보장과 주민 의견의 적극적인 반영 등 여러 면에서 이전 시정의 도시 계획보다 제도적인 측면에서 진일보했다. 다만 이러한 성과에도 불구하고 생활권 계획은 여전히 한계와 개선할 점을 지닌다. 우선 2014년에서 2016년이라는 짧은 기간에 수립됐기에 아직 제도가 정착되지 못했고 2020년부터 『2기 생활권 계획』 수립이 추진 중이다. 『생활권 계획』이 일회성 이벤트로 그치지 않고 이후의 시정에서도 지속적으로 이루어지도록 관심과 관리가 필요하다.

둘째, 계획 수립 단계에서는 주민의 적극적인 참여가 보장됐지만 계획 실행과 성과 평가, 사업 내용의 수정 단계에서는 주민 참여가 제한적이었다. 주민 참여 보장을 위해서는 주민 자치회 등을 통해 수행해야 하는데, 서울시 자치구별 주민 자치회의 조직과 운영 역량이 천차만별이다. 모든 자치구에서 주민 자치회를 통해 『생활권 계획』의 성과 평가와 감시, 보완이 이루어지도록 시 차원의 지원이 필요하다.

앞서 두 가지 문제가 보완점이라면 마지막으로 꼽은 『생활권 계획』의 현실성은 한계다. 권역 생활권 설정이 상상의 공동체에 가깝다는 것이다. 권역 생활권은 서울시의 기본 계획과 지역 생활권 계획을 연결하는 중간 단계로 분명 도시 계획을 촘촘히 하는 과정에 필요하다. 다만 적게는 세 개, 많게는 여덟 개 자치구가 권역 하나로 설정되는 과정에서 서로 다른 정체성을 가진 주민이 한 계획으로 통합된다. 이렇게 만든 권역이 어색하고 억지스러운 개념으로 인식되는 것이다. 단순히 계획 수립만 아니라 사업이 추진되는 과정에서 자치구 간, 행정동 간 갈등이 표면화될 수도 있다. 예를 들어 창동 상계 지역 개발 사업을 보면, 동북권 네 자치구가 사업을 논의했지만 실제 사업 지역이 도봉구와 노원구에 집중되면서 성북구와 강북구는 계획에 참여하기가 어려웠고, 이 두 자치구 입장에서는 개발 이익도 없으므로 참여할 필요를 느끼지 못했다. 반면 노원구 창동과 도봉구 상계동에 사업 공간이 확정되자 그 공간을 어떻게 활용할지를 다르게 제안하면서 지역 시민 사회 간 경쟁과 갈등이 확산되기도 했다. 주민 참여와 합의를 통한 지역 특색의 발전 계획 수립이라는 취지에도, 『생활권 계획』이 현실에서는 지방 자치 단체 간 경쟁과 갈등을 유발하기도 한 것이다. 물론 권역 생활권의 개념이 없어도 지방 자치 현실에서 지자체 간 갈등과 경쟁은 필연적이지만, 주민이 공감할 생활권이 재설정된다면 갈등의 크기를 조금이나마 줄일 것이다.

서울형 주민 참여 예산제

따릉이와 올빼미 버스, 『생활권 계획』이 서울의 선도적인 정책 실험의 사례인 반면, 참여 예산제는 국내 지방 자치 단체 중 서울이 가장 늦게 추진한 정책이다. 주민 참여 예산제를 거버넌스에 국한된 정책 실험으로 이해하는 경향이 있으나, 시민 개인의 필요와 이해를 공공의 이해로 전환하는 생활 밀착형 정책 실험이기도 하다. 이를 통해 시민의 일상과 무관한 사업은 배제하고 일상에 직접 관련된 사업을 선정할 수 있기 때문이다.

주민 참여 예산제는 1989년 인구 130만의 소도시인 브라질 포르투

알레그리에서 참여 예산participatory budget의 이름으로 처음 시작했다. 한국에서도 지방 자치 실시 이후 재정 분권 추진 과정에서 시민 사회를 중심으로 주민 참여 예산제를 도입해야 한다는 목소리가 높았다. 지자체장이 독점적으로 행사하는 예산 편성권을 견제해야 했기 때문이다. 이에 2012년 말까지 전국 244개 지방 자치 단체 중 240개 지방 자치 단체가 주민 참여 예산을 도입했고 미도입 네 개 단체 중 울산 중구와 남구, 성남시도 조례는 만든 상태였다. 오직 서울시만이 참여 예산 조례조차 도입하지 않았다.

서울시가 참여 예산제를 도입하지 않은 이유는 국제적으로 대도시 성공 사례가 없었기 때문이라고 한다. 인구 1,000만이 거주하는 경제·정치·문화 중심지인 거대도시이기 때문에 참여 예산제의 적용이 적절하지 않다고 판단한 듯 하다. 그런데 유소영과 정상호의 연구는 서울시가 도입하지 않은 또 다른 이유를 이야기해준다. 오세훈 시장 시절 대규모 개발에 관련된 주요 전략 사업이 많이 추진되었는데, 참여 예산제가 이러한 대규모 개발 사업의 장애가 될 것을 우려해 도입을 검토하지 않았다는 것이다.[94] 시장 주도의 거대 개발 사업이 시민의 일상과 관련된 다양한 사업보다 우선시됐다는 의미다.

그러나 여러 상황의 변화로 2012년 서울시에서도 참여 예산제가 도입됐다. 우선 2011년 『지방 재정법』 개정으로 참여 예산제가 강제 규정이 되면서 제도적 환경이 변한 것이 주된 이유다. 시민운동가 출신 시장의 집권으로 서울시의 의사 결정 방식과 성향이 변화한 것과 2000년대 초반부터 예산 감시 운동이 축적돼 시민 사회의 역량이 강화된 것 역시 주요 계기였다.

박원순 시장 취임 이후 2012년 1월부터 서울시는 시민 단체와 학계의 논의를 통해 제도 골격을 구상하고 참여 예산 네트워크를 발족해참여 예산제 도입을 위한 논의를 시작했다. 참여 예산 네트워크로 합의된 사항은 자문 위원회 수준을 넘지 못하는 기존 지자체의 참여 예산제의 한계를 극복해야 한다는 것, 인구 1,000만이 넘는 거대도시 서울의 특성을 고려해 다양한 방식과 경로로 시민 참여를 보장해야 한다는 것이다. 이 점에서 약 3개월 동안 시, 시 의회, 참여 예산 네트워크가 합의한 조례안은 행안부의 세 가지 표준 모델보다도 주민 권한을더 강하게 보장했다. 주민 참여 예산제의 참여 자격을 청소년까지 확대했고 자치구별 지역 의회를 구성해 총회 결정에 대한 일반 주민 의견을반영하기로 규정했다. 참여 예산 위원회의 기능도 사업 제안에 국한된기존 지자체보다 포괄적이어서 중장기 예산 편성 , 대규모 투자 사업예산 편성에 대한 의견 제시, 결산 설명회 참여, 위원회 사업 평가까지포함했다.

먼저 참여 예산제를 실시한 다른 지자체보다 서울시가 제도 설계 면에서 선구적인 모델을 추진했다고 평가 받는다.[95] 다른 지자체는 운영역량 미흡, 제한된 참여 범위, 주민의 참여 미흡, 주민 이해 부족 등이문제로 지적되는 데 비해, 서울시는 이러한 문제에서 일정 정도 개선을이루어왔기 때문이다. 운영 역량은 서울시가 대구, 부산 등 다른 광역지자체에 비해 나은 편이다. 전국 대부분 지자체는 담당 공무원 한 명이 다른 업무와 참여 예산제 업무를 병행하는 반면 서울은 별도의 조직이 주민 의견 수렴, 주민 참여 예산 위원회 대응 업무를 한다. 참여범위도 조례 제정 시 계획 심사, 결산, 평가 등 상대적으로 많은 범위를 보장했다. 2017년 참여 예산제 개정을 통해 참여 영역 확대, 전자 투표 도입, 숙의형 예산제 도입도 추진하면서 참여 예산제의 범위를 확대했다. 주민의 참여 예산 이해도를 높이려 시가 예산 학교를 운영하고, 예산 교육 이수를 시민 위원의 조건으로 설정했다.

이러한 서울시의 개선 노력에도 서울의 참여 예산제 역시 저조한 주민 참여와 작은 예산 규모라는 어려움을 안고 있다. 참여 예산제의 제안 사업은 2016년 3,979건을 최고로 이후 감소 중이다. 서울시 자료에 따르면 온라인 투표에 참여하는 시민도 2019년 기준 15만 6,390명으로 2018년의 12만 801명에 비해 증가했으나, 서울시 전체 시민의 1.60 퍼센트에 그칠 뿐이다.[96] 표 7-3을 보면 전체 예산 규모 대비 반영되는 사업비 비중도 감소했다. 물론 2016년까지 참여 예산에 할당된 사업비가 500억 원으로 한정되었기에 매년 증가하는 예산에 비해 고정된 참여 예산의 반영률이 낮아질 수밖에 없는 것도 한 원인이다. 그러나 2017년 이후 700억 원으로 규모가 확대됐음에도 전체 예산 규모 대비 참여 예산을 통해 선정되는 사업 액수가 크지 않아 반영률이 감소 중이다. 2018년까지의 추세를 보아도 사업 도입 초기인 2013년에는 전국 지방 자치 단체 평균을 크게 상회하는 수준에서 시 예산에 참여 예산이 반영됐으나 2015년 이후에는 전국 지자체 평균을 밑돈다.

그림 7-5에서 확인되듯 주민 참여 예산제를 통해 선정한 사업 유형에서 점차 서울시 단위나 둘 이상 자치구가 관련되는 시정 참여와 시정 협치 사업보다 동 단위·구 단위 사업이 증가하는 점도 문제다. 시정 참여와 시정 협치 사업은 시 사업인 반면, 구 단위나 동 단위 사업은 단일 자치구 이하에서 추진되며 이미 일정한 예산이 편성되어 있다.

표 7-3 연도별 서울시 참여 예산 사업 현황

연도	제안 사업		선정 사업(A)		전체 예산 규모(B) (억 원)		반영률(A/B,%)			
							서울		전체 지자체 평균	
	사업수	사업액 (억 원)	사업수	사업액 (억 원)	총규모	일반 회계	총규모	일반 회계	총규모	일반 회계
2013	1,460	13,017.13	223	503.48	235,069.00	156,116.00	0.21	0.32	0.09	0.11
2014	1,533	7,560	352	500	244,133.31	169,269.00	0.20	0.30	0.19	0.23
2015	3,593	4,652	524	498	255,184.45	182,578.00	0.20	0.27	0.64	0.78
2016	3,979	5,399	804	500	275,037.57	191,694.08	0.18	0.26	0.52	0.63
2017	3,432	8,329	747	541.8	298,011.17	206,398.09	0.18	0.26	0.41	0.48
2018	3,288	9,798.4	705	570.5	318,140.65	224,664.51	0.18	0.25	0.51	0.61
2019	3,511	13,679.7	838	598.8	357,416.08	241,683.34	0.17	0.25	–	–
2020	2,923	14,176.5	866	419.5	395,359.13	268,933.90	0.11	0.16	–	–

주 | 서울시 참여 예산 홈페이지 자료를 참조로 저자 재작성. 전체 지자체 평균은 서정섭(2018) 발표 논문을 참조.
자료 | "연도별 참여 예산 운영 실적", 서울특별시 참여 예산 홈페이지.
서정섭(2018), "주민 참여 예산제 운영의 현주소와 발전 방향", p.16.
URL | https://yesan.seoul.go.kr/consider/considerResult.do

2012년 사업 시행 당시에는 시민 제안 사업과 지역 의회 제안으로 구분되었으나 2015년 이후 사업 유형을 다각화해 2017년부터 시정 참여형, 시정 협치형, 지역 참여형, 구 단위 계획형, 동 단위 계획형으로 사업을 세분화했다. 제안 사업 유형을 다각화한 것은 서울의 특성상 사업이 여러 지역과 규모에서 필요에 따라 다양하기 때문에 일정 부분 필요할지 모른다. 그러나 자치구에 한정된 사업은 모두 편성되고 협치 사업은 편성이 적어지다 보니 서울 공동의 문제와 사업이 참여 예산제로 논의되기보다 점차 배정된 예산으로 자치구 사업을 하는 형국이 발생

그림 7-5 유형별 참여 예산 선정 사업 현황

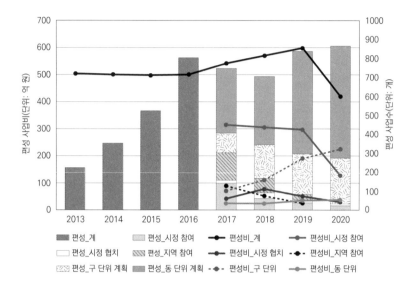

주 | 서울특별시 참여 예산 홈페이지 연도별 자료를 바탕으로 저자 재작성.
자료 | "연도별 운영 실적", 서울특별시 참여 예산 홈페이지.
URL | https://yesan.seoul.go.kr/intro/intro0103.do

한 것이다. 이 역시『생활권 계획』처럼 시민의 일상에 좀 더 가까운 자치구와 동에 예산을 쓴다고 보면 의미가 있겠으나, '서울시'의 주민 참여 예산제라는 의미가 퇴색된다는 점에서는 아쉽다. 자치구 사업은 자치구의 참여 예산제로도 논의할 수 있기 때문이다.

요컨대 따릉이와 올빼미 버스,『생활권 계획』이 서울의 특성에 부합하는 고유의 문제를 창의적, 선도적으로 해결한 사례라면, 참여 예산제는 서울의 특성에 부합하지 않는 정책 실험일 수 있다. 그러나 참여 민주주의, 심의 민주주의 확대라는 규범적 측면과 제도적 측면에서 참여 예산제의 도입은 불가피했다. 이러한 구조적 한계 속에서도 시민의 참여를 보장·확대하면서 서울의 특성을 감안한 참여 예산제를 만들고 변경해왔다는 점에서 아직 진행 중인 실험으로 평가할 수 있다.

　네 정책 실험의 공통점은 첫째, 서울의 특성이 반영된 정책 실험이며 둘째, 일상에 밀접하게 관련된 정책이라는 점이다. 따릉이, 올빼미버스, 생활권 계획, 참여 예산제는 모두 자동차 중심 교통 체계와 대기오염, 불편한 야간 경제 활동, 지속 가능 발전, 지역 특색의 계획 수립이라는 서울의 일상 문제와 결부됐다. 세 번째 공통점은 지속적인 정책 보완과 개선을 통해 안착해가는 정책 실험이라는 점이다. 행정은 한 번에 성공적인 사업으로 기획되기보다 시행착오를 거쳐 점차 안착하는 과정을 거친다. 이것은 참여 예산 위원회, 참여 예산 네트워크, 다산 콜센터, 교통 위원회 등 박원순 시정에서 확대된 거버넌스 조직의 피드백이 활발했기 때문에 가능했다. 완료 시점을 못 박아두고 불도저식으로 추진하는 사업이 초래한 비용을 생각하면, 장기적 관점에서 점진적으로 개선해가는 생활 밀착형 실험이야말로 시민의 일상에 체감하는 변화를 이끌어낼 동력이 될 수 있다.

시민을 위한 꼼꼼한 정보 구축과 공유

박원순 시정에서는 도시 문제 해결을 위해 ICT 인프라와 기술을 도입하는 시도가 이어졌다. 도시 문제 해결을 위해 정보 통신 기술과 인프라를 활용하려는 관점은 스마트도시, 지능도시, 유비쿼터스도시와 같은 도시 계획 이론으로 설명할 수 있다. 이는 지식 정보화 사회의 도래 이후 ICT 기술을 활용해 도시 자원을 통합적, 효율적으로 관리하는 한편, 이렇게 관리되는 도시 서비스를 시민에게 효율적으로 전달하고 시민의 적극적 참여를 이끌어내는 것을 목표한다. 물론 ICT 기술을 이용해 도시 자원을 통합적으로 관리한다는 발상은 비단 박원순 시정의 새로운 기조는 아니다. 이는 서울 시정에서 지속적으로 추진한 사항으로, 민선 2기 고건 시정에서 1999년 『서울시 정보화 기본 계획』이 수립된 이후 4년마다 주요 과제와 목표, 세부 사업을 수립해 추진했다. 서울시뿐만 아니라 김대중, 노무현 대통령 시기 중앙 정부 차원에서도 국가적 ICT 인프라 구축과 전자 정부화을 본격적으로 추진했다.

다만 이러한 디지털 행정의 기조 속에도 박원순 시정이 이전 서울 시정과 다른 점은 단순히 통합적 자원 관리만이 아니라 시민의 적극적 참여와 정보 공유를 강조했다는 점이다. 기존의 스마트도시가 도시 자원의 통합적 관리와 전달 체계를 강조하다 보니 이를 위한 기술 도입과 확산에만 주목하는 경향이 있고, 이에 따라 현실에서 스마트도시 추진이 글로벌 IT 기업의 이윤 추구의 장이 되어버리는 상황이 종종 발생했다.[97] ICT 기술을 통해 전자 민주주의 구현과 같은 시민 참여의 질적 제고가 가능함에도 상대적으로 스마트도시 논의에서 더 나은 민주주의를 위한 기술의 역할 같은 부분은 많이 논의되지 않았다. 그래서 오히려 통합적 자원 관리가 빅 브라더big brother와 같이 시민을 통제·관리하는 도구가 될 수 있다는 우려도 적지 않았다. 다시 말해 스마트도시는 기술의 활용과 발전 방향에 따라 수요자(시민)를 위한 도시 계획 가능성을 지녔지만 그간 공급자 중심으로 전개됐다.

이전 서울 시정의 디지털 계획을 살펴보면 이러한 공급 중심, 하향적인 측면이 왕왕 나타난다. 이전 디지털 계획에서 시민에 관한 부분은 대체로 인터넷을 통한 대시민 홍보와 사이버 정책 토론 플랫폼 구축, 생활형 디스플레이 설치 등 정보 제공적 측면, 정보화 교육 확산을 통한 시민의 정보 활용 능력 제고 등이 주로 강조됐다. 물론 시민의 정보 활용 능력 제고는 당시의 시대적 상황에 필요한 과제였으나 ICT 기술을 통한 전자 민주주의 구현은 인터넷 게시판이나 시민 청원방 수준의 논의가 대부분이었다. 그러나 박원순 시정에서는 이러한 참여 플랫폼에 더해 투명한 정보 공개와 시민과의 정보 공유로 시민과 행정의 정보 비대칭성을 해소하려는 특징을 보인다. 이는 앞서 살펴본 거버넌스적 변화와도 맥을 같이하는 것이다. 박원순 시정의 정보 공유 대표 사례로 가상 지도인 S-Map과 열린 데이터 광장, 뉴스레터를 더 구체적으로 살펴보면 다음과 같다.

가상 서울과 S-Map

S-Map은 가상 서울virtual seoul로, 서울 전역을 사이버 공간에 3D로 동일하게 복제한 디지털 트윈digital twin 시스템이다. 서울시에서는 이미 2001년 이후 상하수도와 전기, 통신, 가스, 난방 송유관, 지하철과 지하보도, 지하 차도, 지하상가, 지질과 관정 등 지하 시설 통합 정보 시스템UUIS, Underground Utilities Information System을 구축해왔는데, S-Map은 지상 시설물인 서울의 건축물과 교량, 고가, 육교 등의 주요 시설물, 지형 정보뿐만 아니라 공공 건축물과 역사, 소방 IoT 시설물 등 실내 현황, 지반 등에 대한 정보를 집약한다.

그림 7-6 가상 서울을 구현한 S-Map

자료 | "서울시 S-Map", S-Map 홈페이지.
URL | https://smap.seoul.go.kr

이는 기본적으로 서울시의 주요 정책과 사업의 시뮬레이션 자료로 활용된다. 기존의 시설물 정보만이 아니라 지형과 지질학적 정보 등이 포함돼 이전의 사업 검토 자료보다 훨씬 상세하고 정밀한 예측이 가능해졌다. 예를 들어 특정 지역에 고층 건물을 건립할 경우, S-Map에서는 지역의 바람길 정보로 지역의 풍향과 속도가 어떻게 변화할 것인지, 이에 따라 기존 옥외 광고물의 파손 위험과 같은 예상되는 문제점이 무엇인지 등을 종합적으로 검토할 수 있다.

이러한 기능과 목적만 두고 보면 행정에서만 쓰일 것 같기도 하지만 S-Map은 일반 시민도 이용할 수 있다. UUIS가 민감한 지하 시설물 정보를 포함하다 보니 테러와 같이 안전을 위협하는 용도로 악용될 수 있어 서울시와 유관 기관만 이용이 가능한 반면, S-Map은 일반 시민도 접속해 서울의 정보를 확인할 수 있다. S-Map은 민간 포털에서 제공하지 않는 거리 뷰와 골목길 정보까지 제공하고 주요 관광지의 지도를 높은 해상도로 확인해 개인적으로 활용하는 동시에, 증강 현실 기술과 접목해 문화재와 유적지 체험 활동 등에도 활용이 가능하다. 이러한 정보가 민간에 공개돼 기업 활동에도 유용하고 개발 사업에서 주민 의견을 수렴하는 데도 활용할 수 있다.

공공 데이터 플랫폼, 열린 데이터 광장

열린 데이터 광장은 서울시와 연계 기관에서 공개한 모든 공공 데이터를 모아 둔 데이터 플랫폼이다. 보건, 행정, 문화·관광, 산업·경제, 복지, 환경, 교통 등 공공 데이터가 분야별 정리됐다. 가공된 제공 통계뿐만 아니라 서울시 지하철 호선, 역별 승하차 정보, 따릉이 이용 통계, 정류장의 시간대별 승하차 인원, 소방서와 구조대 위치 정보 등 원자료와 뉴스레터는 물론 인공 지능AI, Artificial Intelligence 학습 데이터도 제공되어 이전의 서울시 제공 통계보다 활용성이 대폭 개선됐다. 이전의 서울 시정에서 시민이 이용 가능한 통계의 범주가 대체로 시와 연관 기관이 가공하고 정리를 마친 통계표 형태의 자료거나 지극히 제한된 수의 원자료였던 반면, 열린 데이터 광장은 그 범위와 형태, 종류가 넓고 활용 방안도 점차 다양해지고 있다. 이를 바탕으로 민간 기업의 앱 개발과 인포 그래픽 제작 등이 이루어지고 있으며, 현재까지 서울시 공공 데이터를 활용해 앱 200개 이상이 제작된 것으로 보인다. 지하철 실시간 도착 알림 앱이나 생활 정보를 종합해 대시보드 형태로 알려주는

그림 7-7 공공 데이터 플랫폼, 서울시 열린 데이터 광장

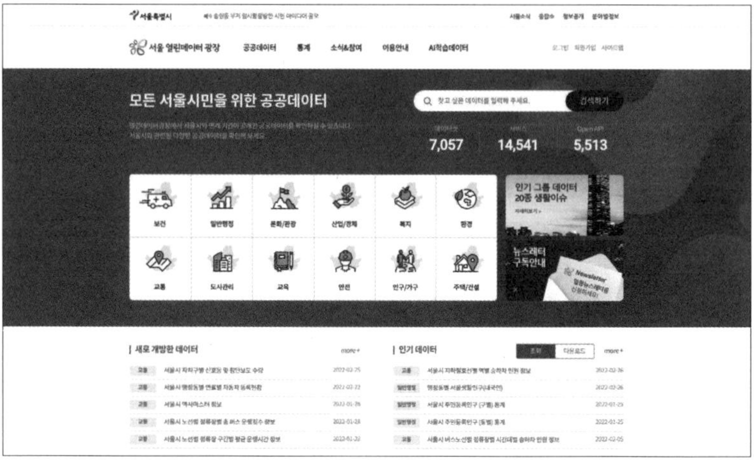

자료 | "서울 열린 데이터 광장", 서울시 열린 데이터 광장 홈페이지.
URL | https://data.seoul.go.kr

스마트 알람, 교통 정보를 알려주는 TBS 모바일 앱 등이 대표 사례다.

또 공공 데이터를 활용한 시민 정책 공모전이 열려 공공 데이터를 활용한 시민의 정책 제안도 가능해졌다. 이는 주로 서울시의 빅데이터 제공 정보 서비스인 빅데이터 캠퍼스(https://bigdata.seoul.go.kr/main. do)를 통해서 이루어졌는데 대표적으로 공공 와이파이 우선 입지 선정이나 돌봄 교실 공급 확대 우선 지역 선정, 어린이 보호 구역 확대 입지 선정 등이 제안됐다. 이는 시민이 직접 공공 데이터를 가공·분석해 정책 제안의 초안을 마련했다는 의미가 있다.

이러한 S-Map과 열린 데이터 광장, 빅데이터 캠퍼스는 분명 시민에게 정보 공유의 폭을 비약적으로 늘린 사업이다. 다만 앞서 언급한 수준의 정책 참가와 제안은 상당히 전문적인 지식과 기술을 요해 아직

까지는 그 활용과 참여 범위가 제한적이다. 이는 모든 거버넌스 과제의 어려움이기도 하다. 한편으로 공공 데이터 제공과 공유를 위한 서버 관리 비용 등이 있어 제공 서비스가 주기적으로 중단되기도 한다. 중단된 일부 서비스는 제공 요청을 통해 얻을 수도 있지만 반드시 필요한 정보가 제공될지 알 수 없고, 이러한 번거로움이 접근성을 떨어뜨린다. 결국 앞서 정책 실험과 유사하게 디지털 계획에서도 정책의 지속 가능성이 우려된다. 다만 제공 정보에 대한 수요 파악도 이루어지는 중이고, 관리 기술이 발전하면 관리 비용 절감도 가능할 것이므로 이러한 문제는 점차 개선될 것으로 보인다.

시민 맞춤형 서울시 뉴스레터

서울시 뉴스레터는 필요한 정보를 모아 시민에게 제공하기에, 비록 정보의 제공 범위는 앞선 두 사업에 비해 좁지만 유용성과 접근성은 높은 편이다. 뉴스레터는 서울시 홈페이지에서 신청해 구독할 수 있는데, 본인에게 필요한 정보를 선택하면 이에 관한 정보를 모아 맞춤형으로 발송해주는 수요자 맞춤형 서비스다. 이는 본인이 관심을 가진 분야의 주제별 정보를 주기적으로 확인할 뿐만 아니라 시정에 참여하는 판단 자료로 활용된다는 점에서 상향식 거버넌스 구현을 위한 전제다. 앞으로 서울시의 거버넌스가 상향식으로 점차 바뀌어가는 과정에서 이러한 정보 공유는 큰 힘이 된다. 아무리 정책 실험과 제도를 통해 협치를 구현하려 해도 시민과 행정 간의 정보가 비대칭하다면 그러한 의사 결정은 왜곡될 가능성이 높기 때문이다. 바로 이 때문에 정보 공유는 거버넌스를 위해 가장 중요한 토양이다.

디지털 정부 구현과 IT 자원 활용은 민선 서울 시정에서 지속적으로 추진한 중요 사업이다. 박원순 시정은 이전 시정의 성과를 계승·확대해온 동시에 정보 공유를 강조해 거버넌스를 위한 질적인 변화의 초석을 놓았다. 이전 시정이 기술 결정론적이고 기업 친화적인 스마트도시 담론에 영향을 받아 시민의 실질적 참여 조건을 마련하는 데 소홀했다면, 박원순 시정은 실질적 참여를 위한 제반 여건을 구축하는 데 힘썼다. 이전 시정이 참여를 위해 물고기(정보)를 잡아주는데 그친 반면, 박원순 시정에서 시민이 직접 물고기를 잡을 수 있는 터를 마련한 셈이다.

첫발을 뗀 사회적 경제 실험

일상도시론은 다양한 경제를 활용한 도시의 경제적 번영과 혁신을 강조한다. 서울과 같은 대도시 차원에서 경제적 다양성은 더 특별한 장점이 된다. 특정 산업으로 특화한 지역화 경제와 더불어 다양한 종류의 산업과 기업이 함께 공존하는 도시화 경제는 도시의 경제 성장과 혁신을 촉진하기 때문이다.

박원순 시정의 서울시는 거점별 특화 산업 경쟁력 강화라는 기존의 정책 기조를 유지하면서도 사회적 경제와 공유 경제 같은 대안적 경제 모형 모색과 실험을 확대했다. 이는 일상도시론의 강조점과 유사한 면모를 보인다. 박원순 시정의 경제 정책은 기존 정책을 배척하는 것이 아니라 실용적인 측면에서 이전의 정책과 새로운 정책을 병행하는 방식으로 추진됐다. 특히 박원순 시정은 사회적 경제와 공유 경제 같은 대안적 경제 모형을 적극적으로 추진하면서 도시 경제 다양성을 증대하려 했는데, 이는 사회 환경 변화에 맞추어 새로운 사회 혁신 기반과 경제 정책을 도입하고자 하는 노력의 일환이었다. 박원순 시장은 당선 직후부터 서울시 사회적 경제 정책을 추진하기 위한 민관 협의체를 발족하고 TF를 운영하는 등 준비 작업을 시작했다. 2013년에는 중간 지원 조직인 서울시 사회적 경제 지원 센터를 설립해 운영하는 등 적극적으로 사회적 경제 정책을 추진해왔다.

사회적 경제는 꽤 오랜 역사 속에서 진화했다. 사회적 경제는 자본주의 시장 경제가 발전하면서 나타나는 여러 사회 문제의 대안으로 등장했다. 이윤 극대화를 최우선 가치로 하는 시장 경제와는 달리 사회적 경제는 사회적 목적을 우선하는 모든 경제 활동을 아우르는 개념이다. 공동체의 보편적 이익, 민주적 의사 결정, 노동 중심의 수익 배분, 사회와 생태 환경의 지속 가능성을 추구한다는 특징을 지닌다. 사회적 경제는 1800년대 초 유럽과 미국에서 협동조합, 사회적 기업, 상호 부조 조합 등의 조직 형태로 등장했다. 스페인의 몬드라곤, 캐나다의 퀘벡, 이탈리아 볼로냐 지역은 사회적 경제의 3대 모델로 꼽히는데, 사회적 경제 조직이 중심이 되어 안정적으로 지역 경제 성장을 이뤘다. 특히 2008년 미국발 위기로 시작한 세계 경제 위기 속에서도 사회적 경제 조직이 실업률 상승을 막고, 지속 가능한 지역 사회 발전을 도모하는 데 핵심 역할을 하면서, 사회적 경제가 지역 경제 활성화와 지역 사회 발전을 이끄는 대안적 경제 모형으로 더욱 주목 받았다.

한국에서 사회적 경제가 대안적 경제 모델로 주목 받은 건 2000년대 이후부터다. 고용과 소득 불평등 심화, 불안정한 사회 안전망, 지역 공동체 약화 등의 난제를 풀고자 대안적 정책으로 주목 받은 것이다. 한국의 사회적 경제는 2007년『사회적 기업 육성법』제정과 함께 시작됐다. 2010년에 마을 기업 육성 사업을 시작했고 2011년『협동조합 기본법』제정을 통해 제도적 환경을 마련했다. 최근에는 다양한 형태의 사회적 경제 조직을 통합하는『사회적 경제 기본법』을 설립하려는 시도가 있었으나 아직까지 법안 통과는 불투명한 상태다. 이러한 사회적 경제 관련 법에 근거해 사회적 경제를 구성하는 대표 조직으로 현재 사회적 기업, 협동조합, 마을 기업, 자활 기업 등이 있다.

2007년『사회적 기업 육성법』제정 이후 중앙 정부는 사회적 기업 인증과 지원 사업을 추진해왔다. 2009년 서울시를 시작으로 전국의 광역 및 기초 지자체에서 지역형 사회적 기업 육성 조례를 제정하는 등 관련 정책을 추진했다. 2010년 서울시는 사회적 기업이 취약 계층 일자리 창출에 기여할 거라는 판단으로, 중앙 정부가 해온 방식대로 서울형 사회적 기업을 별도로 지정하고 지원하는 방식으로 개별 사회적 기업 육성 정책을 시행했다. 그러나 사회적 기업 양적 확충을 목표로 진행한 정책은 급조된 유사 사회적 기업의 증가와 지원이 종료되고 탈락하는 기업을 양산하는 문제를 초래했다.

서울시 사회적 경제 정책은 박원순 시정 이후 본격적으로 추진됐다. 2011년 10월 서울 시장으로 취임한 박원순 시장은 취임 후 시민의 목소리를 정책에 반영하는 청책 워크숍을 진행했고 2011년 11월 사회적 기업 청책을 계기로 서울시 사회적 경제 정책의 새로운 방향을 제시했다. 서울형 사회적 경제 육성 목표를 "지역 경제 활성화를 위해 다양한

표 7-4 서울시 사회적 경제 단계별 발전 전략

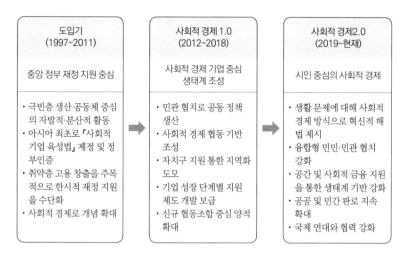

도입기 (1997~2011)	사회적 경제 1.0 (2012~2018)	사회적 경제2.0 (2019~현재)
중앙 정부 재정 지원 중심	사회적 경제 기업 중심 생태계 조성	시민 중심의 사회적 경제
• 극빈층 생산 공동체 중심의 자발적·분산적 활동 • 아시아 최초로『사회적 기업 육성법』제정 및 정부인증 • 취약층 고용 창출을 주목적으로 한시적 재정 지원을 수단화 • 사회적 경제로 개념 확대	• 민관 협치로 공동 정책 생산 • 사회적 경제 협동 기반 조성 • 자치구 지원 통한 지역화 도모 • 기업 성장 단계별 지원 제도 개발 보급 • 신규 협동조합 중심 양적 확대	• 생활 문제에 대해 사회적 경제 방식으로 혁신적 해법 제시 • 융합형 민민·민관 협치 강화 • 공간 및 사회적 금융 지원을 통한 생태계 기반 강화 • 공공 및 민간 판로 지속 확대 • 국제 연대와 협력 강화

자료 | 서울특별시(2019 b), 『서울 사회적 경제 활성화 2.0 추진 계획(2019년~2022년)』, p.9.

지역 자원을 연계함으로써 다양한 유형의 사회적 경제 기업을 육성"하는 것으로 새롭게 제시했다.[98] 서울시 사회적 경제 정책의 기본 방향과 사업 등을 구성하고자 서울시 사회적 경제 민관 협의체를 발족하고 TF 운영 등 시와 시민 사회 부문 간 파트너십 체계를 구축했다.

박원순 시정의 사회적 경제 정책을 크게 사회적 경제 1.0(2012~2018년), 사회적 경제 2.0(2019년~현재)로 구분한다. 사회적 경제 1.0은 사회적 경제 지원 정책의 방향을 전환했다는 특징이 있다. 기존의 사회적 경제 정책이 개별 기업의 재정 지원 중심이었다면 사회적 경제 1.0은 '지속 가능한 사회적 경제 생태계 조성'으로 정책 방향을 전환했다. 이에 따라 사회적 경제 기업의 자생력 제고와 지속 성장을 위한 생태계 조성에 정책적 지원의 초점을 두었다. 이를 위해 2012년 4월『서울시

그림 7-8 **2013년 서울시 사회적 경제 정책 비전 체계**

비전	지속 가능한 사회적 경제 생태계 조성

↑

추진 목표 (2020년)	사회적 경제 비중 지역 내 총생산 대비 7%, 전체 고용 대비 10%

중점 분야	사회적 경제 인프라 조성	성장 단계별 사회적 경제 조직 맞춤형 지원	지역 사회 중심의 사회적 경제 조직 육성	협동조합 생태계 조성 및 활성화 지원 체계 구축

↑

추진 기반	지역 공동체에 기반한 시민 주도 방식	협력과 소통의 민관 네트워크 체계 구축

자료 | 서울특별시(2013c), 『지속 가능한 생태계 조성을 위한 사회적 경제 종합 지원 계획』, p.4.

사회적 경제 종합 지원 계획』을 수립했고, 네 가지 중점 분야를 설정해서 추진했다. 먼저 사회적 경제 인프라 조성을 위해 2013년 서울시 사회적 경제 지원 센터를 설립했고 성장 단계별 사회적 경제 조직 맞춤형 지원을 위해 맞춤형 경영 컨설팅, 공공 구매 활성화 지원 같은 사업을 추진했다. 지역 사회 중심의 사회적 경제 조직 육성을 위해 자치구 단위 지원 센터를 설립해 자치구별 사회적 경제 지원 사업을 실시했다. 협동조합 생태계 조성과 활성화 지원 체계 구축을 위해 2014년 협동조합 전문 지원 기관인 서울시 협동조합 지원 센터도 설립했다.

서울시의 사회적 경제 지원을 위한 제도적 기반도 꾸준히 구축돼 2013년 3월 『서울특별시 협동조합 활성화 지원 조례』, 2014년 3월 『서울특별시 사회적 경제 기업 제품 구매 촉진 및 판로 지원에 관한 조례』, 2014년 4월 『서울특별시 사회적 경제 기본 조례』가 제정됐다. 국제 사회적 경제 네트워크를 구축하는 성과를 내기도 했다. 2013년 11월 서울에서 열린 2013 국제 사회적 경제 포럼에서 서울시는 세계적으로 주목 받는 사회적 경제 선도 도시 여덟 곳과 민간 단체 9개소와의 연대·협력 방안을 담은 『서울 선언』을 발표한다. 이를 실천하고자 2014년 11월 사회적 경제 최초 국제 협의체인 국제 사회적 경제 협의체GSEF, Global Social Economy Association가 설립됐으며 초대 의장으로 박원순 시장과 송경용 서울 사회적 경제 네트워크 이사장이 부임했다. 2018년 말 기준 GSEF는 전 세계 29개국 49개 도시와의 사회적 경제 네트워크를 구축했다.

서울시 사회적 경제 1.0은 사회적 경제를 양적으로 성장시켰고 관련된 제도적 기틀을 마련했으며 국제 네트워크를 구축했다는 점에서 사회적 경제의 씨앗을 뿌렸다는 의미를 지닌다. 그러나 사회적 경제에 대한 서울 시민의 낮은 인지도와 참여도 등 시민의 일상생활 속에서 사회적 경제를 체험할 수 없다는 한계가 있었다. 다양한 형태의 사회적 경제 기업이 시도됐지만 전반적으로 그 규모가 영세해 서울 시민의 여러 가지 생활 문제를 해결하는 데 충분한 기여를 하지 못한다는 한계가 지적된 것이다. 이에 서울시에서는 2019년 『사회적 경제 활성화 2.0 추진 계획(2019년~2022년)』을 발표했고 사회적 경제 2.0은 '사회적 경제가 일상에서 체감되는 서울'을 비전으로 삼고 5대 추진 목표와 정책 사업을 추진했다. 사회적 경제가 지속적으로 발전하려면 무엇보다도 서울 시민이 일상 속에서 사회적 경제를 직접 체감할 수 있어야 한다. 이를 통해 사회적 경제에 참여하는 것이 무엇보다 중요하다. 시민이 직접 사회적 경제의 소비자이자 투자자, 기업가로 참여해 시민의 삶과 직결된 주거, 돌봄, 일자리와 같은 일상 속 문제를 혁신적으로 해결할 때 비로소 지역의 선순환 경제 구조를 구축할 수 있다는 것이다. 이를 위해 서울시는 사회적 경제 2.0에서 그림 7-9와 같은 다섯 가지 과제를 추진했다.

서울시가 추진한 첫 번째 과제는 시민 체감형 지역 순환 경제 구축이다. 지역 주민이 주거, 먹거리, 돌봄 등 생활 문제에 혁신적 대안을 제시하는 사회적 경제 주체로 참여하도록 다양한 진입 경로를 개발하는 것이다. 이를 위해 공동 주택 내 주민의 불편과 필요한 서비스를 발굴해 사회적 경제 방식으로 해결하는 공동 주택 같이 살림 프로젝트 사업을 지원한다. 공동 주택 주민과 사회적 경제 기업이 함께 건강, 돌봄, 반려동물 케어 등 주민에게 필요한 생활 서비스를 함께 기획하고 운영하면서, 사업화가 가능하면 주민 중심의 사회적 경제 기업 설립 지원을 돕는 것이다. 주민의 생활 서비스 수요를 파악하고 지역 주민을 대상으로 관련 기술 교육을 실시하는 주민 기술 학교와 지역 내 취약 계층에 장 보기·병원 치료·수리·식사·청소 등의 돌봄 서비스를 제공하는 우리 동네 나눔 반장 사업도 세부 추진 과제로 담았다.

두 번째 과제는 시민 중심의 자조 기반 형성을 지원하는 것이다. 그간 서울시와 중앙 정부의 재정 지원을 통해 사회적 경제 분야 사업화 지원은 늘었지만, 기업의 자생력 강화와 지속적 성장을 위해서는 공공 의존도를 낮추고 시민 중심의 자조 기반을 형성하는 것이 중요하다. 이를 위해 사회적 경제 기업의 종사자를 대상으로 보증 보험, 상해·실업 재기 보험, 보충 실업 급여 등의 상품을 운영하는 시민 자조 금융 기관

그림 7-9 2019년 서울시 사회적 경제 정책 비전 체계

비전	사회적 경제가 일상에서 체감되는 서울	
추진 과제	시민 체감형 지역 순환 경제 구축	• 공동 주택 같이 살림 프로젝트 추진 • 사회적 경제 지역 돌봄 사업단 구축 • 주민 기술 학교 기반 지역 관리 기업 육성
	시민 자조 기반 형성 지원	• 연대·협력의 시민 자조 기반 조성 지원 • 민관 거버넌스 활성화
	지속 가능한 생태계 기반 강화	• 공공 자산의 사회적 경제 활용 활성화 • 소셜 벤처 등 혁신 기업 육성 • 사회 투자 기금 및 사회성과 보상 사업 확대 • 사회 가치 평가 시스템 구축 및 정책 전달 체계 개선
	판로 개척 및 시민 인식 제고	• 공공 구매 및 민간 판로 확대 • 사회적 경제 기업 자율 경영 공시 활성화 • 시민 인식 개선
	혁신 인재 양성 및 국제 협력 강화	• 사회적 경제 혁신 인재 양성 • 국제 사회적 경제 연대와 협력 강화

자료 | 서울특별시(2019b), 『서울 사회적 경제 활성화 2.0 추진 계획(2019년~2022년)』, p.10.

인 『서울시 사회적 경제 공제 조합 설립 계획』을 수립했다.

세 번째 과제는 지속 가능한 생태계 기반 강화로 그동안 중점적으로 추진한 생태계 조성 사업을 더욱 확대한다는 계획이다. 사회적 경제 현장의 목소리를 반영해 혁신 기업을 지속적으로 발굴하고, 지역 중심의 사회적 경제 거점 공간을 확대 조성해 진입 장벽을 낮추고, 사회 투자 기금과 사회 성과 보상 사업 등 사회적 금융 지원 계획을 수립했다.

네 번째 과제는 판로 개척과 시민 인식 제고다. 사회적 경제 기업의 공공과 민간의 판로 확대를 위해 우선적으로 공공 기관 대상 사회적

경제 기업 물품 구매와 공공 구매를 점진적으로 확대했다. 이와 함께 사회적 경제 브랜드 마켓 운영, TV 홈쇼핑 방송 등 온·오프라인 민간 유통 채널 확대를 추진해왔다. 시민에게 사회적 경제 관련 정보와 사례를 지속적으로 발굴하고 홍보하고자 사회적 경제 포털 운영과 뉴스레터 등 홍보 콘텐츠를 제작해 나가고 있다.

다섯째 과제인 혁신 인재 양성을 위해 연령별 인력 양성 프로그램과 UN 등 국제기구와 국내외 도시와의 네트워크를 강화하고자 했다. 청년과 신新중년 등 다양한 계층의 사회적 경제 인재 양성을 위한 프로그램을 운영했고 서울시가 주축이 돼 창립한 국제 사회적 경제 협의체 회원을 2022년까지 200개로 확대하는 계획을 세워 추진했다.

서울시 사회적 경제 1.0과 2.0을 거치면서 서울시는 사회적 경제의 양적 성장을 이루어냈다는 평가를 받는다. 서울시 사회적 경제 지원 센터의 2019년 자료에 따르면, 2011년 기준 718개에 불과한 사회적 경제 기업은 2019년 말 4,834개로 약 6.7배 증가했다. 기업 수가 증가한 만큼 기업에 고용된 고용자와 기업 매출액 총합도 2011년 이후 꾸준히 늘었다. 2011년 사회적 경제 기업에 종사하는 고용자가 1만 1,890명이었다면, 2019년에는 2만 7,396명으로 9년간 약 2.3배 성장했으며, 연간 총 매출액 역시 2011년 7,283억 원에서 2019년 3조 2,255억 원으로 약 4.4배 증가했다. 사회적 경제를 통해 취약 계층 일자리 창출과 사회적 서비스 제공이 증가하는 등 사회적 성과 역시 늘었다.

서울시가 대안적 경제 모델로 사회적 경제를 육성해온 지 10여 년이 지난 지금, 사회적 경제는 대안적 경제 모델로서 성공적으로 자리 잡았을까? 사회적 경제로 다양한 산업과 혁신이 창출되어 경제적 다양

표 7-5 서울시 사회적 경제 기업 설립 현황

연도	사회적 기업	예비 사회적 기업	협동조합	마을 기업	자활 기업	총계
2011	147 (20.5%)	328 (45.7%)	–	67 (9.3%)	149 (20.8%)	718 (100.0)
2019	463 (9.6%)	222 (4.6%)	3,893 (80.5%)	96 (2.0%)	160 (3.3%)	4,834 (100.0)

자료 | 서울특별시 사회적 경제 지원 센터(2019), 『2019 서울시 사회적 경제 조직 현황 분석 및 주요 성과 연구』, p.5.

성이 실현되었다고 볼 수 있을까? 사회적 경제 영역에서 서울시는 전국에서 가장 선도 지역으로 꼽히지만, 지속 가능한 성장과 혁신 등을 이끄는 성공적인 대안 경제 시스템으로 안착했다고 보기에는 아직 많은 한계점이 존재한다.

사회적 경제라는 용어는 여전히 어렵고 생소하며 어딘가 거리감이 있다. 한살림, 생협 등 잘 알려진 협동조합 몇 개를 제외하면 실생활에서 사회적 기업을 접할 기회도 부족하다. 비록 양적으로 성장했다고는 하지만 어쩌면 사회적 경제 조직이 아직 부족해서 사회적 경제라는 용어가 와닿지 않는 것일 수 있다. 도시 내 다양한 시민이 겪는 일상의 문제를 해결하려는 대안으로 등장했지만, 실제로는 아직 고령자 취약 계층의 일자리 제공만을 하는 사회적 기업이 대부분이다. 평범한 시민의 일상 문제를 해결하는 다양한 사회적 기업이 아직 부족하다. 무엇보다 가장 큰 한계로 사회적 경제 기업의 지속 가능성이 낮다는 지적이 제기된다. 4,000개가 넘는 사회적 경제 기업이 서울에 존재하지만 실제로 운영되는 사회적 경제 기업은 절반이 조금 넘는 수준일 것으로 예측된다. 서울시 사회적 경제 지원 센터 자료에 따르면 2018년 기준 서울시 전체 사회적 경제 기업의 가동률은 약 63.9퍼센트 정도다. 정부 지원 없이는 소생하기 어려운 기업에 정부가 지속적으로 예산을 투입한다는 비판도 받는다. 그러나 채 10년이 안 되는 기간 동안 성공한 사회적 기업과 협동조합을 찾고, 지속 가능성이 낮은 사회적 경제 조직을 비판하는 것은 첫 술에 배부르기를 바라는 것 아닐까. 한국 재벌 기업도 성장하는 데에 수십 년의 세월이 걸렸고, 막대한 정부의 지원금을 투입했으며 이는 현재도 투입 중이다. 찬란한 열매를 수확하려면 인고의 기다림이 필요한 법이다.

사회적 경제에 대한 낮은 인지도, 시민 일상과의 연결성 부족, 성공 사례 부족, 낮은 지속 가능성 등은 극복 불가능한 한계는 아니다. 긴 호흡에서 장기적으로 지원한다면 극복 가능하다. 더구나 코로나 19라는 감염병 확산과 저성장 경제로의 전환은 다시금 사회적 경제의 중요성을 깨닫게 한다. 먼저 코로나 19와 같은 재난적 상황에서 지역 사회가 훌륭한 안전망의 역할을 할 수 있고 지역 기반의 순환 경제 시스템이 구축되었다면 더 유연하게 위기에 대응할 수 있다. 이러한 시스템을 구축하는 데 그간 지역 기반의 관계망을 바탕으로 신뢰할 수 있는 사회적 자본을 쌓아온 사회적 경제가 중요한 동력이 될 수 있다.

둘째, 사회적 경제는 환경 문제를 해결하는 대안으로 주목 받는다. 환경 문제에 시민의 관심이 늘었고 환경을 보호할 새로운 사업 모델에 대한 요구가 더욱 증가했다. 환경 문제에 큰 신경을 쓰지 않는 기존 사기업의 대안으로 환경적·사회적 가치를 추구하는 사회적 경제 조직의 필요성이 대두되는 것이다. 최근 한국에서도 ESG 경영이 대세인데, 이

는 사회적 경제 조직이 한층 더 중요해졌다는 사실을 방증한다.[99]

셋째, 사회적 경제는 새로운 일자리를 창출하는 동력으로 주목 받는다. 4차 산업 혁명과 비대면 사회로 전환되면서 온라인 비즈니스, 신재생 에너지 등 새로운 산업 분야가 출현했다. 사회적 가치를 중시하는 사회적 경제 기업이 새로운 산업 분야에 진출한다면 좀 더 안정적이고 새로운 일자리 창출을 기대할 수 있기 때문이다.

마지막으로 사회적 경제는 감염병과 4차 산업 혁명 등 저성장·양극화가 가속화하고 플랫폼 노동이 확산하는 가운데 취약 계층의 사회적 안전망을 보충해주는 역할로 재조명 받는다. 어려운 경제 상황 속에서 고용 시장은 악화했고, 중소 상공인을 포함한 영세 사업자의 삶과 일자리 역시 어려움을 겪었다. 사회적 경제는 취약 계층을 위한 일자리 창출, 사회 보험에서 배제된 노동자를 위한 공제 사업 조성·운영 등 대기업 자본이 하지 못하는 역할을 보완해준다는 점에서 주목 받는다. 새로운 사회·경제적 변화는 대안적 경제 모델로서 사회적 경제의 가능성을 보여준다. 서울시 사회적 경제 1.0과 2.0의 한계를 보완하면서 시민 중심의 사회적 경제 생태계를 활성화하는 실험적 시도를 적극적으로 해나가야 한다. 이 실험이 중단된다면 4차 산업 혁명과 감염병 시대를 대비할 중요한 정책 수단을 놓칠 것이다.

박원순 시정의 정책 실험은 일상도시가 강조하는 다양성, 일상성, 고유성과 창의성, 개방성, 연대성, 형평성, 그리고 장기성과 단계성의 가치를 공유한다. 이러한 정책 실험이 서울에서 일상적 삶을 살아가는 평범한 시민을 존중하고, 일상도시를 구현하는 첫 시도로 의미가 무척 크다. 하지만 박원순 시정의 비전과 정책이 일상도시와 닿았어도, 삶의 질 향상을 향한 서울 시민의 갈증은 여전히 해소되지 않았을 것이다. 이제 겨우 첫 발자국을 옮겼을 뿐이라 여길 것이다. 일상도시론이 그렇듯 소통의 힘으로 서울을 인간다운 도시로 변화하고자 한 시장의 꿈은 어쩌면 너무 이상적이어서 완벽하게 실현하는 것이 불가능할지도 모른다.

그럼에도 불구하고 박원순 시정은 『서울 건축 선언』, 『역사 도심 기본 계획』의 도심 재생 사업, 광화문 광장 재조성 사업, 그리고 청계천 복원 사업을 통해 서울의 고유성을 인식하고 서울의 정체성을 찾으려고 시도했다. 개방성과 연대성의 가치에 근거한 참여 거버넌스 실험도 참여 행정 구현의 구체적인 로드맵을 제시하면서 시민 참여의 문을 열었다. 박원순 시정의 복지 정책 강조와 확대는 일상도시의 형평성과 개방성을 담아냈고 도시민의 삶의 질을 실질적으로 끌어올리는 데 기여했다. 다양한 생활 밀착형 정책 실험, 정보 구축과 공유 노력은 평범한 시민의 일상의 질을 개선하고 시민의 알 권리를 강화하는 데에 기여했다. 특히 심야 올빼미 버스는 서울 고유의 창의적 실험으로 유명세를 탔다. 사회적 경제 정책은 도시 내 경제적 다양성을 확보하고 도시 내 불평등을 완화하는 계기를 마련했다. 시민 사회의 반대로 한때 중단한 광화문 광장 재구조화 사업과 청계천 재복원 사업은 장기적 관점의 단계적 계획이 고려됐다는 의미를 지닌다. 그러나 한계를 지니지 않은 완벽한 정책은 없다. 한계를 보완하면서 개선점을 찾아야 시민과 함께 한 9년의 정책적 노력이 헛되지 않는다. 소모적 논쟁과 사업의 성급한 폐기보다는 장기적 관점에서 정책을 다듬고 보완해나가는 자세가 필요해 보인다.

일상도시 서울

박원순 시정에서의 9년간의 행정적, 정책적 실험을 지속할 때 일상도시 실현을 구체화할 수 있다. 이러한 실험이 일회성으로 끝나지 않고 긍정적인 결과를 낳도록 다양한 시민의 실질적 참여를 내실화하는 지속적인 노력이 필요하다. 시민이 참여하는 다양한 창의적 정책 실험이 서울의 맥락에 성공적으로 안착할 때, 평범한 시민이 평안한 삶을 누리는 일상도시로의 항해가 지속될 것이다.

3부

일 상 도 시
서 울 의 미 래

8

서울의 정책적 유산

2부에서는 일상도시의 시선으로 서울에 대한 역대 민선 서울 시정의 관점과 주요 정책을 살펴보았다. 1995년 제1회 전국 동시 지방 선거 이후 26년간 민선 시장 다섯 명이 서울을 거쳤다. 서울이 안은 문제에 천착한 때도, 세계도시를 표방하며 대대적인 개발과 성장 전략을 추구한 시기도 있었다. 각 시정기의 주요한 정책 결과가 현재 서울의 모습이 됐고 미래에도 중요한 영향을 미칠 것이다. 여기서는 앞서 살펴본 시정기의 정책적 유산을 돌아보며 과거에 두고 올 것과 계승해야 할 것을 가려본다.

지난 50년간 서울은 급격한 경제 성장 속에 인구 1,000만이 사는 거대도시이자 동아시아의 주요 도시가 됐다. 그러나 경제적 불평등과 정치적 갈등이 심화됐고, 환경 오염의 지구적 문제 역시 겪고 있다. 이후 논의하겠지만 서울의 미래에는 과학 기술의 급격한 발전과 일자리 소멸, 불안정 노동 증가, 기후 변화, 에너지 위기라는 험한 난제도 놓였다. 코로나 19라는 초유의 사태를 맞아 감염병 위기로 많은 도시가 추구하던 공유도시 계획 역시 실험대에 올랐다. 부동산과 도시 양극화는 과거에도 그랬고, 앞으로도 해결해야 할 숙제로 남을 것이다.

여러모로 지금은 서울의 미래에 중요한 분수령이다. 지금이야말로 과거 정책에서 무엇을 살려 미래로 삼아야 할지, 어떠한 것을 과거에 남겨두어야 할지 고민할 시기다. 이에 먼저 일상도시의 일곱 가지 기준을 되새겨보고, 일상도시 관점에서 2부의 역대 민선 시정이 이러한 일상도시의 기준을 얼마나 잘 달성했는지 비교해본다. 다만 역대 시정에 점수를 매겨 등급화하거나 순위를 매기지는 않을 것이다. 복잡한 도시의 총체를 성급하게 재단하거나 정량화하는 우를 범하고 싶지 않기 때문이다. 등급과 순위 매기기는 또 다른 오해와 갈등을 낳을 것이다. 이장에서는 우열을 나누기 위해서가 아니라 서울의 미래에 필요한 유산을 가려내기 위해서 역대 시정을 비교한다.

일상도시의 관점에서 본 역대 민선 서울 시정

먼저 1부에서 제시한 일상도시론의 주요 기준은 다음 일곱 가지다.

다양성은 민선 3기인 이명박 시정과 4~5기인 오세훈 시정에서 다소 아쉬웠고 민선 1기 조순 시정과 2기 고건 시정, 5기 이후인 박원순 시정에서는 상대적으로 잘 추구된 것으로 보인다. 3기에는 불도저 시

그림 8-1 **일상도시의 일곱 가지 기준**

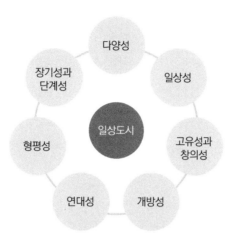

장님이 서울을 세계도시로 규정하면서 당선 전에 공약한 굵직한 사업인 뉴타운과 청계천 복원 등을 추진했을 뿐이다. 4~5기에는 서울을 창조도시로 규정하면서 창의 시정과 디자인 정책으로 시정기 전반을 좌우했다는 점에서 다양성이 풍부했다고 보기 어렵다. 이렇듯 다양성이 부족한 시정기는 각각의 시장을 생각하면 딱 떠오르는 것이 있는데 반해, 다양성을 추구했다고 평가할 만한 시기는 즉흥적으로 떠오르는 상징이 없는 점이 흥미롭다. 다양성을 추구하는 것이 일상도시 서울의 구현에는 의미가 있지만, 시장의 치적에는 큰 도움이 되지 않는다는 사실은 일상도시에 우호적인 정치 환경이 생각보다 쉽지 않다는 것을 보여준다.

　일상성은 그래도 서울의 민선 시정 전반에서 '그나마' 잘 추구된 편이다. 물론 시정의 정책이 본질적으로 시민 생활을 위한 것이라는 점에서 어느 시정이든 일상성을 완전히 배제할 수는 없다. 관선기에도 일상성은 있었다. 다만 정도의 차이는 컸다. 민선 1기에는 안전 대책과 녹지 시설 확충, 2기에는 노숙자와 실업자 구제 대책, 3기에는 대중교통 체계 개편과 도심의 수변 공간 조성, 4~5기에는 시프트를 통한 주거 안정 시도 등이 있었다. 이 와중에도 3기와 4~5기에서 일상 정책이 추진되는 과정과 사업 완료 이후에 여러 잡음과 갈등, 문제를 낳았던 것이 아쉽다. 5기 이후에는 몇 문장으로 요약하기 어려울 정도로 다양한 일상 사업이 있었다. 따릉이나 올빼미 버스가 가장 대표적이다.

고유성과 창의성은 서울의 문제를 인식하면서도 세계 유수의 도시만이 아닌 다양한 정책 사례를 학습해 서울의 맥락에 맞게 적용해야 한다는 점에서 쉽지 않다. 민선 1기는 서울의 맥락을 이해했고, 이는 이후의 시정에서도 받아들여졌기에 고유성 인식에 적지 않은 영향을 미쳤다. 하지만 창의성에는 다소 물음표가 남는다. 분명 민선 1기에서는 서울에 대한 문제의식에서 안전 대책과 문화 정책을 제시했지만 이는 관선기부터 추진한 것을 이어받은 것이다. 고유성에 대한 인식을 받아들였음에도 이를 실행한 방식은 이후 민선 시정마다 달랐다.

민선 2기 고건 시정도 민선 1기의 고유성 인식을 계승해 북촌 한옥마을, 선유도, 월드컵 공원 조성 등 다양한 사업을 한 것은 긍정적이다. 그러나 이러한 문화 정책이 서구의 문화도시 정책을 거의 답습했다는 점에서 아쉽다. 민선 3기는 어떨까? 청계천 복원이 얼핏 서울의 물길을 되살리는 것으로 보였지만 원형과 전혀 관계없는 수변 공원이 됐다는 점에서 후한 평가를 하기 어렵다. 4~5기는 다산 콜 센터와 천만 상상 오아시스로 서울에 창의적 에토스를 불어넣으려 했다. 다산 콜은

일상도시 서울

창의적인 아이디어였지만, 정책화 과정에서의 왜곡을 지적할 수밖에 없다. 창의 시정의 실행에서는 서울의 경제를 창의 산업으로 특화하려 했으나 구체적인 콘텐츠가 부족했고 결과적으로 도시 경관 향상과 거리 조성 등의 물리적 하부 시설 투자와 건설에 국한됐다. 역사성에서도 광화문 광장을 원형과 다르게 세종로 중앙에 복원한 것도 후한 평가를 받기 어려운 요소다. 이에 비해 박원순 시정은 원형과 다르게 추진한 청계천과 광화문 광장을 서울 고유의 역사성을 토대로 다시 복원하려 했고,『역사 도심 기본 계획』과 다양한 정책 실험도 긍정적으로 평가 받는다. 하지만 이 역시 한편으로는 민선 2기와 마찬가지로 특정 시기의 문화유산에 한정된 전통의 생산이었던 점에서 한계가 있다. 박원순 시정의 사회적 경제 추구와 공유도시 실험은 경제의 다각화에서 의미가 있었지만 이는 출발로서의 의미를 지닐 뿐, 미완으로 끝난 점에서 앞으로 더 개선되고 보완되어야 한다.

개방성은 모든 시정에서 가장 아쉬운 요소다. 민선 1기는 진정한 풀뿌리 민주주의의 실현과 주민 자치의 관점에서 접근하기보다 서울시의 권한 확대를 강조했다. '자치구가 필요한가'라는 인식도 개방성과는 거리가 멀었다. 시민 참여도 대체로 전문가의 자문 위원회 중심이었다. 2기에서도 시민은 여전히 서비스의 피동적 수혜자였으며, 토요 데이트는 민원을 듣기 위한 소통 창구로 참여와는 거리가 있었다. 3기는 어떠한가? 모든 주요 사업에서 분열의 정치가 작동했다는 점에서 최하점이다. 4~5기에서는 천만 상상 오아시스를 통해 참여가 보장되나 싶었으나 요식으로 그치는 경우가 빈번했고, 서울 광장이 닫혀 시민 참여가 제한적이었다. 5~7기에서는『서울 2030』과『서울시 생활권 계획』수립에 시민 참여가 보장되면서 직접 참여의 기회가 이전보다 한결 나아졌지만, 대표성에 문제가 있었다. 사회적 약자가 직접 참여하기 어려운 구조적인 한계를 드러내기도 했다.

연대성은 어떨까? 민선 1기와 2기는 유사하게 내향적인 시장의 리더십으로 도시 내에서 협력, 존중의 분위기를 형성했고 사업을 추진하는 과정에서 자신만의 주장을 강하게 내세우거나 상대를 압도하려는 면은 적었다. 반면 도시의 위상, 도시 간의 관계에 대한 지향점은 달랐다.

도시 간 관계에서 조순 시정은 성장주의에 대한 반성이라는 시대적 화두로 세계도시를 지향하지 않았다. 민선 2기 고건 시정은 경제 위기 극복과 재도약을 강조하면서 세계도시를 지향한 편이었다. 이러한 차이는 조순 시장의 취임기인 1995년부터 고건 시장이 취임한 1998년의 짧은 기간 내에 시대적 상황이 급변했기 때문으로 보인다. 결국 본인의 의지보다는 시대적 상황이 미친 영향이 크다는 점을 감안해야 한다. 반면 민선 3기와 4~5기는 가장 명확하게 세계도시를 지향했으며 가장 서울의 도시 순위와 도시 간 경쟁에 집착한 시정일 것이다. 주요 정책의 추진에서도 시민과 시 의회, 이해관계자에 대한 존중이 가장 부족한 때였다. 5~7기 박원순 시정기에 서울의 도시 순위가 언급되긴 했으나, 이전의 시정에 비해 순위에 대한 지향보다는 사회적 경제 네트워크나 도시 간 협력에 신경을 쓴 것으로 볼 수 있다.

형평성은 명확하다. 민선 1기, 2기, 5~7기에서는 재분배 사업이 추진되면서 성장과 분배의 균형을 달성하려 했다. 복지 수요 조사 실시나 실업자·노숙자 구제 대책, 5기 이후의 전방위적 복지 정책이 대표적이다. 실제로 이는 시정별 복지 예산 비중을 비교해도 알 수 있다. 반면 3

기와 4~5기에서는 대규모 개발 사업으로 복지 예산이 대폭 삭감되면서 재분배를 고려하기 어려웠고, 시정만의 독창적인 재분배 정책이 눈에 띄지도 않는다.

마지막으로 계획성을 살펴보면, 민선 1기는 계획 행정의 기틀을 놓았다고 평가할 수 있으나 중도에 사퇴해 그 의미가 퇴색된 감이 있다. 민선 2기는 도시 계획 조례에서 볼 수 있듯 장기적 관점에서 단계적 계획을 수립하려 한 편이다. 3기와 4~5기는 임기 내 치적 달성을 강조했기에 장기적 관점이 부족했다. 3기의 주요 사업은 『서울 2020 도시 계획』에 의한 것이 아니라 당선 전부터 기획된 공약에 근거해 추진한 것이다. 이를 5장에서는 '레토릭에 불과한 선언'이라고 표현했다. 4~5기 역시 DDP 개발 과정에서 알 수 있듯 임기 중 완성을 위해 단계적인 계획 수립이 이루어지지 못했다. 박원순 시정에서는 시민 참여형 도시 계획인 『서울 2030』이 수립됐고, 광화문 광장 재구조화 사업과 청계천 재복원 사업이 장기적 관점에서 단계적으로 추진됐기에 긍정적으로 평가할 수 있다.

사실 이러한 일상도시의 기준점은 상호 관련된다. 도시의 복잡성과 다양성을 인정하는 것은 곧 시민이 생활에서 접하는 다양한 의제로 눈을 돌리는 계기라는 점에서 다양성 추구는 일상적 의제에 대한 정책 실험으로 이어지기 쉽다. 다양한 정책 실험을 추진하려면 몇몇 도시 사례만으로 정책을 이전하는 것이 성립하기 어렵다. 이 점에서 다양성과 일상성, 창의성은 밀접하게 관련된다. 시민의 참여를 보장하려면 시민에 대한 정부의 존중과 협력이 전제되어야 하고, 일상의 안정을 위해서는 사회적 약자에 대한 관심과 재분배에 노력을 기울여야 한다.

과거에 두고 올 정책들

이 책에서 지난 민선 서울 시정의 모든 정책을 다룬 것은 아니다. 실패한 정책을 모두 열거할 수는 없지만 왜 이 정책이 실패했는지를 되새겨 볼 필요는 있다. 청산해야 할 구체적인 정책을 나열하기보다는 지양할 정책에 대한 자세를 간단히 언급하고자 한다.

가장 먼저 지양할 것은 서울의 현실을 고려하지 않는 단순한 정책 모방이다. 이는 이 책에서 강조하는 도시 고유성에 대한 인식과도 관련 있다. 단순히 뉴욕, 런던, 도쿄와 같은 도시에서 했기 때문에 서울에 그대로 들여온다면 이는 실패할 가능성이 높다. 사업의 성패는 도시 맥락과 떨어질 수 없고 생각보다 단순하지 않다. 다른 도시의 모범이 성공적으로 이식될 수도 있으나 적어도 다른 도시의 사례를 도입하려면 단순한 이전이나 모방이 아니라 성공할 수 있었던 배경과 맥락을 검토해야 한다.

오세훈 시정의 창의 시정과 디자인 서울을 떠올려보자. 창의 시정에서는 서울을 창조도시로 발돋움하기 위한 정책 이전을 대규모로 추진했다. 그러나 서구의 여러 창조도시 사례가 콘텐츠를 중심으로 창조산업을 키우거나 창의 인재 유치에 성공한 반면, 창의 시정 서울은 마땅한 산업 정책 수단 없이 도시 경관, 거리 조성과 같은 물리적 기반 시설 투자에 집중했다. 그 결과 지속적인 부가 가치 생산과 창의 인재의 양성이 어려웠다. 세빛섬과 동대문 디자인 플라자는 일대의 경관에 변화를 주어 관광객 유치에 성공했지만 지속되기 어려웠고 시민의 일상은 크게 달라지지 않았다. 오히려 기반 시설 투자가 개발 지역 일대의 지가 상승과 젠트리피케이션 같은 역효과를 초래했다.

사실 플로리다도 인정하듯, 세계도시나 창조도시의 사례에서 젠트리피케이션이 심심치 않게 일어나는 것을 생각하면 이러한 물리적 기반 시설 투자가 초래할 문제를 창의 시정이 추진되기 전에 깊이 고민하고 최소화할 방안을 마련했어야 한다. 세계 유수의 도시가 하니까 우리도 한다는 출발보다 서울의 고유한 문화적 자산과 콘텐츠가 무엇이 있을지, 기반 시설만을 늘리기보다 지속적으로 콘텐츠를 생산하고 이를 담당할 창의 인재를 어떻게 양성할지에 방점을 두어 추진했다면 좀 더 성공적이고 지속 가능한 계획이 됐을지 모른다.

지하철 9호선 운영과 우면산 터널 사업도 단순한 정책 모방이 문제를 낳았다. 당시 사회 간접 자본 건설에 해외 초국적 기업의 투자를 유치하는 것 자체가 상당히 이례적인 일이었고, 이는 세계도시 서울을 증명하는 하나의 시도처럼 여겨지기도 했다. 그러나 최소 운영 수입 보장 제도 때문에 시민의 세금으로 맥쿼리의 수익을 보장해주어야 했다. 차라리 그렇게 해서라도 교통 편의가 크게 증진됐다면 나았겠지만 앞서도 보았듯 결과는 그렇지 않았다. 이는 결국 무작정 세계도시를 지향하는 것이 능사가 아니라는 사실을 보여준다.

무엇보다도 시민의 일상과 관계없는 정책이 추진되는 것을 막아야 한다. 많은 대규모 개발 사업이 일상의 개선을 명분으로 추진됐지만 실제로 일상을 나아지게 했는지 물음표가 남는다. 뉴타운 사업은 서울 시민의 주거 환경을 개선하겠다는 목적으로 추진됐지만 대규모 개발 사업으로 변질됐고 원주민은 마을에서 쫓겨났다. 고급 주거지가 들어서며 부동산 가격 상승과 투기 광풍이 불었고 뉴타운은 강북도 강남처럼 될 수 있다는 욕망만 자극했을 뿐, 평범한 시민의 일상과는 거리가 멀었다. 과연 1,000만 서울 시민 중 몇 명이나 빚 없이 예전보다 좋은 자기 집을 갖게 됐을까?

청계천과 서울 숲도 분명 시민의 일상에 도움을 준 사업이다. 청계천과 서울 숲은 입지 특성상 접근성 있는 녹지 공간 조성이라는 본래의 목적에만 충실할 수 있었다. 그러나 일시적인 대규모 개발이 개발 이익 환수와 결부되면서 본래의 목적과 동떨어진 부정적 효과를 낳았다. 이러한 대규모 개발 사업은 재분배와 복지에 쓰여야 할 예산이 축소되는 구축驅逐 효과도 낳았다. 결국 '일상을 위해서'라는 기치로 출발한 정책이 원래 의도한 효과도 달성하지 못하고 나아가 일상생활의 질을 악화시킨 것이다.

단기 성과에 치중한 치적 쌓기도 지양해야 한다. 이는 비단 서울시만의 문제가 아니고 한국 정치의 고질적인 악습이다. 정치적 성공을 위해, 혹은 이름을 남기려고 임기 내에 자신의 업적으로 내세울 성과물을 만든 사례가 무수히 많다. 다만 이는 정치인이나 행정가만의 문제가 아니며, 이러한 치적을 바라는 유권자와 시민의 심리에서도 비롯된다. 앞서도 언급했지만 '박원순 하면 떠오르는 큰 것 하나가 없다'는 반응도 이러한 심리의 연장이다. 시원시원한 일처리와 단기 성과를 바라는 사람의 입장에서는 분명 한 가지 사업이나 정책을 두고 숙고하는 것이 추진력 없다고 느낄 수 있다. 그러나 사안에 따라서는 이해관계자의 목소리를 경청하고 조정할 필요가 있으며, 신중하게 추진해야 할 일도 적지 않다. 심사숙고하지 않고 자신의 이름을 남기고자 서울시를 운영한다면 그 피해는 고스란히 서울 시민에게 돌아간다.

일상도시 서울

앞서 살펴본 사례 중 불도저 시장님의 많은 사업이 이에 가까웠다. 뉴타운 개발, 청계천과 서울 숲 조성은 모두 공기를 못 박아두고 무리하게 임기 내에 추진됐다. 시민의 생각을 들을 시간은 없었고, 각계각층의 다양한 견해를 모두 자신을 견제하려는 정치적 반대나 잘 모르면서 두는 훈수로 치부했다. 그렇게 완성된 실적은 정치적 반대와 비판을 이겨낸 성과로 포장됐고 사업 중간에 있었던 불협화음과 반대 의견에 대한 묵살, 시공사 직원의 희생은 한낱 '역경'으로 포장됐을 따름이다.

사업 대부분은 공식적인 공사 종료 이후에도 보완과 수정을 거치기 마련이다. 그럼에도 여전히 비용이 지출되는 사업이 있다. 결국 어떠한 정책이든 시행에 앞서 다양한 견해를 듣고 많은 점을 고려해 신중히 추진해야 한다.

계승하고 발전시킬 정책들

지금까지 살펴본 사항은 서울의 미래를 위해 지양해야 할 정책적 유산이다. 그렇다면 반대로 지속해야 할 유산은 무엇일까? 청산해야 할 유산을 반대로 뒤집으면 된다. 먼저 서울의 고유의 문제에 집중해 진정으로 창의적인 정책을 추진해야 한다.

이 점에서 창의 시정이 추진한 디자인 서울은 한계로 남았지만 다산 콜 센터는 창의적이고 혁신적인 정책 실험이었다. 이전까지 공공 기관 민원은 복잡하고 불편한 절차를 거쳐야 했으나 다산 콜 센터의 도입 이후 서울 시민은 전화 한 통으로 많은 민원을 해결할 수 있었다. 다산 콜 센터는 시민이 일상에서 접하는 문제를 파악하는 효과적인 수단이었으며 올빼미 버스의 도입에 중요한 역할을 했다.

대기 오염은 서울의 과밀화 현상이 심각해지고 자동차 대수가 늘어나면서 시작된 오래된 문제다. 이미 민선 1기 조순 시정부터 그 심각성이 지적됐다. 이 때문에 1997년 민선 1기부터 시작된 시 소유 차량과 시내버스에 매연 저감 장치 부착, 민선 3기의 천연가스 버스 확대도 서울 고유의 문제를 해결하려는 조치였다. 대기 오염 대처는 녹지 확대와 더불어 서울이 그간 꾸준하게 노력해온 과제다.

서울만의 역사·문화유산을 발굴하고 서울의 정체성을 찾으려 한 시도도 서울의 고유성에 주목한 사례일 것이다. 관선기인 1995년 서울 정도 600년 사업을 추진할 때부터 중앙 정부 차원에서 서울의 역사·문화 자원을 발굴하려는 시도가 있었으며 이후에는 서울시가 주도해서 다양한 사업을 추진했다. 조순 시정에서는 관선 시정의 사업을 이어받아 남산 제 모습 가꾸기 사업이 추진됐고, 비록 서구 문화 정책의 틀을 빌려오긴 했으나 고건 시정은 남산만 아니라 북촌 한옥 마을을 가꾸면서 서울만의 특색 있는 문화유산으로 만들었다.

서울의 문제에 천착한 정책은 또한 시민의 일상과 밀접한 관련을 맺었다. 위에서 언급한 따릉이와 올빼미 버스, 대기 오염 문제 대응 등은 대규모의 개발 사업보다는 시민의 일상을 지향한다. 특히 복지 사업은 일상과 관련이 크다. 민선 서울 시정을 살펴보면 서울형 복지 정책을 추진하고자 여러 노력을 기울였다. 민선 1기는 사회 복지 기초 수요 조사와 『시민 복지 5개년 계획』, 서울형 복지 모델을 수립했고, 민선 2기는 노숙자 구제와 실업 구제, 다양한 생활 안정 정책을 추진했다. 5기 이후 박원순 시정에서는 서울 시민 복지 기준선을 수립했는데 이는 복지 정책의 큰 방향을 설정한 의미가 있다. 생활 임금제와 국공립 어린이집 확대, 청년 수당, 중·장년 복지 등 전방위적으로 재분배를 위한 사업도 시도했다. 고건 시정에서 시작해 이명박 시정에서 완성된 대중교통 체계 개편도 시민이 피부로 체감하는 가장 일상적인 정책이다.

모든 사업이 장기적으로 추진되는 것은 아니지만, 분명 사안이 중요하고 효과가 장기에 걸쳐 나타나는 사업은 시정의 변화와 관계없이 지속되어야 한다. 녹지 환경 조성이 가장 대표적이다. 3장에서 언급했지만 민선 1기 당시 서울의 녹지는 세계 주요 도시에 비해 접근성이 떨어졌다. 이 점에서 민선 1기부터 서울은『환경 보전 장기 종합 계획』과『공원 녹지 확충 5개년 계획』을 수립했으며, 여의도 광장이 공원으로 탈바꿈한 것도 이때부터다. 민선 2기에서도 이러한 흐름은 이어져 선유도 공원과 월드컵 공원을 시민에게 돌려주었다.

민선 3기에서도 녹지 확대는 이어졌다. 이미 앞에서 살핀 것처럼 청계천과 서울 숲이 가장 대표적이다. 청계천은 도심 한복판, 사무 시설이 밀접한 종로 일대에 수변 녹지 환경을 조성해 접근성 좋은 공원이 됐다. 서울 숲은 동북권의 녹지 수요를 충족하면서 노후화된 성수동 일대를 재생했다는 점에서 의미가 크다. 앞서 비중 있게 다루지는 못했으나 민선 4~5기에서도 녹지 조성은 꾸준하게 이어져 북서울 꿈의 숲이 조성됐고 경의선 숲길 공원이 기획됐다. 북서울 꿈의 숲은 서울 숲에 접근하기 어려운 동북 1권(도봉, 노원, 강북, 성북)의 생활 근린공원 수요를 충족하면서 인근의 월계, 북한산, 불암산 등과도 연결성이 좋은 것으로 평가 받는다.

민선 5~7기에서는 이전 시정에서 기획된 경의선 숲길 공원을 성공적으로 완공했다. 경의선 숲길은 홍제천, 용산 문화 체육 센터와 연결돼 '연트럴 파크'라고 불릴 정도로 도심 내 접근성 좋은 공원으로 조성됐다. 또 이 시기에 서울 서남권에 부족한 접근성 있는 공원을 해결하기 위해 서울 식물원을 개장했다. 결과적으로 민선 1기부터 현재까지 꾸준하게 도시 내 녹지 확대가 이어져 현재 서울은 주요 생활권별로 대표 공원이 들어섰고 1995년 당시 25퍼센트에 불과하던 녹지 면적은 현재 35퍼센트에 이를 정도로 넓어졌다. 현재도 자치구별로는 1인당 공원 면적 비율에 격차가 있고 생활권 녹지가 부족한 공원 소외 지역도 있지만, 자치구에서도 근린 생활 공원을 지속적으로 조성하고 있어 앞으로도 확대될 것으로 보인다. 지난 약 25년간 민선 서울 시정을 거치면서 그 어떤 분야보다 생활 녹지 환경 조성은 비약적인 성과를 거두었다. 시정이 변하더라도 꾸준하고 장기적인 관점에서 계획을 추진한 결과임은 두말할 나위가 없다.

정리하면 첫째, 서울의 고유성을 인식하고, 인식된 고유성 위에 진정으로 창의적인 정책을 개발하려는 노력이 필요하다. 둘째, 대규모 개발보다 시민의 일상에 천착하는 정책의 발굴과 추진이 필요하다. 셋째, 단기적 성과에 집착하기보다 장기적인 관점에서 꾸준하게 추진되는 정책이 필요하다. 이러한 세 가지 지향점은 결코 분리되지 않는다. 그러나 이는 품이 많이 들되 티가 나지 않는 일이어서 선출직 시장과 행정 현장에서는 그다지 달갑지 않은 일이다. 시민의 지지를 받아야 하는 입장에서 단기적으로 눈에 보이는 성과를 내기 어려운 사업은 들이는 비용에 비해 얻는 것이 별로 없는 밑지는 장사이기 때문이다. 그러나 2부의 교훈은 결국 이러한 일이 서울 시민에게 진정으로 필요하며, 시정이 티가 나지 않는 일을 하려면 시민이 소소하지만 일상적인 정책, 비록 오래 걸리는 사업이라도 진득하게 지켜보며 비판과 지지를 보내야 한다는 것이다. 결국 일상도시 서울을 위해서는 일상도시를 지향하는 시민의 역할이 가장 중요하다.

9

서울의
미래 이슈 네 가지와 과제

더 나은 도시를 향한 열망은 도시 미래에 대한 대안적 도시론을 낳는다. 글로벌폴리스, 유비쿼터스도시, 스마트도시, 이데아시티 등 미래 도시 담론은 국가를 넘어선 기술 중심의 도시와 그들 간 경쟁의 시대를 예고한다. 일상도시론 관점에서 도시의 미래를 살피면서 핑크빛 전망이나 암울한 공포를 내놓는 대신, 도시 내 삶의 다양한 형태와 문제를 두루두루 깊이 살펴 창의적 미래 구상의 출발점으로 삼고자 한다. 과거와 현재의 도시 일상을 온고지신의 태도로 성찰하며 도시 미래에 대한 희망의 빛을 찾으려는 것이다.

더 나은 방향으로 도시를 상상하는 힘을 기르려면 온축蘊蓄의 시간이 필요하다. 일상도시 관점에서 서울의 미래를 상상하고 예측하는 방법은 무엇일까? 서울의 미래가 지속 가능하려면 일상도시 관점에서 서울이 직면할 미래 문제를 파악하고, 그 의미를 살피는 것이 중요하다. 이 장에서는 서울이 이미 겪거나 가까운 미래에 직면하리라 여기는 네 가지 주요 이슈를 검토한다. 즉 4차 산업 혁명과 플랫폼 경제, 감염병 과 공유 실험의 위기, 환경 문제와 기후 위기, 부동산 문제라는 이슈를 일상도시 서울의 관점에서 이해해, 서울의 미래에서 희망을 찾을 나침 반으로 삼고자 하는 것이다.

4차 산업 혁명과 플랫폼 경제

4차 산업 혁명이 무엇인지, 또 이것이 실제로 혁명적인 변화라 할 만큼 의 파급력을 미칠지는 아직도 의견이 분분하다. 2016년 다보스 포럼 이후 확산된 이 개념을 두고 미래 사회를 송두리째 바꿀 만큼 큰 변화 로 주목하는 사람도 있지만, 생활의 부분적 변화 정도로 치부하는 사 람도 있다. 여기서는 4차 산업 혁명이 미래 서울에 가져올 변화 중 산 업과 경제 구조의 변화, 일자리 변화를 중심으로 어떠한 방향으로의 변화가 예상되며, 이에 일상도시의 관점에서 서울은 어떠한 문제에 대 응해야 하는지에 초점을 맞추어 살핀다.

먼저 서울 경제와 산업의 최근 추이를 살펴보는 일이 필요하다. 또 다른 지역과 구별되는 서울 경제와 산업의 특징을 고려할 필요가 있 다. 이러한 점에서 서울 경제와 산업의 특징은 첫째, 지난 20년간 서울 의 산업에서 서비스업 비중이 비약적으로 증가했으며 점차 성장률이 둔화한다는 점이다. 김범식의 연구에 의하면 경제의 서비스화는 소득이 높고 서비스 생산성이 낮을수록, 고령화가 진행될수록 촉진된다. 그런데 제조업 생산성을 서비스업 생산성이 따라가지 못하기 때문에 평균 소득이 낮아지는 문제가 발생할 수 있으며, 이를 보멀의 질병baumol's disease이라 한다.[100] 보멀의 질병은 이미 1980년대 후반 유럽에서 제기됐고 한국도 저성장 기조 속에 이러한 문제가 대두된 지 오래다. 서울도 이 점에서 이미 경제 성장률과 지역 내 총생산이 하락하는 추세다. 지난 20년간 서울의 성장률은 3퍼센트포인트 정도 낮아졌고 한국 GDP에서 차지하는 비중도 3.5퍼센트포인트 정도 줄었다. 이는 특히 인구 고령화와 맞물려 서울의 경제 성장 동력이 쇠퇴하고 있음을 의미한다.

이러한 추세는 미래 서울에 부정적인 요소지만, 전체 산업에서 지식 기반 산업이 차지하는 비중이 다른 지역에 비해 매우 높다는 특징을 지닌다. 지식 기반 경제가 도래하면서 점차 경제에서 전통적 생산 요소보다 지식이 차지하는 가치가 높아지고 있다. 김묵한 등은 연구에서 서울의 지식 기반 산업 사업체의 수가 지난 20년간 1.7배로 늘어났고, 현재 지식 기반 산업이 서울시 전체 산업에서 차지하는 비중도 15.5퍼센트에 이른다고 밝혔다.[101] 특히 4차 산업 혁명에 관련된 산업, 즉 디지털 경제 산업의 비중은 서울시 전체 고용의 7.2퍼센트, 부가가치의 9.2퍼센트가량을 차지하는데 이는 전국 디지털 경제 산업 종사자의 30.2퍼센트, 부가 가치의 15.2퍼센트 정도로 다른 지역을 압도한다고 설명한다.[102] 요컨대 비록 기존의 경제 성장 동력은 쇠퇴하나 미래 사회의 새로운 성장 기반 시설은 갖추어진 것이 4차 산업 혁명과 관련된 서울의 특성이다.

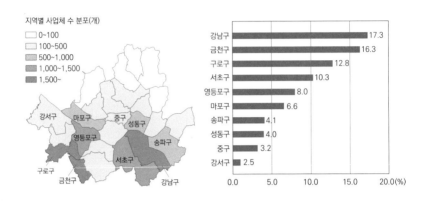

그림 9-1 서울시 소재 IoT 잠재 산업군 사업체 현황

지역별 사업체 수 분포(개)

☐ 0~100
☐ 100~500
▨ 500~1,000
▨ 1,000~1,500
▨ 1,500~

지역	값
강남구	17.3
금천구	16.3
구로구	12.8
서초구	10.3
영등포구	8.0
마포구	6.6
송파구	4.1
성동구	4.0
중구	3.2
강서구	2.5

자료 | 조달호·유인혜(2018), 『서울시 사물 인터넷 산업 잠재력과 육성 방안』, p.11.

4차 산업 혁명의 기반을 갖춘 점은 긍정적이지만, 미래 경제의 기반이 서울 구역별로 불균등하게 배분된 것은 해결해야 할 과제다. 그림 9-1에서 알 수 있듯 미래 산업의 대표 기술 중 하나인 사물 인터넷 사업체는 강남구, 서초구를 중심으로 한 동남권과 구로구, 금천구의 서남권에 집중됐고 서북권과 동북권은 4차 산업 혁명 기반이 취약한 상황이다. 물론 현재도 이에 대한 대응 방안이 없는 것은 아니다.

2018년 구상된 서울 미래 혁신 성장 프로젝트를 살펴보면 창동·홍릉 지역에 BT, IT산업 단지를 조성하려는 계획을 수립했다. 다만 바이오 의료 벤처 도시 육성의 배경인 국내 빅파이브 병원이 대부분 동남권과 도심에 있는 상황에서 동북권에 해당 산업을 육성하려는 계획은 그 성취가 쉽지 않아 보인다. 또 앞서 살펴본 7장의 『생활권 계획』에서는 서북권과 동북권에 DMC를 중심으로 한 영상·미디어 R&D 기능 강화, 홍대·마포 일대의 디자인·출판 중심 창조 산업 육성, 동북권 대학과의 연계를 통한 첨단 지식 기반 산업 육성을 목표로 했다. 그러나 이 계획 역시 서남권, 동남권의 전략 산업 계획과 비교하면 계획의 실현 가능성과 파급력에 의문이 남는다. 물론 그렇다고 해서 서북권과 동북권이 동남, 서남권과 동일한 산업 기반 시설을 갖추는 일은 효율적이지도 가능하지도 않다. 분명 쉽지는 않겠지만 지역 간 특성에 맞는 4차 산업 분야를 포착하고 수립하려는 노력이 필요하다. 지식 경제로의 진입에 따라 서울의 역내 불평등과 이로 인해 빚어질 자치구 간 갈등을 관리하는 것이 서울의 미래 과제라는 점은 분명하다.

한편 이러한 산업 구조의 변화는 서울 시민의 일자리에도 큰 영향을 미칠 것이 분명하며, 이는 일상에 직결된 문제다. 무슨 일을 어떠한 조건에서 하는지가 곧 생활 문제이기 때문이다. 미래 산업 구조로의 변화가 고용 구조와 노동 시장에 미칠 영향에는 의견이 분분하다. 어떤 이는 현재 직업의 절반가량이 없어질 것이라 예측하기도 하고, 현재의 직업이 대부분 유지될 것이라는 의견도 있으며, 현재의 일자리가 사라지는 데 비해 새로운 일자리가 얼마나 생길지에 대해서도 견해가 다르다. 다만 공통 예측은 질 좋은 일자리의 수가 더욱 적어지고 일자리 양극화가 심해질 것이라는 점이다. 일자리의 수뿐만 아니라 고용 형태도 문제가 된다. 특히 최근 들어 사회적 문제가 되는 플랫폼 노동이나 긱gig 노동[103]은 고용 계약 형태를 바꾸어 고용의 안전성을 근본적으로 위협한다는 문제가 제기됐다. 전통적 일자리는 기업과 노동자가 고용 계약을 맺고 노동을 수행한 대가로 임금을 받는 형태지만 새로운 노동 형태는 플랫폼을 통해 업무 단위마다 계약을 맺어 건별로 임금을 받는다. 따라서 노동자는 점차 과노동과 열악한 노동 조건에 내몰리지만 플랫폼은 고용주로서의 의무를 지지 않는다. 이는 가장 대표적인 플랫폼 노동 직종인 배달 기사를 떠올려보면 비교적 쉽게 이해할 수 있다. 예전에는 음식점 별로 배달 기사를 고용해 월급을 주고 배달 임무를 수행했지만 현재는 '배달의 민족', '요기요'와 같은 플랫폼에서 기사가 배달 건수로 수수료를 받고 일한다. 이에 따라 더 많이 배달하려 과로하거나 배달 과정에서 신호 위반, 과속 사고가 증가하는데도 플랫폼은 계약 당사자가 아니라는 이유로 산재나 고용 보험 같은 의무를 지지 않는다.[104]

서울의 미래 일자리를 예측한 김묵한 외의 연구에 따르면 현재 일자리의 약 43퍼센트가 사라진다. 일자리가 사라질 위협 자체도 적고, 직무가 변할 가능성도 적은 소수의 관리직 정도를 제외하면 기존의 전문직도 일자리가 사라지거나, 일자리가 유지되어도 표준화·단순화되면서 일자리의 여건 자체가 나빠질 가능성이 있다. 예를 들어 회계사는 대표적인 전문직이지만 업무가 표준화, 디지털화되면 급여나 노동 조건이 취약해질 것이다. 또 프로그래머도 산업 수요에 대응하기 위해 획일화된 교육 과정이 운영되면서 전문성을 잃고 상대적으로 열악한 근로 조건을 감내해야 할 가능성이 높다. 이미 게임 개발자가 유사한 길을 걸은 바 있다. 전문직도 이러한 상황이니 고용 대다수를 차지하는 비전문직의 위험성은 더욱 높다.

이를 해결하려고 현재로서는 직업 훈련 강화와 이직·전직을 위한 훈련 지원, 서비스 확대를 모색하는 실정이다. 그러나 모든 구직자가 이직 훈련으로 좋은 일자리로 이동하는 것은 아니다. 일자리의 수 자체도 한정되었고, 모든 사람이 일자리에 필요한 역량을 갖출지도 확실하지 않다. 이 점에서 시민의 생활 안정을 위한 좀 더 담대한 구상도 필요하다. 적극적 노동 시장 정책 역시 유지, 확대되어야 하지만 미래 서울의 변화가 급진적이고 거대하다면 시민의 일상을 유지하는 데 충분하지 않다. 이미 많은 형태의 사회 소득 실험이 진행된 바 있으며 그 형태도 다양한 편이다. 서울시도 청년 수당과 같은 사회 소득 실험을 이미 하고 있으며, 근로 소득과 연계한 안심 소득 시범 사업도 2021년부터 추진 중이다. 이 점에서 참여 소득 실험도 참여의 범위와 형태를 다양화해 시도해볼 만하다. 단기적으로는 그 효과와 효율을 놓고 많은 논쟁과 토론이 필요하겠지만 앞서 2부에서 얻은 교훈처럼 지속적이고 다양한 정책 실험만이 성공의 전제가 될 것이다. 미래 서울의 산업과 경제에서는 서울 지역 내 불균등한 발전과 불평등 해소가, 일자리에서는 생활을 근본적으로 안정시킬 대담한 기획이 필요하다.

감염병과 공유 실험의 위기

감염병 확산은 밀집으로 대표되는 기존의 도시 공간 구조에 근본적인 질문을 던진다. 2020년 3월 11일 세계 보건 기구가 세계적 전염병 대유행을 선언하면서 세계 모든 도시의 일상이 멈췄다. 서울도 예외는 아니었다. 확진자가 나온 회사와 업소는 폐쇄됐으며 재택 근무가 급속도로 확대됐다. 서울에서 기업의 신규 채용은 하늘의 별따기가 될 정도로 도시의 취업 기회는 제한됐다. 학교와 교회의 대면 수업과 예배가 취소됐으며 대형 인구 밀집 모임이나 이벤트인 각종 회의, 영화, 공연 등의 활동이 금지됐다. 한마디로 도시에서 누리는 모든 혜택이 사라진 것이다. 취업의 기회도, 교육 받을 권리도, 종교와 집회의 자유도, 다양한 문화 활동도 멈춰선 것이다. 감염병으로 일상이 정지되고 이로부터 자유로운 도시는 없었다. 또 4차 산업 혁명과 지식 산업의 등장과 함께 시도된 공유 공간과 공유 이동 수단에 대한 실험과 공유도시에 대한 상상조차 중지됐다. 감염의 위험 앞에서 사람들이 만남과 공유를 피하거나 최소화했기 때문이다.

그러나 도시의 일상을 멈추게 한 코로나 대유행은 서울에서 사람 간의 거래와 경제 활동, 의사소통 자체를 막지는 못했다. 감염병으로 인한 비접촉 거래가 확산됐고, 이러한 확산이 인터넷 기반의 플랫폼 경제를 급격히 확장하고 있다. 많은 사람이 출장을 가지 않는 등 전반적으로 이동성이 감소됐지만 집에서 일하는 재택근무가 감염병 탓에 확대됐다. 접촉이 많은 대중교통 수단으로 이동하기보다는 집이나 주거 지역에 가까운 협업 공간에서 디지털 방식으로 의사소통을 대체했다. 이러한 경험은 이전에는 기대하지 못한 생활의 편리성을 높인 주거 지역을 중심으로 협업 공간이 배치된 직주 근접 또는 직주 일체의 서울을 상상하게 한다. 감염병은 서울의 일상을 마비시키고 공유도시 서울의 가능성에 근본적인 질문을 던졌지만, 역설적이게도 재택근무 확산, 원격 치료 시작, 온라인 강의 활성화, 온라인 엔터테인먼트 성장, 직주 일체 도시 구조의 등장 등 또 다른 가능성을 제시했다.

서울시도 분주히 움직였다. 서울시의 선제적이고 신속한 초기 대응으로 코로나 대유행 국면에서도 서울은 이동 금지령이나 도시 봉쇄 없이 도시 기능을 유지했다. 당시 미국 로스앤젤레스의 에릭 가세티_{Eric} Garcetti 시장이 서울시의 코로나 19 방역과 대응 노하우에 대한 발표를 요청할 정도로 서울시의 대응은 효과적이었다.[105] 서울시는 신속성과 투명성이라는 양대 원칙으로 드라이브 스루, 워킹 스루 등 선별 진료소를 통해 검사를 신속히 진행했고, 환자 중증도에 따라 치료 시설을 분리 운영했다. 또 서울시는 각 자치구별 확진자 동선 정보를 투명하게 공개해 감염 위험을 차단했고, 시민이 자발적 주체로 사회적 거리 두기에 협조하도록 성숙한 시민 의식을 강조했다. 또 서울시는 지하철, 버스 등에 손 소독제를 비치하고, 공공 시설물 방역 작업을 대대적으로 진행했다. 이와 더불어 영세 상공인 방역 지원, 금융 지원, 착한 임대인 운동, 2주간 사회적 거리 두기 운동 등을 제안해 범사회적인 대책에도 앞장섰다.

이러한 서울시의 선제적이고 신속한 단기 대응에도 불구하고 코로나 19 델타·오미크론 변이 바이러스의 유행으로 2021년 7월 기준 확진자 81퍼센트가 수도권에 집중될 정도로 서울의 감염병 상황은 심각하며 인구 1,000만 대도시의 구조적 취약성을 드러냈다. 장기적 관점의 대응책이 필요한 이유다. 장기적 대응은 일상도시의 관점에서 이루어져야 하는데, 이는 감염병이 시민 일상의 평안함과 세계주의적 교류를 강조하는 일상도시의 기능을 마비시키고 지속 가능성을 위협하기 때문이다. 따라서 일상도시의 관점에서 코로나 이후를 대비하는 것이 필요하다. 이를 위해 우선 사회적 거리 두기를 상수로 두고 일상도시의 공간 구조를 다시 디자인해야 할 것이다. 이는 서울 연구원이 제시하는 자족형 근린 생활권의 조성 정책을 통해 구체화할 수 있다.

자족형 근린 생활권은 주거지 주변에서 모든 일상을 해결하는 작은 도시를 지향한다. 서울 연구원 한영준 박사는 일상이 주거지 주변에서 모두 해결되는 '작은 도시'를 만들기 위해서 서울을 다핵 연계형 공간 구조로 개편하고 도시 인프라를 혁신할 것을 주장한다. 그는 자전거, 퍼스널 모빌리티PM, Personal Mobility 등 모빌리티 혁신을 통해 서울의 공간 구조를 자족형 다핵 분산 체계로 개편하고, 시민의 일상이 주거지 주변에서 모두 해결되도록 해야 한다고 제안한다.[106] 그의 제안에 따르면 기존의 도로, 주차장 등을 전환해 보행, 자전거, PM을 위한 공간과 생활권 녹지로 활용하게 해야 주거지 인근에서 모든 일상이 가능해질 수 있다. 또 자율 주행 셔틀을 이용해 교통 약자를 배려하고 배달 로봇을 활용해 물류를 배송해야 감염병에 안전한 자족성과 다양성을 갖춘 '작은 도시'로 전환할 수 있다는 것이다. 아울러 감염병 시대에는 재택근무, 홈스쿨링 등으로 집의 기능이 증가한다고 예상하면서 이를 공유하도록 디자인해야 한다고 강조한다. 이는 주택 규모를 늘리기 쉽지 않은 서울의 특성을 고려해야 하기 때문이란 설명이다.

이렇듯 자족형 근린 생활권은 미래 서울의 물리적 공간을 디자인하는 데 있어 모빌리티 혁신과 더불어 생활 공간에서의 열린 공간과 녹지 공간의 중요성을 강조한다. 이는 열린 공간과 녹지 공간이 자가 격리 시기에 심리적 균형을 잡아줄 중요한 요소이기 때문이다. 프리드리히 폰 보리스Friedrich von Borries와 벤야민 카스텐Benjamin Kasten은 이러한 공간이 사람들과 접촉하지 않고도 자유롭게 접근하도록 디자인해야 하고, 필요에 따라 공간을 제어하거나 사람의 출입을 디지털 기기로 기록하도록 스마트 기술을 접목해야 한다고 주장한다.[107]

이상에서 언급한 물리적 도시 계획과 함께 일상도시의 협력과 공생의 관점에서 사회적 거리 두기의 실행 규칙과 피해 보상에 대한 사회적 합의를 끌어내는 것 역시 필요하다. 서울에서 사회적 거리 두기의 최대 피해는 자영업자가 입었고, 그 피해에 대한 보상이 충분히 주어지지 않았기 때문에 보상을 둘러싼 도시 내 갈등이 심화되고 있다. 사회적 거리 두기의 정도도 도시가 처한 상황에 따라 다르게 적용됐기에 도시 차원에서 사회적 거리 두기 실행 규칙에 대한 심도 있는 숙의와 대책이 필요하다. 피해 보상에 대한 대책 역시 개별 도시 차원에서 마련될 때 시민이 체감할 수 있는 대책을 마련할 수 있고 도시 밀착형 서비스의 제공이 가능하다. 중앙 정부와 협력하면서 감염병 대처에 대한 도시 자치권이 강화되는 방안을 마련해야 한다.

빈번히 발생할 수 있는 감염병에 민첩하게 대처하기 위해 7장에서 언급된 『서울시 생활권 계획』에 근거해 시 조직과 자치구 조직을 유연하고 탄력적으로 운영하면서 주민의 수요와 참여를 즉각적으로 반영하도록 해야 한다. 방역과 사회적 거리 두기에 대한 시민의 자발적 참여가 감염병 극복에 가장 중요하다고 체험했듯이, 시민의 자발적인 참여를 이끌어낼 제도적 노력이 필요하다. 서울시, 자치구, 그리고 자치구별 주민 자치회 조직이 유기적으로 결합된 『생활권 계획』이 제대로 활용될 때 주민 자치회의 자발적인 대응과 주민 참여가 보장될 수 있다. 위에 언급된 자족형 근린 생활권 조성도 『생활권 계획』의 기반이 갖춰졌을 때 비로소 가능하다.

온라인 엔터테인먼트, 온라인 강의, 원격 의료 치료 등 새로운 사업이 비대면 경제에서 끊임없이 등장할 것이다. 코로나 19 확산으로 떠오른 온라인 엔터테인먼트는 집에서 쉽게 접하는 게임, 동영상 등의 콘텐츠 수요를 폭발시켜 넷플릭스라는 거대 기업의 탄생을 도왔다. 이제는 초등학교 수업에서 대학교 강의까지 온라인 수업이 대세로 자리 잡았고, 상대적으로 선호도와 활용도가 낮았던 원격 근무 역시 원격 의료를 시도할 정도까지 진전했다. 이러한 디지털 기반 비대면 경제의 확산은 새로운 기업의 등장과 일자리, 일하는 방식의 변화를 가져오고 도시에서 일과 주거 공간의 변화를 동반할 것이기 때문에 서울시는 이에 대비해야 한다. 그런데 디지털 기반 비대면 거래의 급격한 확산은 예상치 못한 문제인 승자 독식의 독점화 경향을 심화한다. 미국의 아마존과 중국의 알리바바가 온라인 거래의 대부분을 차지하고, 구글이 소유한 유튜브가 동영상을 소비하는 지배적인 플랫폼으로 자리 잡았다. 국내에서도 네이버가 독점적 지위를 꿰차고 쿠팡과 카카오가 치고 올라온다. 이렇듯 세상은 아마존, 구글, 네이버와 카카오의 세계로 빠르게 재편되고 있다. 이에 서울시는 디지털 기반 경제가 낳을 독점화의 문제에도 대비해야 한다.

감염병 이후 계층 간 불평등도 심화했다. 감염병이 가져온 기회를 차지하려는 이들의 뒤편에서 취약 계층이 재난의 피해를 온몸으로 받아냈다는 사실을 우리는 이미 경험했다. 서울시에서 추진한 재분배 정책이 더 강화되어 취약한 계층에게 구제, 회복의 기회를 제공해야 한다. 사회적 거리 두기로 가장 피해를 입은 지역 소상공인 자영업자를 실질적으로 지원하는 체계를 마련해야 한다. 감염병으로 방임된 저소득층 아동과 노인을 위한 돌봄이 제공되어야 하며, 청년, 경력 단절 여성 등 고용 취약 계층을 위한 지원 방안이 모색되어야 한다. 또 감염병이 초

272   일상도시 서울

래한 교육의 불평등을 해소할 구체적인 방안을 찾아야 빈곤 대물림의 고리를 끊을 수 있다. 교육 불평등 해소를 위한 정책적 노력 역시 서울의 미래 과제가 될 것이다.

마지막으로 대유행 감염병에 공동으로 대처하는 도시 차원의 국제 연대를 강화해야 한다. 2020년 6월 서울시는 '코로나 19, 도시 정부 간 협력과 연대 글로벌 서밋'을 무관중 화상 회의로 개최했다. 이는 코로나 극복을 위한 시 차원의 의미 있는 국제 연대 활동이었다. 이 행사는 세계주의적 교류와 협력을 강조하는 일상도시의 관점과 일맥상통하는 것으로, 민족주의적 고립과 폐쇄가 아닌, 세계 개방과 연대, 국제 사회의 협력을 강조하면서 정보 공유와 연결의 힘으로 코로나 19 위기를 공동으로 극복하자고 제안했다. 세계 각 도시의 시장과 석학, 각 분야 전문가 등 약 120여 명이 참여해 코로나 극복과 포스트코로나 시대를 대비하는 방안을 논의했다. 이 회의에서 도시 정부 간 연대와 협력의 의지를 확인하고, 공유를 넘어 확장된 협력과 연대의 장을 마련했다는 점에서 매우 뜻깊다. 감염병에 대응하는 국제 협력은 서울의 미래 과제가 될 것이 분명하다.

환경 문제와 기후 위기

인류의 경제 활동이 시작되면서 환경 문제는 늘 따라왔다. 환경 문제는 매우 오래된 문제지만, 아직 해결되지 않은 만큼 현재와 미래의 과제이기도 하다. 산업화 이후 도시는 에너지 생산과 배분의 주체로서 끊임없이 환경을 파괴해왔다. 도시가 보유한 건물, 설비, 차량 등이 온실가스를 배출하고 도시의 기업이 이윤 추구를 위해 환경을 고려하지 않은 채 산림 파괴, 대기 오염, 수질 오염의 주범이 되었다. 도시에 사는 사람도 생활 하수, 음식물 찌꺼기, 일회용 폐기물 등 쓰레기를 양산한다. 환경 파괴는 단순히 환경 문제로 끝나지 않고 인류의 생존을 위협하는 기후 위기와 연결되기 때문에 서울의 미래에서 반드시 해결해야 할 과제다.

기후 위기는 곳곳에서 감지된다. 해빙으로 인한 해수면 상승, 건기 때 반복되는 대형 산불, 불타는 아마존, 불볕더위와 한파 등 외면할 수 없는 조짐이 반복된다. 이렇듯 자연은 인간에게 끊임없이 위험 신호를 보낸다. 과학자 대다수가 인류 생존을 위한 지구 평균 기온 상승의 마지노선이 섭씨 1.5도라고 경고하면서 2050년경에는 온실가스 순배출량이 '0'인 상태인 탄소 중립을 해야 한다고 주장한다. 다행히 서울시는 다양한 정책으로 기후 위기에 선제적으로 대응해왔다. 박원순 시정은 에너지 사용을 줄이고 신재생 에너지 사용을 늘리고자 원전 하나 줄이기 정책을 실행했다. 2014년까지 최소한 원전 1기(1기가와트급)가 생산하는 전력만큼 양을 줄이고 2020년까지 전력 자급력 20퍼센트를 달성하는 목표를 세웠으며 이를 실행에 옮겼다. 이는 기후 위기에 대한 의미 있는 시 차원의 대응이었다. 서울시는 2015년 4월 지속 가능성을 위한 세계 지방 정부 세계 총회에서 『기후 변화 대응을 위한 서울의 약속』을 선포하고, 온실가스 감축을 위한 열 개 분야 총 36개 과제의 종합 전략을 세워 추진했다. 2018년 9월에는 글로벌 기후 행동 정상 회의에서 서울시의 탄소 중립과 기후 회복력을 위한 계획 이행을 약속했다.

표 9-1 기후 변화 대응을 위한 서울의 약속

구분	내용
1	서울은 이산화탄소 배출량을 2005년 대비 2020년까지 25%를 줄이고 2030년까지 40%를 줄여 저탄소 에너지 고효율 도시를 실현한다.
2	기후 변화 취약 계층인 사회적 약자에 대해 에너지 나눔을 실천하여 에너지복지도시를 구현한다.
3	온실가스 배출원과 대기 오염 물질 배출원의 통합 관리를 실천하여 서울시를 기후 변화 대응 모범도시로 만든다.
4	기후 변화에 강한 회복력 있는 도시를 만든다.
5	재사용, 재활용을 늘리고 음식물 쓰레기를 줄여 온실가스 배출을 저감한다.
6	물 낭비를 줄이고 빗물을 가두고 활용하여 온실가스 배출을 저감한다.
7	다양한 생물이 어우러져 사는 생태도시를 만들어 기후 변화 적응성을 높인다.
8	함께 하는 생활 속 도시 농업을 활성화한다.
9	폭염, 감염병 등 건강 위험 요인을 예방하고 기후 변화 적응 역량을 키워 건강한 도시를 만든다.
10	기상 재해에 대한 예방과 대응 역량을 키워 안전한 도시를 만든다.
11	기후 변화 대응을 위해 국내외 공동 협력과 이행 체계 구축에 앞장선다.

자료 | 서울특별시(2018), 『2018 기후 변화 백서』, p.31.

특히 서울 시민의 일상을 위협하는 초미세 먼지를 감축하고자 초미세 먼지 20퍼센트 줄이기라는 신규 대책도 개발했다. 이 정책을 통해 발생원별 우선순위를 분석했고 교통 분야와 산업 분야를 연계하는 추진 전략을 세웠다. 서울시는 푸른 녹지 계획으로 수락산 동막골 자연 휴양림, 이촌 한강 공원 미루나무 숲, 국회 대로 상부 공원 등을 조성했으며, 2014년부터 2018년까지 생활권 10분 거리 안에 숲과 정원 2,000여 개를 만들어왔다.

이러한 시 차원의 기후 위기 대응 정책과 더불어 서울시의 싱크탱크 기관인 서울 연구원은 기후 변화에 따른 서울시의 도시 공간 관리 전략에 대한 심층적인 연구를 진행했다. 이 연구에서 송인주 연구팀은 서울의 고유한 기후 변화의 특성을 분석하고 장기적 관점에서 대비책을 제시했는데, 이는 서울의 기후 변화의 미래를 예측하고 대비하는 데 큰 시사점을 준다.[108] 이 연구는 서울이 겪는 기후 변화의 특성을 폭염 심화, 집중 호우, 바람 환경 악화로 분석했다. 이 분석을 토대로 서울이 향후 폭염과 열대야 일수의 증가, 강수량 변동성의 증가, 풍속 감소와 기류 정체 현상에 따른 미세 먼지 피해 가중 현상을 겪을 거라고 전망했다. 이 연구는 이러한 기후 환경(열 환경, 물 환경, 바람 기능)별 공간 유형을 분류한 후 주요 관리 지역을 설정하고, 이에 맞는 기후 환경 관리 계획과 전략을 제시했다. 또 이 연구에서 도출된 서울시 기후 환경 공간 유형과 연계한 주요 공간 조성 전략을 『2040 도시 기본 계획』의 부문별 계획에 연계할 결과물로 제시했다. 이렇듯 기후 변화에 대응하려면 공간 구조의 기능적 시스템과 연계한 도시 계획, 관리 전략을 수립해야 하고 서울시 부서별로 추진하는 기후 변화 대응 사업을 도시 계획, 관리 설계와 연계해 추진해야 한다. 이 연구가 제시하는 것처럼 서울의 기후 변화의 특성에 맞고 서울 시민의 일상을 개선하는 구체적이고 장기적인 대비책이 마련되어야 서울시가 향후 기후 변화와 위기에 효과적으로 대응할 수 있다.

이상에서 소개한 서울시와 서울 연구원의 정책적 노력은 향후 기후 변화에 대응하는데 의미 있는 정책적 영감을 제시하기 때문에 중단 없이 지속해야 한다. 이와 더불어 기후 중립적이면서 자원을 낭비하지 않고 쓰레기를 양산하지 않도록 일상도시를 어떻게 디자인하고 운영할지 고민해야 한다. 서울이 더 이상 자원의 소비 공간이 아닌 자원 순환과 탄소 중립의 공간이 되도록 에너지와 폐기물 등 환경 인프라를 획기적으로 혁신하는 것이 필요하다. 도시 개발 과정에서 거리, 도로, 대중교통 시설 등의 인조 환경을 건설하며 막대한 온실가스를 배출하기 때문에 일상도시 계획의 의사결정 과정에서 에너지 요소를 중요하게 고려해야 한다. 이미 전기 차·수소 차 등 친환경 모빌리티 등 차세대 교통수단 도입이 되기 때문에 이에 대응하는 교통 인프라 개편 방안도 좀 더 적극적으로 추진해야 한다. 에너지 소비를 도시 차원에서 모범적으로 절감하도록 도시 에너지 정책도 재편해야 한다. 또 일상도시에서는 에너지 관련 정보 제공과 동기 부여를 통해 최종 소비자인 시민의 에너지 소비 양식 변화를 도모하도록 시 정부가 촉진자 역할을 수행해야 한다. 일상도시의 자치구 조직과 주민 조직을 잘 활용해 시민이 직접 온실가스 절감에 기여하도록 정책 참여를 권장하고 비용 절감에 따른 혜택도 주민에게 제공해야 한다.

불안정한 부동산 시장과 도시 양극화

부동산 폭등은 집 없는 평범한 시민의 일상을 피폐하게 하고 도시 내 자산 불평등을 악화해 도시 양극화를 초래한다. 이 때문에 일상도시의 미래를 상상할 때 부동산 문제는 반드시 다뤄져야 할 중요한 이슈이고 과제다. 유감스럽게도 로빈슨의 일상도시론은 도시 양극화의 문제를 중요하게 부각했지만 부동산으로 인한 자산 불평등 문제는 구체적으로 논하지 않았다. 사실 부동산 문제는 과거에도 현재도 해결되지 않은 고질적인 문제다. 자본주의 모든 도시가 당면했고 앞으로도 직면할 보편적인 문제이면서 동시에 그 문제의 구체성을 볼 때 서울만의 특수한 문제이기도 하다. 불로 소득을 위해 투기 수요가 자극되는 것은 모든 도시에서 나타나는 보편적 현상이나, 서울 아파트 '영끌 매수(영혼까지 끌어모아 집을 산다)'는 서울의 고유한 문제다. 이는 공공 택지를 민간에 매각하는 주택 공급 방식의 특수성과 블랙홀처럼 자본과 인력을 빨아들이는 서울의 중심성에서 비롯된 것이다. 사유지를 강제 수용해서 조성한 공공 택지를 민간 건설 업체에 매각하거나 그곳에 주택을 건설해서 분양하는 개발 방식의 특수성이 투기 공화국을 초래했고, 수도 서울의 상징적, 실질적 중심성이 서울 아파트 영끌 매수를 야기한 것이다. 부동산 영끌 매수가 존재하는 한 평범한 시민이 평안한 일상도시의 실현은 불가능하다.

그러나 현재 진행형인 투기 수요를 잠재우고 불로 소득을 차단하는 해법을 찾기란 쉽지 않다. 해법에 대한 견해가 다양할 뿐만 아니라 서로 대립하기 때문이다. 우선 중앙 정부는 투기꾼 때문에 부동산 가격이 폭등했다고 주장하면서 이들을 규제하는 단기 시장 조절 정책을 추진했다. 2022년 1월 기준 이미 스물여덟 번이나 대책을 제시했지만 아직 부동산 시장은 안정될 기미를 보이지 않는다. 정부는 부동산 문제를 근본적으로 개혁하기보다는 부동산 값이 폭등하지 않도록 관리하는 듯하다. 중앙 정부의 견해와 달리 오세훈 서울 시장과 야당은 정부의 부동산 규제로 인한 주택 공급 부족이 부동산 값의 폭등을 가져왔다고 진단하면서 도시·건축 규제 완화를 통해 대도시권에 대규모 주택 공급을 제공해야 한다고 주장한다. 이러한 공급 부족 주장이 언론을 통해 지속적으로 보도되고 여론의 비판이 거세지자 스물다섯 번째 대책인 2·4 대책 발표를 전후해서 정부의 입장도 바뀌었다. 그동안의 주장과 달리 정부 역시 가구 분화에 따른 주택 수요 증가가 부동산 가격 상승을 불러왔다고 보면서 주택 공급 확대를 대책에 포함했다.

참여 연대 등 시민 사회는 또 다른 주장을 제시한다. 전강수는 핀셋 증세와 핀셋 규제, 사후약방문식 대책 등 단기 시장 조절 정책에 의존한 정부 주택 정책을 비판하는 동시에 수도권 주택 공급 확대 방안의 위험성을 지적한다.[109] 정준호는 연구에서, 정부 정책은 규제가 아니라 부동산 문제를 근본적으로 해결할 정책을 외면하고 핀셋 처방과 대증요법에 의존해 실패했다고 설명한다.[110] 이들은 선제적으로 더 강하게 규제하지 못해 정부 정책의 실패가 발생했다고 밝히면서 토지 보유세 강화를 주장한다. 주택 공급 확대 방안의 문제도 조목조목 지적한다. 투기 국면에서는 공급 확대 정책이 오히려 새로운 투기 수요를 유발한다는 것이다. 일반 상품과 달리 부동산 시장은 투기적 가수요로 인해 변동성이 큰 수요에 공급을 정확히 맞춘다는 것이 애당초 불가능하다. 정부가 공급 확대를 추진하더라도 실제 공급이 이뤄지는 데는 최소 3~5년의 시간이 소요되는데 일시적으로 크게 팽창한 수요에 맞춰 공급을 늘렸다가 나중에 낭패를 본다는 것이다.

이렇듯 부동산 값 폭등의 원인과 처방에 대한 견해가 대립되는데, 어떤 대책이 적절한 것인지 판단하기도 쉽지 않다. 정부 규제 방안과 공급 확대 방안이 동시에 추진되기 때문에 지속적인 집값 상승의 원인을 가늠하기 쉽지 않다. 공급 확대를 주장하는 측은 정부의 규제책을 탓하고, 더 강한 규제를 주장하는 측은 공급 확대에 대한 기대감이 투기 수요를 부추긴다고 주장하는 형국이다. 주택 보유세 강화 정책은 아주 최근에 소폭으로 추진되었기에 그 효과를 입증하기도 쉽지 않다. 토지 보유세 강화에 대한 토지 소유자와 부동산 관련 세력의 거센 반발과 저항도 만만치 않을 것이다. 따라서 토지 보유세 강화를 정부 혼자 밀어붙이기도 역부족이다.

한편 세상을 떠들썩하게 만든 화천대유 사건은 우리에게 절망과 기회를 동시에 제공한다. 민간 업체 화천대유와 개인 투자자 일곱 명이 자본금 3억 5,000만 원으로 3년간 4,040억을 배당받은 이 사건은 시민들에게 분명 큰 충격과 분노를 안겼다. 하지만 역설적이게도 부동산 개발의 민낯을 드러내 부동산 불로 소득과 투기를 근절할 대책의 필요성을 절실히 깨닫게 하기도 했다.

부동산 값 폭등이 한국 도시 개발 방식에서 비롯됐다는 사실을 그 누구도 부정하기 힘들다. 그동안 대규모 부동산 개발 과정에서 토지를 제공하는 주민과 사업비 일체를 부담하는 건설 업체가 개발 이익 모두를 사유화하는 것이 정당화됐다. 이는 강남 개발에서 본격화됐으며, 목동과 상계동 등의 도시 재개발 사업과 2000년 이후 뉴타운 사업에서 전형화했다. 심지어 부동산 투기 세력과 전쟁을 선포하면서 공공 개발을 추구한 문재인 정부에서도 개발 이익 사유화를 시도하는 인간의 욕망은 정부 정책을 무력화할 정도로 여전히 강렬하다. 그동안 이에 대한 문제점을 해소하고자 개발 이익을 환수하는 다양한 유형의 환수 제도들이 정비되기도 했다. 하지만 긴 호흡으로 누구나 공감하는 원칙을 세운 것이 아니라 제도를 급조했기에 여전히 주거 세입자와 상가 세입자는 절망적인 상황으로 내몰린다. 어쩌면 돈과 부동산이 결합하면 불평등과 고통은 예견된 필연적인 결과일 수 있다. 우리는 이러한 고통을 부동산 개발의 역사 속에서 이미 경험했지만 단지 기억하지 않을 뿐이다.

부동산 값 폭등으로 주거 안정이 무너지면 일상의 평온은 깨질 수밖에 없다. 이 점이 일상도시의 관점에서 부동산 불로 소득을 차단하고 투기를 근절할 대책을 마련해야 하는 이유이다. 향후 일상도시에서는 부동산 이슈를 통치의 수단 혹은 정쟁의 수단으로 이용하는 것을 중단하고 시민과 뜻을 모아 투기 근절책을 창의적으로 모색해야 한다. 소수의 특별함이 아닌 다수의 다양함이 용인되는 일상도시에서는 우리 모두가 상생의 가치를 고려하면서 개발 이익 사유화를 성찰해야 한다. 이를 위해 급진적인 개혁책이라고 외면해왔던 대책도 논의의 대상에 포함해야 한다. 전강수가 제시한 시장 친화적 토지 공개념과, 국토 보유세와 기본 소득을 결합한 토지 보유세 강화 방안 등 획기적이고 전면적인 부동산 안정화 대책에 대한 진지한 토론이 필요하다. 상생도시를 주창하는 조성찬의 공공 토지 임대제, 토지 협동조합, 자율 부담금, 마을 협약 등 토지 가치 공유형 도시 재생 사업 유형도 적극 논의할 필요가 있다.[111]

투기를 근절할 부동산 안정화 대책에 대한 창의적인 설계는 정부 혼자 할 수 없으며, 아무리 뛰어난 전문가의 대책과 설계도 시민에 의해 합의되지 않으면 물거품으로 끝날 수 있다. 향후 서울시는 시민 참여 대토론회, 공론화 위원회, 협력적 거버넌스를 통해 부동산 안정화 대책을 시민과 함께 창의적으로 설계하고 집행하는 혁신적인 실험을 추진해야 할 것이다. 이러한 노력이 성공하기 위해서는 1)부동산 문제를 해결하기 위해 필요한 자원과 역량을 갖춘 참여자를 광범위하게 탐색하고, 2)다양한 참여자 사이의 수평적 협력을 유도할 적절한 수단을 강구하고, 3)참여자 사이의 정치적 차이와 역량 격차 등의 문제를 해결할 방법을 찾고, 4)원활한 의사소통을 통해서 신뢰를 구축할 방안을 모색하고, 5)예측하지 못한 변화에 대응할 유연한 방법을 마련하는 것이 필요하다. 이러한 구체적인 방안이 마련될 때 기존 정책과 이해관계 등을 과감하게 극복할 길이 열린다.

위에서 살펴본 미래 이슈는 서울만의 문제라기보다는 모든 도시가 이미 겪고 있거나 가까운 미래에 직면할 보편적 문제에 가깝다. 하지만 보편적 문제에 보편적 해답이 있을 수는 없다. 각 도시의 일상이 판이하기 때문에, 이 보편적 문제에 대한 처방은 각 도시의 맥락에서 창의적으로 찾아내야 한다. 미래의 문제를 푸는 이러한 맥락적 사고에서 평범한 시민의 평안한 일상을 보장해야 한다는 기준이 가장 중요하다. 미래에 도시민이 일상에서 느끼는 불편함과 불공정함이 그 도시 미래의 핵심 문제일 수 있기 때문에, 시민의 문제의식을 파악하는 것이 미래 문제 해결을 위한 첫 단계라는 사실을 잊지 말아야 한다.

따라서 시민의 일상성에 큰 영향을 미칠 미래 문제를 미리 해결하려면 그 상황과 문제에 적합한 정책을 시 정부와 시민이 함께 모색해야 한다. 위에 언급한 네 가지 미래 이슈는 서울 시민의 일상에 지대한 영향을 미치지만, 상황 자체가 불확실하고 빠르게 변하기 때문에 어떻게 전개될지 예단하기가 매우 힘들다. 이렇게 모든 것이 급변하는 환경에서 정부의 단기적·단발성 미래 예측으로는 미래의 불확실성을 극복하기 어렵다. 그렇기에 시 정부 혼자 해법을 찾는 것만으로는 충분하지 않고 시민의 자발적인 참여와 협력이 매우 중요하다.

우리는 코로나 19 감염병 대처 과정에서 시민의 협력이 얼마나 결정적으로 중요한지를 이미 체험했다. 감염병뿐만 아니라 환경 문제와 기후 위기에 대처하는 데도 시민의 협력은 절대적이다. 시민의 참여 없이는 4차 산업 혁명으로 인한 기술 발전이 일자리 대체와 같이 인간을 위협할 가능성이 크다. 4차 산업 혁명의 기술을 위협이 아니라 기회로 활용하려면 시민의 참여와 협력이 불가피하다. 도시 내에서 특정 소수가 미래를 통제하거나 미래 기술로부터의 수혜를 독점하는 폐단을 막기 위해서도 시민 참여는 매우 중요하다. 예를 들어 오픈 플랫폼을 적극적으로 활용해 사회적 경제 등 시민의 참여를 확대하는 방안이 마련된다면 머지않은 미래에 서울에서 더 많은 시민이 새로운 일자리를 찾을 수 있다. 언택트, 빅데이터, AI 등의 신기술을 적극 활용해 주민 조례 발의 시스템을 도입하고 시민 참여 예·결산 심의 제도를 확대하며, 주민 투표 등 온라인 청원 제도의 기능을 강화한다면, 실질적인 참여 시정의 시대가 실현될 수도 있다.

불확실하고 예측하기 힘든 미래 문제에 대응하려면 순위 경쟁을 하면서 도시 간 경쟁을 자극하기보다는, 국내 도시 간, 세계 도시 간 연대를 강조하면서 '정보 공유와 연결의 힘'으로 미래의 문제를 공동으로 극복하려는 노력이 필요하다. 우리는 도시 간 백신 교환을 통해 도시 간 협력이 코로나 사태를 극복하는 데 얼마나 중요한지를 이미 경험했다. 도시를 폐쇄해도 다른 도시의 영향을 피할 수 없으며 한정 없이 폐쇄하는 것도 불가능하다는 사실도 겪었다. 백신의 혜택을 받지 못한 도시에서 코로나 변이가 출현해 또다시 전 세계 거의 모든 도시에 악영향을 미치는 현실은 역설적으로 협력의 중요성을 일깨운다. 환경 문제와 기후 위기에 대응하는 데 있어서도 도시 간 협력은 참으로 중요하다. 지구적 과제인 탄소 중립은 모든 도시가 협력하지 않으면 공염불일 뿐이다. 도시 간 협력의 시대로 나아갈 때에만 인류의 생존이 가능하다고 해도 과언이 아니다. 도시 간 순위 경쟁과 순위의 정치는 철 지난 패러다임이라는 사실을 자각하고서, 협력의 시대를 열어야 지속 가능한 도시의 미래가 열린다는 현실을 직시해야 한다.

도시에서는 다양한 집단의 이해가 상충하고 계층 간 갈등이 불거지기 마련이다. 서울의 미래에 대한 창의적 구상은 이런 갈등을 조화롭게 포용하고 협력할 때 비로소 가능하다. 미래 서울에서 꼭 필요한 '좋은 리더십'의 핵심은 조정과 포용의 갈등 관리 역량이다. 이런 점에서 중립적 촉진자로서의 '숨은 조정자' 역할을 강조하는 장 푸아트라스Jean Poitras의 공공 갈등 조정 논의는 미래 서울 시장의 역할에 시사하는 바가 크다.[112] 이 논의에 따르면 성공적인 조정이 가능하려면 세 가지 편견, 즉 절차상 편견, 해결책에 대한 편견, 사람에 대한 편견을 버려야 한다.

우선 조정자가 갈등 당사자의 필요가 아닌 자신의 필요에 따라 개입하려 드는 절차상 편견을 버려야 한다. 이 편견에 사로잡혀 있을 때 갈등 당사자 혹은 갈등 집단 간 충분한 대화와 의견 수렴 없이 조정자가 개입하고 마는 오류를 범한다. 가장 이상적인 조정자는 도시민이 대립되는 이해와 갈등을 스스로 해결했다고 믿게 만드는 숨은 조정자의 역할을 해낸다. 그렇게 해야 이견을 조정하고 갈등하는 집단 간 화해를 이끌어낼 수 있다.

두 번째 편견은 조정자 본인이 좋다고 여기는 답으로 이끌어가는 해결책에 대한 편견이다. 이 편견에 빠진 조정자는 흔히 갈등 당사자와 집단이 갈등을 스스로 풀어나가는 것을 방해하곤 한다. 따라서 조정자는 해결책을 제시하기보다는 당사자가 갈등을 풀어가도록 돕는 역할임을 잊지 않아야 한다.

세 번째로 사람 혹은 집단에 대한 편견에서 벗어나지 못할 때도 공정한 조정이 불가능하다. 따라서 상대에 대한 서울 시장의 감정적 개입을 최소화하는 것이 필요하다. 시민 사회와 시민 단체에 대한 서울 시장의 감정적 개입은 불필요한 오해와 비협조를 초래할 공산이 크다. 그러므로 이들에 대한 비난보다는 스스로 자신의 문제를 인지하고 해결해가도록 돕는 것이 필요하다. 시민, 시민 단체, 그리고 시민 사회에 대한 끊임없는 격려와 설득, 그리고 반대와 비판에 대한 인내와 포용 속에서, 더 나은 방향으로 서울을 상상하고 그리는 역량을 온축할 수 있다. 미래 서울의 리더는 숨은 조정자로서 더욱 빛나야 한다.

이 책을 쓰게 된 가장 큰 계기는 2021년 4월에 치른 서울시 시장 보궐 선거였다. 정권 심판론이 등장하고 네거티브 공세가 난무하는 서울시 시장 선거를 접하면서 평범한 시민으로서 투표할 마음이 사라졌고, 투표하고 싶은 후보 역시 없었다. 나 혼자만의 생각은 아니었다. 제법 많은 지인이 비슷한 고민을 했다고 토로해왔다. 선거에 대한 회의감과 현실에 대한 답답함이 집필에 대한 결심을 굳혔다. 정권 심판론이 서울시 시장 선거에서 등장했다는 사실은 중앙 정치 논리에 의해 서울 민생 이슈가 압도 당하는 우리의 현실을 여과 없이 보여준다. 한마디로 지방 자치의 후진성과 서울의 패권주의를 만천하에 드러낸 선거를 경험하면서 선거에 대한 회의감에서 벗어날 수 없었다. 이 회의감을 극복하려, '작은 그 무엇인가라도 해야 한다'는 절박감에서 글쓰기를 결정했다. 또 비전과 정책 공약 대신 네거티브로 일관한 선거 과정에서 더 나은 방향으로 서울을 바꾸고 싶은 평범한 시민의 열망은 철저히 무시됐다. 외면 당하는 민생 이슈를 보면서 아무것도 할 수 없는 답답함을 느꼈고 이 무력감이 역설적이게도 집필 동기를 자극했다.

집필을 시작할 때의 이러한 회의감과 무력감은 무언가를 하면서 서서히 치유되고 극복되었다. 더구나 '들어가며'에 언급한 것처럼 이상하게도 집필 과정이 즐겁고 행복했다. 왜 그런가 되돌아보니 공저자와의 협업이 나에게 감동과 행복을 준 것 같다. 공저자 모두 직장 생활을 병행하면서 집필에 참여했기에 매우 분주하고 고단했을 텐데 불평이나 어려움 한 번 토로한 일 없이 늘 적극적으로 임해주었다. 공저자 중 한 명은 수업을 다 마친 박사 과정 수료생이었고 또 한 명은 여러 수업을 수강해야 하는 박사 과정 2년 차 학생이었기에 일의 속도에서 차이가 났다. 수료생 영민은 일의 속도에서 차이가 드러나지 않게 늘 배려했고, 수강생 민영은 굳이 그러지 않아도 됐지만 배려 받은 사실을 늘 밝히곤 했는데, 이러한 모습에 나는 감동했다.

이러한 아름다운 협업에 대한 경험이 후대에 희망을 품게 하고, 숨어도 빛나는 미래 서울의 리더에게 솔직한 바람을 전하게 한다. 저자의 구체적인 바람은 다음과 같다. 첫째, 서울의 민도를 믿으면서 시민 참여를 보장하는 열린 계획과 정책을 추진하길 바란다. 열린 계획과 정책이 추진될 때 평범한 시민의 인간적인 삶이 보장되고 개선될 수 있다. 이 길을 간다면 특별한 소수를 위한 시장이 아닌 서울 시민 모두를 포용하는 시장이 될 수 있다. 정책 기획 단계부터 작은 규모의 다양한 정책적 실험을 지속적으로 실행하길 바란다.

둘째, 모방 정책에서 벗어나 서울이 직면할 문제를 철저히 분석하고 창의적으로 해결하는 방안을 찾을 것을 권한다. 모방 정책에 의존할 때 도시 순위 경쟁에 매몰된다. 순위 경쟁은 시민 일상의 개선과 직접적인 관련이 없으며 서울 시장의 스펙 쌓기 효과만 낳을 뿐이다. 창의적으로 정책을 기획하는 역량은 공무원의 인식 전환, 시민과의 협력, 그리고 다양한 다른 도시와의 상호 학습에서 나올 수 있다. 따라서 추격을 향한 모방 정책에 길들여진 공무원의 인식 전환을 위한 지속적인 노력이 필요하다. 더 다양한 정책 원천을 확보하는 것이 창의적인 정책을 만드는 데에 무엇보다 중요하다. 이전 시정의 정책 경험은 매우 중요한 정책 원천이다. 서울의 맥락에서 시도된 실험은 성패를 떠나 큰 교훈을 준다. 성공했으면 지속하고, 실패했다면 그 원인을 찾아 수정하고 개선하면 된다. 사업의 폐기는 그간의 투여된 공적 자원과 노력이 물거품이 되는 것이기에 가급적 최소화해야 한다. 폐기를 전제로 하는 전 시장 지우기는 그야말로 바보 같은 짓이다. 불가피하게 폐기하면 그 이유와 근거를 명명백백히 투명하게 공개하고 기록해 다시는 같은 실패를 반복하지 않아야 한다.

셋째, 서울 시장직을 대통령이 되려는 스펙으로만 이용하는 자는 서울 시장을 꿈꾸지 않았으면 한다. 임기 중 치적 쌓기에 매몰돼 장기적 관점의 단계적 계획을 어렵게 하기 때문이다. 서울이 직면한 4차 산업혁명과 플랫폼 경제, 감염병과 공유 실험의 위기, 환경 문제와 기후 위기, 부동산 값 폭등 등 미래 이슈는 근시안적인 정책으로 해결할 문제가 아니다. 장기적 관점에서 단계별로 정책을 추진할 때 비로소 해결의 실마리를 찾을 수 있는 복잡한 문제이기 때문이다. 단기 성과에만 집

일상도시 서울

착하는 자는 서울 시장직에 적합하지 않다. 정치적 이해관계의 득실에만 관심을 두는 자 역시 서울의 복잡한 미래 문제를 해결하는 적임자가 될 수 없다. 정치적 이해관계에 몰두하는 시장은 서울의 미래를 위한 정책적 대안을 합리적으로 만들어 집행하기보다는 편 가르기에 몰두할 가능성이 크기 때문이다. 정치적으로 반대하는 자를 설득하고 포용할 수 있을 때 서울의 미래에 대한 창의적 구상과 해법이 비로소 가능하다.

숨어도 빛이 나는 그런 리더와 도시적 삶의 복합성이 다양한 정책 실험 속으로 뿌리내리는 서울, 그런 서울에서 활짝 꽃피는 시민의 일상, 그런 미래 서울이 세계 뭇 도시의 새로운 모범으로 주목 받는 그날을 꿈꿔본다.

1장

1　고대 도시로는 수메르인이 세운 인류의 최초 도시를 비롯, 세계 4대 문명 발상지, 그리스의 아테네와 로마의 도시가 있다. 농업 활동을 기반으로 정착 생활이 가능했던 문명의 발상지인 수메르, 메소포타미아, 이집트, 인더스, 황하에서 도시가 형성된 반면, 도시 국가 아테네와 로마 제국의 수도 로마는 정치 중심지로서 도읍과 시장의 역할을 함께 지니고 성립했다. 종교적 중심지였던 중세 도시는 교역의 중심지로 변모하면서 상업 도시로 성장했다.

2　김용창(2011) 논문은 대안적 도시론을 구체적으로 설명한다.

3　세계도시론은 Sassen의 책(1991)과 연구 논문(1995; 2001)을, 창조도시론은 Landry(2000)와 Florida(2002)의 책을 참조했음을 밝힌다.

4　자세한 설명은 Geddes(1915), Corbusier(1987), Hall(1966)의 책과 Friedmann(1986; 1995)의 연구를 참조하기 바란다.

5　김헌민·박지윤의 연구(2005)는 세계도시의 다양한 지표를 자세히 설명한다.

6　글로벌주의의 이분법적 한계에 대한 더 자세한 설명은 Dicken et al.(1997), Yeung(2002), Cox(2005)의 연구를 참조하기 바란다.

7　자세한 비판은 박배균(2005)의 연구 참조하기 바란다.

8　창조 경제 개념에 대한 더 자세한 설명은 Coy(2000)의 기사와 Howkins(2001)의 책을 참조하기 바란다.

9　1990년대 이후 세계 금융 시장의 폭발적 성장에 따라 새로운 투자처를 필요로 하는 금융 자본이 문화와 예술 시장에 주목했고, 문화·예술 산업과 관련 기반 시설에 투자하기 시작했다는 주장도 있다. 또 주요 도시를 중심으로 시민의 요구가 정치화하고 커뮤니케이션이 발달하면서 이들의 정치적 요구와 창의성을 도시 정책에 반영하는 과정에서 창조도시의 은유와 수사가 탄생했다는 설명도 있다.

10　마커슨의 비판은 Markusen et al.(2008) 논문을 참조하기 바란다.

11　자세한 설명은 Glaeser(2005)와 Lloyd & Clark(2001)의 논문을 참조하기 바란다.

12　Malanga(2004)는 플로리다의 방법론적 취약성에 대해 비판한다.

13　Peck(2005)은 창조도시 정책의 획일성을 비판한다.

14　창조도시론의 신자유주의적 논리에 대한 더 자세한 비판은 Gibson & Klocker(2005) 논문을 참조하기 바란다.

2장

15　일상도시에 대한 논의는 Robinson의 저서(2006)와 논문(2008; 2016)을 참조했음을 밝힌다.

16　도시 내 다양성의 중요성에 대한 더 자세한 설명은 Jacobs(1961)의 저서를 참조하기 바란다.

17　이러한 수용의 어려움은 일상도시와 관련해 상대적으로 적은 논문이 출판된다는 사실에서도 유추할 수 있다. 세계적인 학술 데이터베이스 중 하나인 웹 오브 사이언스(Web of Science)에서 2021년 8월 기준 세계도시 관련 논문은 2,700여 건, 창조도시 관련 논문은 638건인 데 비해 일상도시 관련 논문은 199건일 정도로 일상도시 관련 논문의 숫자가 적은 편이다.

3장

18　물론 이러한 캐치프레이즈는 조순 시장 내면의 유가적 소양에서도 비롯된다. 유학자인 아버지의 영향을 받아 유학에 통달한 데다 국내 경제학계의 거두였던 그는 경제부총리 시절 경제 정책의 기조를 성장 제일주의에서 안정 속의 성장주의로 수정한 것으로 알려졌다. 또 자신의 원칙을 합리성, 인본주의, 무사주의(無邪主義)로 표현하며 저술 곳곳에서 인본주의와 휴머니즘을 강조하는데 이러한 성향이 시정 목표의 설정에도 영향을 미친 것으로 보인다.

19　서울특별시(1996a), 『민선 시장이 펼치는 시정 운영 3개년 계획』, p.11; 서울특별시(1996b), 『자치 서울 1년: 새로운 출발을 위해』, p.21.

20　이 일화는 정석(2014.5.)의 칼럼을 참조하기 바란다.

21　서울시(1996b)와 이성춘 외(1997) 참조하기 바란다.

22　서울 연구원(2015)의 보고서를 참조하기 바란다.

23   이러한 보도는 중앙 일보(1997.8.19.)가 대표적이다.

4장

24   이 내용은 중앙 일보(2013.7.12.) 기사를 참조하기 바란다.
25   고건(2002)의 저서는 서울시 구조 조정에 대해 좀 더 구체적으로 설명한다.
26   이 언급은 매일 경제(1999.6.28.) 기사를 참조하기 바란다.
27   자세한 내용은 서울특별시(2005) 「2002~2003년 감사 연보」 자료에서 확인할 수 있다.
28   서울시 오픈 시스템 정책 수출에 대한 내용은 고건의 저서(2002)와 동아 일보(2001.8.24.) 기사를 통해 확인할 수 있다.
29   최병대(2007) 논문은 서울시 시민 만족도 조사 도입 과정을 자세히 설명한다.
30   최한수(2003)의 논문을 참고하기 바란다.
31   시민과 시장의 토요 데이트 성과는 서울특별시(2002) 백서를 통해 자세히 확인할 수 있다.
32   자세한 평가는 이달곤·전주상(2004)의 논문에서 확인할 수 있다.
33   이 언급은 서울 연구원(2015)를 참조하기 바란다.
34   자치 단체 자문 위원회에 대한 평가는 문병기(2002)의 논문을 참조하면 된다.
35   동아 일보(1998.6.17.) 기사는 서울시 공공 근로 사업에 대해 구체적으로 기술한다.
36   이 언급은 서울특별시(2020)를 참조하기 바란다.
37   고건 시정의 교통 정책에 대한 세부 내용은 서울특별시(1999), (2000) 시정 백서를 통해 확인할 수 있다.
38   상암 새천년 신도시 조성 계획에 대한 세부적인 내용은 김도년(2015)을 참조하면 된다.
39   문화도시에 대한 내용은 원도연(2011) 논문을 참고하면 된다.
40   걷고 싶은 거리 조성 시범 사업은 도시 계획국이, 역사·문화 탐방로 조성은 문화과가, 녹화 거리 조성은 조경과가, 횡단보도와 차 없는 거리는 교통 운영 개선 기획단이, 보도 정비는 도로 운영과가, 조망 가로는 건축 지도과가 주무 부서였다.
41   이에 대해서는 정석(2015)의 논문에서 확인할 수 있다.
42   실제로 민선 2기 당시 걷고 싶은 거리로 조성된 은평구 역촌동 서부 시장길은 조성된 이후 인근 주민들의 불편 민원이 지속됐고, 결국 2013년 은평구는 걷고

싶은 거리를 원래대로 복구하기도 했다(중앙 일보. 2013.11.14.).

43 이 비판에 대한 자세한 설명은 강미란 외(2002) 연구와 한겨레(2003.4.30.) 기사를 참조하기 바란다.

44 그러나 창덕궁 돈화문 앞 왕궁 수문장 교대식은 2005년부터 폐지됐다(서울pn, 2005.4.1.).

45 고건 시장 발언은 중앙 일보(1999.11.26.) 기사를 참조하기 바란다.

46 메트로 신문(2019.1.15.) 기사를 참고하기 바란다.

47 동아 일보(2000.6.25.)를 참조하기 바란다.

48 고건 시장에 대한 이와 같은 평가는 김진애(2005) 논문에서 확인할 수 있다.

5장

49 미디어스(2008.1.8.)의 기사를 참고하기 바란다.

50 종합 계획과 전략 계획의 차이는 다양하게 정의할 수 있지만 크게 종합 계획이 토지 활용이나 공공시설 배치, 인프라 구축, 주택 등을 중심으로 하고 다양한 분야를 망라하면서 하위의 기능 계획을 묶어놓는 성격이 강하다면 전략 계획은 주제에 대한 주요 이슈를 도출해 이에 대한 대응 전략을 중심으로 계획을 수립, 범위를 한정한다는 것이 큰 특징이다. 따라서 전략 계획은 종합 계획보다 하위 목표와 과제가 좀 더 구체적, 유기적이면서 범위가 한정적인 동시에 고려하는 자원과 행동 과정도 종합 계획보다는 좁은 편이다.

51 김선희·이용숙(2016)의 연구를 참조하기 바란다.

52 한겨레(2012.10.17.)의 보도를 참조하기 바란다.

53 뉴타운 개발 사업의 정식 명칭은 재정비 촉진 사업이다. 이는 『도시 재정비 촉진을 위한 특별법』에 따른 재정비 촉진 사업이며, 뉴타운은 재정비 지구를 가리킬 때 사용하는 약칭이다.

54 이 인터뷰는 동아 일보(2013.10.23.) 기사를 참고했음을 밝힌다.

55 장남종·양재섭(2008)의 서울 시정 연구원 보고서를 참조하기 바란다.

56 오준근(2006)과 김종보(2007)의 연구를 참조하기 바란다.

57 장남종·양재섭(2008)의 서울 시정 연구원 보고서를 참조하기 바란다.

58 이러한 표현은 조명래(2004)의 글을 참조하기 바란다.

59 Landscape Times(2015.10.22.)의 기사를 참조하기 바란다.

60 Landscape Times(2015.10.22.)의 기사와 환경과 조경(2015)의 글을 참조하기 바란다.

61   김우주·손용훈(2015), 문승운 외(2017)의 연구를 참조하기 바란다.

62   김영단 외(2014)의 연구를 참조하기 바란다.

63   홍성태(2004)의 연구를 참조하기 바란다.

64   김상철(2015)의 글을 참조하기 바란다.

6장

65   6장은 Lee & Hwang(2012) 및 이용숙·황은정(2014) 논문과 이용숙(2015) 북 챕터를 기반으로 구성됐음을 밝힌다. 2021년 재보궐로 당선된 이후의 시정에 대해서는 평가하지 않는다.

66   실제 평가에 참여한 교수 두 명을 인터뷰한 내용이다(Lee & Hwang, 2012).

67   이 내용은 2012년 11월 13일 방영된 SBS 〈현장 21〉 제80회 '디자인 서울의 그늘'을 참조해서 구성했음을 밝힌다.

68   이 내용은 2012년 11월 13일 방영된 SBS 〈현장 21〉 제80회 '디자인 서울의 그늘'을 재구성한 것이다.

69   자세한 내용은 이종탁(2012) 논문을 참고하기 바란다.

70   다산 콜 센터의 노동 조건에 대한 더 자세한 정보는 오진호(2012) 연구를 참조하기 바란다.

71   시프트에 대한 더 자세한 설명은 오정석(2009; 2010) 연구를 참조하기 바란다.

72   이 내용은 김수현(2010) 논문에서 확인하기 바란다.

73   시프트의 기여도에 대한 더 자세한 내용은 양준석(2017), 임성은 외(2009), 정유선 외(2018) 논문을 참조하기 바란다.

74   특히 공급 평형 85제곱미터 초과분의 공급이 타당한 것인지에 대한 비판은 시프트를 기획하고 연구한 전문가도 제기했다. 국민 주택 규모는 주택법상 전용 85제곱미터 미만이어서 114제곱미터 공급 평형은 국민 주택 기금을 사용할 수 없고 순수 건설 자금을 확보해 공급해야 하기 때문에 전용 114제곱미터 공급을 재검토해야 한다는 것이다. 일본의 1인당 주거 면적과 비교하면서 85제곱미터 초과분은 민간 부문에 맡기고 서울시는 85제곱미터 이하 부분에 치중하는 것이 타당하다는 판단을 제시했다(오정석, 2009).

75   더 구체적인 내용은 Lee & Hwang(2012)의 논문 참조하기 바란다.

7장

76   7장은 이용숙·신영민·이민영(2021) 논문을 기반으로 구성됐음을 밝힌다. 오세훈 시장 사퇴로 재보궐 선거에서 시장이 되었기에 박원순 시장은 민선 시장 5기로 시작한다. 이러한 이유로 오세훈 시장을 민선 4~5기, 박원순 시장을 민선 5~7기로 표기한다.

77   청계천 재복원 추진은 2013년 발표된 『청계천 2050 마스터 플랜』에 따라 2014~2018년의 단기, 2019~2030년 중기, 2031~2050년 장기로 구분해 계획됐다. 민선 3기 이명박 시정의 청계천 복원 사업은 역사성과 생태성을 갖추지 못했다는 점에서 비판 받았다. 이에 박원순 시정은 청계천의 역사적 원형과 자연 생태성을 회복하는 것을 목표로 했다. 이를 위해 1)백운동천, 삼청동천 등 주요 지천과 다리 등 주요 유적을 복원 및 원위치로 이전 및 고증하고 2)도심 물 순환으로 하천 유량을 원래의 수준으로 조정하는 것을 주요 전략으로 했다. 인위적 양수를 제거하고 원래의 유량으로 청계천을 복원하는 것은 청계천의 침수 방지와도 관련된다. 또 각 지천과 청계천으로의 보행 접근성 개선, 청계천 인근의 도시 문화 발굴과 재창조, 인근 건물의 그린 네트워크 구축, 도심 속 휴식 공간 강화 등 종합적인 관리 계획이 수립됐다(서울 연구원, 2014). 이렇듯 장기적 관점에서 2050년까지 단계적으로 시기별 계획을 세워 추진해 급격한 추진으로 인한 혼란을 줄이고자 했다. 이 때문인지 청계천 사업은 계획만이 있고 본격적으로 추진되지 않아 이 책에서는 더 깊게 검토하지 않는다.

78   서울특별시(1996), 『자치 서울 1년: 새로운 출발을 위해』, p.8.

79   더 자세한 비판 내용은 최원우 외(2021) 논문을 참고하기 바란다.

80   이 비판에 대한 자세한 설명은 유지원·김영재(2020) 논문을 참고하기 바란다.

81   "광화문 설계 공모 당선작", 대한 건축사 협회 홈페이지, URL: http://kiramonthly. com/project_item/international-design-competition-for-new-gwanghwamun-square, (검색일: 2020.6.23.).

82   사직로의 곡률 변경으로 인한 차량 통행 속도 예측은 평균 시속 21~22킬로미터로 이전과 큰 차이가 없을 것으로 보인다. 오세훈 시장이 발표한 광화문 광장 보완·발전 계획에서도 새로운 건축 계획은 없고 기존 시설물의 활용 방안과 주요 역사 유적의 복원·활용 방향만이 주로 구상돼 개발로 인한 젠트리피케이션 문제는 현 단계에서는 크게 우려되지 않는다. 자세한 사항은 서울특별시(2021.6.24.)의 보도 자료를 참조하기 바란다.

83   이 내용은 2017년 9월 7일 이루어진 서울 연구원 선임 연구 위원 인터뷰 내용을 기반으로 작성되었다.

84 서울시 중간 지원 조직에 대한 비판은 박세훈·김주은(2018)의 논문을 참조하기 바란다.

85 신현주·강명구(2017), 이민영·이용숙(2018), 조은영 외(2018), 김세신·최준영(2018) 등이 시민 권한의 한계를 지적한다.

86 이 내용은 서울시 보도 자료(2021.2.16.) "서울시, 국공립 어린이집 전국 최다 … 올해 1,800개까지 늘린다"에서 확인할 수 있다.

87 더 자세한 평가는 김송이·김한나(2017), 민규량(2019) 연구 참조하기 바란다.

88 뉴스핌(2021.7.29.) 기사를 참고하기 바란다.

89 지방 자치 단체 사회 복지 분야 예산 비중에 관한 내용은 김우림(2021)의 보고서를 참조하면 된다.

90 김승연(2017) 연구는 복지 정책에서 광역 자치 단체의 한계를 자세히 설명한다.

91 찾동 두 축의 충돌에 대한 자세한 설명은 남기철(2015)의 연구를 참고하길 바란다.

92 찾동의 노동 조건에 대한 더 자세한 비판은 김정현·김보영(2019) 연구를 참고하길 바란다.

93 자전거 도로 관련 더 자세한 설명은 김민재 외(2018) 연구를 참조하기 바란다.

94 오세훈 시정에서 참여 예산제 도입을 검토하지 않은 이유와 그 후 도입 배경은 유소영(2013)과 정상호(2015) 연구를 참조하기 바란다.

95 평가에 대한 자세한 설명은 김정희(2016)와 정상호(2014) 연구를 참조하기 바란다.

96 다만 공모를 통해 모집된 시민 참여 예산 위원의 대표성은 다른 지자체에 비해 나은 편이다. 우선 2017년 기준 전국 지자체 평균 참여 예산 위원회 공모 비율이 절반이 안 되는 데 비해 서울시는 92.3퍼센트 정도로 다른 지자체에 비해 시민의 직접 참여가 활발하다(서정섭, 2018: 15; 서울특별시, 2017). 한편 시민 예산 위원회의 연령대별 구성을 살펴보아도 서울시는 다른 지자체에 비해 20~40대의 참여가 활발한 편이다. 주민 참여 예산제의 문제로 주 경제 활동 인구인 20~40대 참가 비율이 저조한 것이 문제로 거론되는 것을 감안하면 주목할 만한 성과다. 이는 공모 위원 구성에 성별, 연령별 비례를 반영하도록 규정했기 때문에 가능한 것으로 보인다.

97 스마트도시의 한계에 대해서는 Nam and Pardo(2011) 참조하기 바란다.

98 서울특별시 사회적 경제 지원 센터 2016년 보고서 『2011~2015 서울시 사회적 경제 활성화 정책 5년 성과 및 향후 과제』, 13쪽에 서울형 사회적 경제의 목표에 대한 더 자세한 설명이 제시된다.

99 ESG 경영이란 기업의 비재무적 요소인 환경(Environmental), 사회적 책임

(Social), 지배 구조(Governance) 등을 고려하는 기업의 윤리적 경영 방식을 의미한다. 기업이 이익만을 추구하기보다는 환경, 사회적 책임, 지배 구조 등을 고려해 운영해야 지속 가능한 발전이 가능하다는 주장이다.

9장

100 서울의 서비스 산업 그리고 고용 구조는 김범식(2010)의 연구 보고서를 참조하면 된다.

101 서울시 산업 구조에 대한 더 자세한 내용은 김묵한 외(2021)의 보고서에서 확인할 수 있다.

102 지식 기반 산업과 디지털 기반 산업의 범위는 정해지지 않았다. 다만 지식 기반 산업은 OECD의 정의가 일반적으로 적용된다. 연구 개발 집약도가 높은 첨단 산업 위주의 '지식 기반 제조업' 및 관련 '지식 기반 서비스업'으로 구분해 전자는 메카트로닉스, 반도체, 생물 산업, 신소재, 전기 정보 기기, 정밀 기기, 정밀 화학, 항공 우주, 환경 등 아홉 개 산업으로, 후자는 관광, 기업 지원 서비스, 문화, 물류, 정보 서비스 등을 통상 지식 기반 산업으로 나눈다(김영수, 2003). 디지털 기반 산업은 4차 산업 혁명의 핵심 기술인 AI, 기계 학습, 빅데이터, 네트워크, IoT와 관련이 높은 산업으로 전자 부품·컴퓨터·영상·음향 및 통신 장비 제조업, 소프트웨어 개발 및 공급업, 컴퓨터 프로그래밍·시스템 통합과 관리업, 정보 서비스업 등이 해당된다.

103 플랫폼 노동은 온라인 플랫폼을 매개로 계약을 맺고 일하는 노동이며, 긱 노동은 플랫폼 노동의 일종으로 일을 조각내어 업무 단위로 계약을 맺고 일하는 노동을 의미한다. 원래 긱 노동은 1920년대 미국 재즈 공연장에서 필요에 따라 연주자를 섭외해 공연한 것에서 유래된 용어다. 상설 공연을 하기 어려웠던 재즈 보컬들은 공연 때마다 연주가들을 수시로 모아 공연을 했는데, '긱(Gig)'은 이러한 임시 연주자들을 부르는 말이었다. 따라서 긱 노동은 매일 일감을 찾아 시장에 나서는 건설 일용직과 비슷하며 한마디로 디지털 플랫폼을 중개로 한 초단기 노동을 의미한다.

104 플랫폼 노동자나 특수 고용 형태 종사자(특고)가 고용 보험 사각지대에 놓였다는 문제 지적은 이전부터 있었다. 이에 최근 정부는 2025년까지 전 국민 고용 보험 가입을 목표로 관련 대책을 추진 중이다. 다만 여전히 고용주를 특정하기 어려운 사업도 있어서 난관이 남았고, 여전히 플랫폼 업계는 피보험 자격 신고에 미온적인 것으로 보인다.

105 정근식(2020)은 서울시의 코로나 대유행 초기 대응의 성공을 다음과 같이 설명한다. "세계 주요 도시(뉴욕, 런던, 파리, 베이징, 도쿄, 자카르타, 마닐라, 델리, 테헤란)의 경험과 비교하면 현재까지 방역과 경제 회복 측면에 보여준 서울시의 성공적 결과는 '과정적 학습'을 통해 이뤄졌다. 국가와 도시 간 코로나 확산 추세의 차이가 동조형, 선발 안정형, 비동조 안정형 등 다양한 양상을 보이는 가운데, 서울시는 다소 예외적 유형에 속한다. 최근의 확산 양상에도 불구하고, 서울시의 초기 대응의 성과를 분석해 보면 서울시와 중앙 정부, 민간과의 효율적 협력하에서 선제적 대응과 유연한 전환을 이뤄왔다는 것을 알 수 있다."

106 자족형 근린 생활권 정책에 관한 내용은 한영준(2020)의 발표 자료에서 확인할 수 있다.

107 더 자세한 내용은 Borries & Kasten(2019)의 책에서 확인할 수 있다.

108 기후 변화 대응을 위한 서울시 전략에 대한 자세한 내용은 송인주 외(2019), (2021)의 연구 보고서를 참조하면 된다.

109 이러한 비판에 대한 내용은 전강수(2021)의 연구에서 확인할 수 있다.

110 정부의 부동산 정책에 대한 비판은 정준호(2020) 논평에서 확인할 수 있다.

111 상생도시에 대한 자세한 내용은 조성찬(2015)의 책에서 확인하면 된다.

112 갈등 조정에 관한 더 자세한 논의는 Poitras(1997)의 책을 참고하면 된다.

1장

김용창, 2011, "도시 발전 패러다임 변화와 성장 편익 공유도시", 『저성장 시대의 도시 정책: 더 좋은 도시, 더 행복한 시민』, 57-93, 한울 아카데미.

김헌민, 박지윤, 2005, "세계도시성 지표 분류와 시사점에 관한 연구", 《국토 계획》 406, 23-37.

남영우, 2017, "지리학의 자성과 도시 지리학의 나아갈 길", 《한국 도시 지리학 회지》 203, 1-12.

랜드리(Landry, C.), 임상오(역), 2005, 『창조도시』, 서울: 해남.(Landry, C., 2000, *The Creative City: A toolkit for urban innovators*, London: Earthscan).

박배균, 2005, "세계도시 형성의 다규모적 과정에 대한 연구: 공간 선택적 세계화와 쿠알라룸푸르의 세계도시화", 《지리학 논총》 45, 347-373.

이영민, 2005, "세계 문화도시의 의미와 제주의 가능성 탐색", 《한국 도시 지리학 회지》 83, 1-8.

이용숙, 최정인, 2012, "싱가포르의 창조도시 정책에 대한 비판적 소고", 《공간과 사회》 40, 5-37.

이용숙, 황은정, 2014, "정책 이동과 창조도시 정책 - 서울과 싱가포르 창조도시 프로그램 비교", 《한국 정책학 회보》 23(1), 33-66.

이재하, 2003, "세계도시 지역론과 그 지역 정책적 함의", 《대한 지리학 회지》 384, 562-574.

최조순, 강현철, 여관현, 강병준, 김영단, 2014, 『세계도시의 이해』, 한국 한술 정보.

플로리다(Florida, R.), 이원호, 이종호, 서민철(역), 2008, 『도시와 창조 계급』, 서울: 푸른 길.(Florida, R., 2005, *Cities and the Creative Class*, London: Routledge).

플로리다(Florida, R.), 안종희(역), 2020, 『도시는 왜 불평등한가』, 서울: 매일 경제 신문사.(Florida, R., 2017, *The new urban crisis: How our cities are increasing inequality, deepening segregation, and failing the middle class-and what we can do about it*, Hachette UK).

플로리다(Florida, R.), 이길태(역), 2002, 『Creative Class: 창조적 변화를 주도하는 사람들』, 서울: 전자 신문사.(Florida, R., 2002, *The Rise of the Creative Class: And how it's transforming work, leisure, community and everyday life*, New York: Perseus Book Group).

한상진, 2008, "사회적 경제 모델에 의거한 창조 도시 담론의 비판적 검토", 《환경 사회학 연구 ECO》 12(2), 185-206.

Corbusier, L., 1987, *The city of to-morrow and its planning*, Courier Corporation.

Cox, K. R., 2005, Local: Global, In P. Cloke & R. Johnston(Ed.), *Spaces of Geographical Thought* (pp.175-198), London: Sage.

Coy, P., 2000, The Creative Economy, *Businessweek Online*, August 28.

Dicken, P., Peck, J., & Tickell, A., 1997, "Unpacking the global", *Geographies of economies*, 166.

Friedmann, J., 1986, "The world city hypothesis", *Development and Change* (17)1, 69-84.

Friedmann, J., 1995, "The world city hypothesis", *World cities in a world system*, 317-331.

Geddes, P., 1915, *Cities in Evolution*, London: Williams & Norgate.

Gibson, C., Klocker, N., 2005, "The 'Cultural Turn' in Australian Regional Economic Development Discourse: Neoliberalising Creativity?", *Geographical Research* 43(1), 93-102.

Glaeser, E. L., 2005, "Urban Colossus: Why is New York America's Largest City?", *NBER Working Paper*, no.11398.

Hall, P., 1966, *The World Cities*, London: Weidenfeld & Nicolson.

Howkins, J., 2001, *The Creative Economy: How People Make Money from Ideas*, London: Penguin Press.

Jacobs, J., 1961, *The Death and Life of Great American Cities*, New York: Random House.

Landry, C., 2000, *The Creative City: A toolkit for urban innovators*, London: Earthscan.

Lloyd, R., Clark, T. N., 2001, "The City as an Entertainment Machine.", *Critical perspectives on urban redevelopment* 6(3), 357-378.

Malanga, S., 2004, "The Curse of the Creative Class", *City Journal*, Winter, 36-45.

Markusen, A., Wassall, G. H., Denatale, D., Cohen. R., 2008, "Defining the Creative

Economy: Industry and Occupational Approaches", *Economic Development Quarterly* 22(1), 24-45.

Peck, J., 2005, "Struggling with the Creative Class", *International Journal of Urban and Regional Research* 29(4), 740-770.

Pratt, A. C., 2008, "Creative Class: the Cultural Industries and the Creative Class", *Geografiska Annaler: Series B. Human Geography* 90(2).

Robinson, J., 2006, *Ordinary Cities: Between modernity and development*, New York, NY: Routledge.

Robinson, J., 2008, "Developing ordinary cities: city visioning processes in Durban and Johannesburg", *Environment and Planning A: Economy and Space* 40(1), 74-87.

Robinson, J., 2016, "Thinking cities through elsewhere: Comparative tactics for a more global urban studies", *Progress in Human Geography* 40(1), 3-29.

Sassen, S., 1991, *The Global City: London, New York, Tokyo*, Princeton-New Jersey: Princeton University Press.

Sassen, S., 1995, "The State and the global city: Notes towards a conception of place-centered governance", *Competition & Change* 11, 31-50.

Sassen, S., 2001, "Global cities and developmentalist states: how to derail what could be an interesting debate: a response to Hill and Kim", *Urban Studies* 3813, 2537-2540.

Scott, A. J., 2008, "Creative Cities: Conceptual Issues and Policy Questions", *Journal of Urban Affairs* 28(1), 1-17.

Yeung, H. W. C., 2002, "The limits to globalization theory: a geographic perspective on global economic change", *Economic geography* 78(3), 285-305.

홈페이지

서울 정보 소통 광장, 창의 시정, https://opengov.seoul.go.kr/civilappeal/2897622, 검색일: 2021.8.2.

유네스코 창의도시 네트워크 홈페이지, https://en.unesco.org/creative-cities/home, 검색일: 2022.1.29.

2장

Jacobs, J., 1961, *The Death and Life of Great American Cities*, New York: Random House.

Robinson, J., 2006, *Ordinary Cities: Between modernity and development*, New York, NY: Routledge.

Robinson, J., 2008, "Developing ordinary cities: city visioning processes in Durban and Johannesburg", *Environment and Planning A: Economy and Space* 40(1), 74-87.

Robinson, J., 2016, "Thinking cities through elsewhere: Comparative tactics for a more global urban studies", *Progress in Human Geography* 40(1), 3-29.

3장

김영재, 김정기, 2012, "서울시 정책의 변천에 관한 연구: 역대 서울 시장을 중심으로",《한국 행정 연구》23(2), 63-84.

서울 연구원, 2015, 『서울시 민선 자치 20년 회고와 전망』, 서울: 서울 연구원.

서울특별시, 1996a, 『민선 시장이 펼치는 시정 운영 3개년 계획』, 서울: 서울특별시.

서울특별시, 1996b, 『자치 서울 1년: 새로운 출발을 위해』, 서울: 서울특별시.

서울특별시, 1997, 『자치 서울 2년: 더불어 사는 서울을 위해』, 서울: 서울특별시.

서울특별시 의회, 1997.5.8., "제108회 3차 본회의 회의록".

서울특별시 의회, 1997.7.11., "제110회 2차 본회의 회의록".

서울특별시 의회, 1997.8.27., "제111회 2차 본회의 회의록".

이성춘, 조순, 남찬준, 조갑제, 장현익, 김원고, 김상균, 1997, "조순 민주당 대통령 후보",《관훈 저널》66, 236-287.

이신, 허유경, 김혜미, 2014, "쓰레기 종량제: 서울 정책 아카이브", (https://seoulsolution.kr/ko/content/쓰레기-종량제).

정석, 2014, "시장의 교체와 시정의 변화: 민선 20년의 흐름을 읽다",《환경과 조경》313.

방송 자료

KBS, 1994.10.21., "성수 대교 붕괴 사고로 32명 사망"(KBS 뉴스).

KBS, 1994.10.22., "성수 대교 건설 부실 있었다"(KBS 뉴스).

KBS, 1995.6.30., "삼풍 백화점 책임자들 붕괴 위험 알았다"(KBS 뉴스).

신문 자료

경향 신문, 1997.4.23., "趙시장 "DJ 추대에 들러리는 싫어"".

동아 일보, 1998.5.25., "조순 전 서울 시장 교통 관련 공약 이행률 32퍼센트 불과".

매일 경제, 1995.9.1., "조순 서울 시장, 취임식".

연합 뉴스, 1994.10.21., "〈緊急診斷〉 성수 대교 붕괴 사고 전문가 진단(3)−구조물 피로도
쌓여 상판 연결 부위 무너져, 시공상의 잘못과 함께 관리 소홀 복합 작용".

조선 일보, 1997.8.27., "[서울시 의회] 조 시장 대선 출마 이틀째 비난".

중앙 일보, 1997.8.19., "조순 시장 2년간의 평가 … 계획 행정에 기틀 … 공약 실천 17퍼센
트".

홈페이지

서울 연구 데이터베이스, 교통수단별 수송 분담, http://data.si.re.kr/node/390, 검색일:
2021.3.24.

4장

강미란, 최창길, 이창구, 어인준, 김영하, 2002, "인사동 역사 문화 탐방로 조성 사업 이후
의 가로 경관 분석에 관한 연구",《대한 건축학회 학술 발표 대회 논문집: 계획계》22(2),
639−642.

고건, 1998, "서울 시장 인터뷰, 21세기를 향한 인간적인 도시, 한국적인 세계적인 도시".

고건, 2002, 『행정도 예술이다』, 매일 경제 신문사.

김도년, 2015, "서울 상암 디지털 미디어 시티(DMC)의 조성: 서울 정책 아카이브",
https://seoulsolution.kr/ko/content/서울−상암디지털미디어시티dmc의−조성).

김진애, 2005, "[김진애의 도시에 대한 태도] 서울 시장과 대통령의 함수 관계 : '대통령
꿈'으로 서울을 채울 것인가?",《인물과 사상》, 68−79.

라도삼, 2006, "문화도시의 요건과 의미, 필요조건",《도시 문제》41(446), 11−25.

문병기, 2000, "자치 단체 자문 위원회 제도의 공공 선택론적 해석: 서울시 사례를 중심으
로",《한국 지방 자치학 회보》12(1), 51−70.

서울 연구원, 2001, 『걷고 싶은 거리 만들기 시범가로 시행 평가 및 향후 추진 방향 연구』,
서울:서울 연구원.

서울 연구원, 2002, 『서울시 중장기 노숙자 정책 연구』, 서울:서울 연구원.

서울 연구원, 2015, 『서울시 민선 자치 20년 회고와 전망』, 서울:서울 연구원.

서울 연구원, 2016, 『서울의 도시 공간 정책 50년: 어제와 오늘』, 서울:서울 연구원.

서울 연구원, 2019, 『서울 연구원 25년 정책 연구의 기록』, 서울:서울 연구원.

서울특별시, 1999, 『'99 새서울 시정-시민과 함께 희망찬 21세기로-』, 서울특별시.

서울특별시, 2000, 『인간적인, 한국적인, 세계적인 도시 새서울 시정 백서』, 서울특별시.

서울특별시, 2001, 『새서울 시정 개혁 백서』, 서울특별시.

서울특별시, 2002, 『시민과 시장의 토요 데이트 4년』, 서울특별시.

서울특별시, 2005, 『2002~2003년도 감사 연보』, 서울특별시.

서울특별시, 2020, 『서울시 노숙인 복지 정책 20년사』, 서울특별시.

원도연, 2011, "창조도시의 발전과 도시 문화의 연관성에 대한 연구", 《인문 콘텐츠》 (22), 9-32.

윤종설, 2002, "서울시 부조리 신고 엽서제의 성과에 대한 참여 개혁적 접근", 《도시 행정 학보》 15(2), 67-87.

이달곤, 전주상, 2004, "지방 자치 단체장의 갈등 조정 : 서울시 「시민과 시장의 토요 데이트」 분석", 《행정 논총》 40(3), 1-24.

정석, 2015, 『한국의 보행 환경 개선: 정책 및 성과』, 한국 교통 연구원.

최병대, 2007, "민선 시정하의 주민 평가 제도의 비교", 《한국 지방 자치학 회보》 19(1), 5-27.

최한수, 2003, "시민 참여의 새로운 실험. -서울시 청렴 계약제 및 청렴 계약 옴부즈만 제도 경험을 중심으로-", 《시민과 세계》 4, 294-309.

신문 자료

동아 일보, 1998.6.17., "서울시, 실업자 유형-직업별 대책 마련".

동아 일보, 2000.6.25., "서울 '생명의 나무', 관리 감독 소홀로 말라죽어".

동아 일보, 2001.8.24., "서울시 '온라인 민원 처리' 美타임지에 실려".

매일 경제, 1999.6.28., "고건 서울 시장 취임 1년 평가와 과제".

매일 노동 뉴스, 2000.8.9., "서울시, 노사정 '서울 모델 협의회' 발족".

메트로 신문, 2019.1.15., "[되살아난 서울](38) 겸재 정선이 사랑한 섬, 선유도 공원".

서울pn, 2005.4.1., "창덕궁 '수문장 교대' 없앤다".

중앙 일보, 1999.11.26., "시민/전문가 힘 모아 '한강 살리기' 나섰다".

중앙 일보, 2013.7.12., "고건의 공인 50년〈103〉 서울시 구조 조정".

중앙 일보, 2013.7.19., "고건의 공인 50년〈107〉 서울의 공기".

중앙 일보, 2013.11.14., "[이슈 추적] 걷고 싶은 거리는 무슨? 속 터지는 거리 됐어요".

한겨레, 1999.7.28., "걷고 싶은 거리 첫발부터 '삐끗' 서울시 2,000억 원 들여 야심 찬 계획 관련 부서와 한마디 협의 없이 졸속 추진".

한겨레, 2003.4.30., "북촌을 '디자인'하지 마라!".

홈페이지

국가 통계 포털, 행정 구역(시도)별 경제 활동 인구 총괄, https://kosis.kr/statHtml/
statHtml.do?orgId=101&tblId=DT_1D07004S&conn_path=I2, 검색일: 2021.11.16.

서울 솔루션 홈페이지, https://www.seoulsolution.kr/ko, 검색일: 2021.11.16.

서울시 열린 데이터 광장, 서울시 일반 회계 세출 예산 개요(2007년 이전) 통계, https://
data.seoul.go.kr/dataList/180/S/2/datasetView.do, 검색일: 2021.11.16.

서울 월드컵 공원 홈페이지, https://parks.seoul.go.kr/parks/detailView.do?pIdx=
6#target01, 검색일: 2022.2.22.

참여 연대 홈페이지, [참여 연대 빛나는 활동 100선] [006] 청렴 계약제와 청렴 계약 옴부즈
만제 도입 운동-시민 감시의 새로운 실험, 청렴 계약제, https://www.peoplepower21.
org/index.php?mid=pspd100&listStyle=list&document_srl=1338992, 검색일:
2021.11.16.

5장

김경철, 2005, "서울시 버스 체계 개편 추진과 교훈",《경기 논단》7(1), 49-65.

김상철, 2015, "새로운 기업가적 시장의 등장? 겉도는 소통과 협력: 거버넌스를 통해서 본
박원순 시장 1년 평가",《2015 서울 시정 평가 포럼 발표문》, 1-18.

김영단, 최근희, 임성은, 2014, "서울시 뉴타운 정책 변동의 유형학적 특성 분석: 서울 시장
을 중심으로",《한국 행정 연구》23(2), 63-84.

김영하, 2003, "강북 뉴타운 개발 사업을 통한 지역 균형 발전에 대한 연구",《대한 건축학
회 논문집》19(6), 113-120.

김우주, 손용훈, 2015, "서울 숲 조성 및 관련 도시 개발 계획에 따른 주변 지역 도시 형태
변화",《서울 도시 연구》16(3), 1-12.

김정은, 2015, "서울 숲 10년의 의미와 과제",《환경과 조경》331.

김종보, 2007, "도시 재정비 촉진을 위한 특별법의 제정 경위와 법적 한계",《토지 공법 연
구》35, 71-90.

문승운, 김의준, 구진혁, 2017, "도시 공원 조성이 도시 공간 구조 변화에 미치는 영향 분
석: 성동구 서울 숲 젠트리피케이션 현상을 중심으로",《한국 조경학 회지》45(2), 76-
88.

배경동, 2007, "주택 공급 정책이 도시 계획 왜곡 현상에 미친 영향에 관한 연구", 서울 시립
대학교 박사 학위 논문.

변창흠, 2008, "도시 재생 방식으로서 뉴타운 사업의 정책 결정 과정과 정책 효과에 대한

비판적 고찰",《공간과 사회》 29, 176-208.

변창흠, 2014, "신개발주의의 구조적 특성과 유산 극복을 위한 정책 과제: 민선3기와 4기 서울 시정을 사례로",《민주 사회와 정책 연구》 25, 13-50.

서울 연구원, 2007,『뉴타운 사업에 다른 원주민 재정착률 제고 방안』, 서울: 서울 연구원.

서울 연구원, 2006,『서울시 대중교통 체계 개편의 성과와 향후 과제』, 서울: 서울 연구원.

서울 연구원, 2014,『청계천: 역사성 및 자연 생태성 회복』, 서울: 서울 연구원.

서울 연구원, 2015,『서울시 민선 자치 20년 회고와 전망』, 서울: 서울 연구원.

서울특별시, 1995,『시내버스 노선의 합리적 개편 방안』, 서울: 서울특별시.

서울특별시, 2006,『2020년 서울 도시 계획』, 서울: 서울특별시.

서울특별시, 2014,『2030년 서울 도시 계획』, 서울: 서울특별시.

서울특별시 청계천 시민 위원회, 2014,『청계천: 역사성 및 자연 생태성 회복』, 서울: 서울특별시.

심주영, 2018, "서울 숲 공원 관리 체계에 나타나는 공원 거버넌스 형성 과정",《환경 논총》 62, 78-79.

안승일, 2008, "민선 서울 시장의 리더쉽 유형 분석", 서울 시립 대학교 대학원 박사 학위 논문.

오준근, 2006, "서울시 뉴타운 개발의 법적 문제점",《토지 공법 연구》 30, 27-46.

윤인숙, 김갑성, 2004, "서울시 지역 균형 발전 전략으로서의 뉴타운 개발 사업의 한계",《지역 연구》 20(2), 35-49.

장남종, 양재섭, 2008,『서울시 뉴타운 사업의 추진 실태와 개선 과제』, 서울: 서울 연구원.

조명래, 2004, "세상 읽기: 이명박 시장의 신개발주의 리더십",《노동 사회》 90, 56-61.

청계천 복원 추진 본부, 2003, "2003년 11월 3일 청계천 복원 위원회가 서울 시장에게 보낸 공문".

홍성태, 2004, "청계천 복원 사업과 청계천의 파괴-이명박 시장의 신개발주의와 이익의 정치",《경제와 사회》 63, 39-65.

방송 자료

MBC, 2004.7.4., "이명박 서울 시장, 대중교통 개편 이후 문제점 사과"(MBC 뉴스).

신문 자료

동아 일보, 2013.10.23., "[강북 개발 '뉴타운' 3곳 확정] 주거-도심-신시가지형 나눠 개발".

매일 경제, 2002.6.14., "[공약 이렇게 지킨다] 이명박 시장 당선자, 서울 청계천 복원".

월간 중앙, 2012.3.1., "[집중 분석] 뉴타운의 저주".

중앙 일보, 2013.6.7., "[남기고] 고건의 공인 50년. 교통 방송과 교통 카드".

한겨레, 2012.10.17., "이명박·오세훈 시장 때 서울시 빚 12조 늘어".

한국 경제, 2002.2.22., "청계천 복원하겠다…이명박 공약".

Landscape Times, 2015.10.22., "[김부식 칼럼] 서울 숲 지난 10년, 앞으로 10년".

홈페이지

서울 역사 박물관 아카이브, https://museum.seoul.go.kr/archive/archiveView.do
?type=D&arcvGroupNo=4277&arcvMetaSeq=37296&arcvNo=101463, 검색일:
2022.2.21.

6장

김수현, 2010, "한국 공공 임대 주택의 성격과 서울시 장기 전세 주택: Harloe와 Kemeny
의 논의를 중심으로",《한국 사회 정책》17(3), 123-152.

서울특별시, 2007, 『성과주의 예산』, 서울: 서울특별시.

서울특별시, 2008, 『성과주의 예산』, 서울: 서울특별시.

서울특별시, 2009, 『성과주의 예산』, 서울: 서울특별시.

서울특별시, 2010, 『성과주의 예산』, 서울: 서울특별시.

양준석, 2017, "공공 임대 주택이 주변 전세 시장에 미치는 효과: 서울시 장기 전세 주택
(SHIFT)의 경우",《한국 경제 지리학 회지》20(3), 403-416.

오정석, 2009, "공공 임대 주택 공급정 책의 문제점과 향후 과제: 서울시 장기 전세 주택
(SHift) 공급 정책을 중심으로",《한국 지적학 회지》25(2), 17-32.

오정석, 2010, "장기 전세 주택이 주택 가격에 미친 영향: 서울시 장기 전세 주택(SHift)를
중심으로",《한국 지적학 회지》26(1), 163-177.

오진호, 2012, "다산 콜 센터 노동자들의 열악한 노동 조건을 공개한다: 비정규직은 뺀 서
울시 공무원 직무 스트레스 조사",《비정규 노동》97, 73-88.

이용숙, 2015, "서울 창의 시정의 실패", 정재용(편), 『추격 혁신을 넘어: 탈추격의 명암』,
신서원.

이용숙, 황은정, 2014, "정책 이동과 창조도시 정책: 서울과 싱가포르 창조도시 프로그램
비교",《한국 정책학 회보》23(1), 33-66.

이종탁, 2012, "120 다산 콜 센터 위수탁 운영 실태 및 문제점: 노동의 측면을 중심으로",
《비정규 노동》97, 50-72.

임성은, 상남규, 오동훈, 2009, "장기 전세 주택이 주변 전세 가격에 미치는 영향",《도시 행정학보》22(2), 245-264.

정유선, 한제선, 이창무, 2018, "공공 임대 주택 유형별 가격 효과 분석",《국토 계획》53(5), 135-147.

Lee, Y. S. & Hwang, E. J. (2012) "Global Urban Frontiers through Policy Transfer?: Unpacking Seoul's Creative City Programs", *Urban Studies*, 49(13): 2888-2908.

방송 자료

SBS, 2011.11.13., '디자인 서울의 그늘'(현장21 제80회).

신문 자료

CNBNEWS, 2010.9.27., "오세훈 시장, 시민들이 우습나? 두렵나?".

홈페이지

서울 역사 박물관, https://museum.seoul.go.kr/archive/archiveView.do?type=D&arcvGroupNo=4254&arcvMetaSeq=36890&arcvNo=100444, 검색일: 2022.2.21.

서울특별시 영문 홈페이지, https://english.seoul.go.kr/policy/international-exchange/shrdc-global-academy, 검색일: 2022.2.22.

한국 관광 공사, https://korean1.visitkorea.or.kr/kor/tt/pr_gallery/new_photo_gallery/main/main_ssot.jsp, 검색일: 2022.2.21.

7장

김민재, 박순열, 김지혜, 안새롬, 구도완, 2018, "지속 가능성 전환의 관점에서 본 서울시 정책 평가: 공유도시와 에너지 전환 정책을 중심으로",《환경 사회학 연구 ECO》22(2), 7-40.

김세신, 최준영, 2018, "크라우드 펀딩(crowd funding)을 통한 시민 참여 도시 재생",《도시 정보》(430), 28-30.

김송이, 김한나, 2017,『서울시 국공립 어린이집 확충 성과 분석 및 미래 전략 방안 마련』, 서울시 여성 가족 재단 연구 보고서.

김승연, 2017,『서울시 자치구의 복지 재정 실태 분석과 정책 제언』, 서울 연구원 정책 리포트.

김우림, 2021,『사회 복지 분야 지방 자치 단체 국고 보조 사업 분석』, 서울: 국회 예산 정책처 보고서.

김정현, 김보영, 2019, "공공복지 전달 체계의 기획과 집행 간 조응성 분석-서울특별시
찾아가는 동 주민 센터 사례를 중심으로-",《한국 사회 복지 행정학》21(1), 131-159.

김정희, 2016, "주민 참여 예산제 운영의 참여성과 심의성 연구-서울, 부산, 대구 3개 광
역 도시를 중심으로",《한국 지방 자치학 회보》28(1), 77-104.

남기철, 2015, "지역 사회 복지 관점에서의 서울시 동 주민 센터 개편 사업 분석",《한국 지
역 사회 복지학》55, 163-186.

민규량, 2019, "국공립 어린이집 확충이 영·유아모의 노동 공급에 미친 영향",《경제학 연
구》67(3), 111-163.

박세훈, 김주은, 2018, "'참여하는 주민' 만들기 서울시 도시 재생 활동가와 정부-시민 사
회 관계의 변화",《공간과 사회》65호, 48-81.

서울 연구원, 2014, 『청계천: 역사성 및 자연 생태성 회복』, 서울: 서울 연구원.

서울특별시 보도 자료, 2021.2.16., "서울시, 국공립 어린이집 전국 최다…올해 1,800개까
지 늘린다".

서울특별시 보도자료, 2021.6.23., "서울시, '광화문 광장 보완, 발전 계획' 발표…내년 4월
정식 개장".

서울특별시 사회적 경제 지원 센터, 2016, 『2011~2015 서울시 사회적 경제 활성화 정책
5년 성과 및 향후 과제』, 서울특별시 사회적 경제 지원 센터.

서울특별시 사회적 경제 지원 센터, 2019, 『2019 서울시 사회적 경제 조직 현황 분석 및
주요 성과 연구』, 서울특별시 사회적 경제 지원 센터.

서울특별시, 1996, 『자치 서울 1년: 새로운 출발을 위해』, 서울: 서울특별시.

서울특별시, 2013a, 『서울 건축 선언』, 서울: 서울특별시.

서울특별시, 2013b, 『민관 융합 빅데이터와 공공 데이터』, 서울: 서울특별시.

서울특별시, 2013c, 『지속 가능한 생태계 조성을 위한 사회적 경제 종합 지원 계획』, 서울:
서울특별시.

서울특별시, 2014, 『2030 서울 도시 기본 계획 본보고서』, 서울: 서울특별시.

서울특별시, 2015, 『역사 도심 기본 계획 본보고서』, 서울: 서울특별시.

서울특별시, 2017, 『서울시 시민 참여 예산 백서: 2017 시민 참여 예산제 돌아보기』, 서
울: 서울특별시.

서울특별시, 2018, 『서울시 시민 참여 예산 백서: 2018 시민 참여 예산제 돌아보기』, 서
울: 서울특별시.

서울특별시, 2019a, 『서울시 시민 참여 예산 백서: 2019 시민 참여 예산제 돌아보기』, 서
울: 서울특별시.

서울특별시, 2019b, 『서울 사회적 경제 활성화 2.0 추진 계획(2019년~2022년)』, 서울: 서

울특별시.

서울특별시, 2020, 『서울 혁신 백서 2011~2020 다행이다, 서울』, 서울: 서울특별시.

서정섭, 2018, "주민 참여 예산제 운영의 현주소와 발전 방향", 《한국 지방 재정 학회 세미나 자료집》, 3-21.

신현주, 강명구, 2017, "도시 재생 사업에서 주민 참여 수준에 관한 연구: 서울시 용산구 해방촌 사례를 중심으로", 《한국 지역 개발학 회지》 29(3), 25-46.

유소영, 2013, "참여와 협력의 거버넌스: 서울시 주민 참여 예산제를 중심으로", 성균관 대학교 국정 관리 대학원 박사 학위 논문.

유지원, 김영재, 2020, "역사 도심에서 일어나는 개발 행위에 대한 문제점과 방향성: 신문로 1, 2가를 중심으로", 《한국 건축 역사학회 2020년도 추계 학술 발표 대회 논문집》, 109-112.

이민영, 이용숙, 2018, "시민 참여 제도로 본 참여적 거버넌스에 관한 연구: 서울역 7017 프로젝트를 중심으로", 《정부학 연구》 24(2), 267-302.

이신, 허유경, 김해미, 2017, "빅데이터를 이용한 교통 계획: 심야 버스와 사고 줄이기: 서울 정책 아카이브", (https://seoulsolution.kr/ko/content/빅데이터를-이용한-교통계획-심야버스와-사고줄이기).

이용숙, 신영민, 이민영, 2021, "일상도시의 관점에서 박원순 시정 평가하기", 《정부학 연구》 27(3), 1-43.

정상호, 2014, "참여 민주주의의 관점에서 본 서울시 주민 참여 예산제 연구", 《시민 사회와 NGO》 12(1), 3-34.

조은영, 강지선, 김광구, 2018, "도시 재생 시민 참여 과정 비교 분석 연구: 서울시 '서울로 7017'과 '문화 비축 기지' 사업 사례", 《한국 비교 정부학보》 22(2), 165-189.

최원우, 신중호, 김도년, 2021, "서울 도심 상업 용도 지역 내 주거 현황과 시사점: 서울 역사 도심과 뉴욕 맨해튼을 중심으로", 《대한 건축 학회 학술 발표 대회 논문집》 41(1), 270-273.

Nam, T., Pardo, T. A., 2011, "Smart City as Urban Innovation: Focusing on Mangement, Policy and Context", *Proceedings of the 5th International Conference on Theory and Practice of Electronic Governance*, 185-194.

신문 자료

건축사, 2019.2.11., "[설계 공모] 새로운 광화문 광장 조성".

뉴스핌, 2021.7.29., "코로나, 취업난 '이중고' … 청년 지원 강화하는 서울시".

뉴스1, 2012.11.16., "[서울 시장 취임식] '복지 시장 되겠다' 취임사서 밝혀".

홈페이지

서울특별시 광화문 광장 홈페이지, https://gwanghwamun.seoul.go.kr/, 검색일: 2020.6.14.

서울특별시 버스 정보 시스템(BIS) 심야 버스 노선 정보, https://bus.go.kr/nBusMain. jsp, 검색일: 2022.2.27.

서울특별시 서울 생활권 계획 포털, https://planning.seoul.go.kr/plan/main/intro/ intro02.do, 검색일:2021.8.14.

서울특별시 열린 데이더 광장, http://data.seoul.go.kr/, 검색일: 2021.10.1.

서울특별시 열린 데이터 광장, 서울시 공공 자전거 대여소 정보, http://data.seoul.go.kr/ dataList/OA-13252/F/1/datasetView.do, 검색일: 2021.6.11.

서울특별시 열린 데이터 광장, 서울시 공공 자전거 이용 현황, http://data.seoul.go.kr/ dataList/OA-14994/F/1/datasetView.do, 검색일: 2021.6.10.

서울특별시 열린 데이터 광장, 서울시 일반 회계 세출 예산 개요(2008년 이후) 통계, http:// data.seoul.go.kr/dataList/10183/S/2/datasetView.do, 검색일: 2021.7.30.

서울특별시 열린 데이터 광장, 행정동별 서울 생활 인구(내국인), https://data.seoul. go.kr/dataList/OA-14991/S/1/datasetView.do, 검색일: 2022.2.27.

서울특별시 참여 예산 홈페이지, https://yesan.seoul.go.kr/intro/intro0103.do, 검색일: 2021.6.18.

서울특별시 홈페이지, https://www.seoul.go.kr/main/index.jsp, 검색일: 2021.10.1.

서울특별시 S-Map(Virtual Seoul), https://news.seoul.go.kr/gov/archives/528155, 검색일: 2021.8.15.

행정 안전부 공공 데이터 포털, 서울특별시 정류소 정보 조회 서비스, https://www.data. go.kr/data/15000303/openapi.do, 검색일: 2022.2.27.

9장

김묵한, 주재욱. 김범식, 박희석, 조달호, 최봉, 오은주, 김수진, 오승훈, 유인혜, 윤종진, 2021, 『디지털 시대의 서울 경제: 서울, 4차 산업 혁명의 한복판에 서다』, 서울: 서울 연구원.

김범식, 2010, 『서울시 서비스 산업의 고용 구조 분석 및 향후 정책 방향』, 서울: 서울 연구원.

김영수, 2003, 『지식 기반 산업의 지역별 발전 동향과 정책 시사점』, 산업 연구원.

보리스·카스텐(Borries, Friedrich von., Kasten, Benjamin.), 이덕임(역), 2020, 『도시

의 미래: 진화하는 도시, 인간은 어떤 미래에서 살게 될 것인가』, 와이즈맵.(Friedrich
von Borries., Benjamin Kasten., 2019, *Stadt der Zukunft-Wege in die Globalopolis*,
FISCHER Taschenbuch).

서울특별시, 2018, 『2018 기후 변화 백서』, 서울: 서울특별시.

송인주, 조항문, 이주일, 김인희, 박진, 윤초롱, 강원삼, 전지예, 이성옥, 2019, 『기후 변화 대
응을 위한 도시 계획 수립 기법에 관한 연구(1차년도)』, 서울: 서울 연구원.

송인주, 이주일, 김인희, 박진, 이소진, 윤초롱, 강원삼, 전지예, 김문현, 2021, 『기후 변화 대
응을 위한 도시 계획 수립 기법에 관한 연구(2차년도)』, 서울: 서울 연구원.

전강수, 2021, "부동산 공화국 해체를 위한 정책 전략", 사회 경제 개혁을 위한 지식인 선
언 네트워크(역음), 2021, 『다시 촛불이 묻는다: 포스트코로나 시대의 사회 경제 개혁』,
파주: 동녘.

정근식, 2020, "뉴노멀 사회에 대응하는 세계 주요 도시의 전환 전략", 《서울 연구원 28주
년 기념 세미나(주제: 감염병 시대, 도시의 운명과 서울의 미래) 발표 논문》, 2020년 10
월 27일.

정준호, 2020, "어떤 부동산 정책이 필요한가", 《창비 주간 논평》, 2020년 1월 22일.

조달호, 유인혜, 2018, 『서울시 사물 인터넷 산업 잠재력과 육성 방안』, 서울: 서울 연구
원.

조성찬, 2015, 『상생도시: 토지 가치 공유와 도시 재생』, 알트.

푸아트라스(Poitras, Jean), 박진(역), 2007, 『갈등 조정의 ABC』, 굿 인포메이션.(Poitras,
Jean., 1997, *Mediation and the Reconciliation of Interests in Public Disputes*,
Carswell Legal Pubns).

한영준, 2020, "감염병 시대, 서울의 도시 인프라 혁신 방안", 《제11회 아시아 미래 포럼 발
표 논문》, 2020년 12월 3일.

일상도시 서울

일상도시 서울

민선 시정 30년 서울 시민의 삶

ⓒ이용숙 신영민 이민영, 2022

초판 발행 2022년 4월 15일

지은이   이용숙 신영민 이민영
펴낸이   박해진
펴낸곳   도서출판 학고재
등록   2013년 6월 18일 제2013-000189호
주소   서울시 마포구 새창로 7(도화동) SNU장학빌딩 17층
전화   02-745-1722(편집) 070-7404-2810(마케팅)
팩스   02-3210-2775
전자우편 hakgojae@gmail.com
페이스북 www.facebook.com/hakgojae

ISBN   978-89-5625-446-3 (93350)
값   18,000원